中国传媒大学人文社会科学科研培育项目之青年学者出版资助项目（批准号：CUC14B10）结项成果
教育部人文社科基地重大项目"公共突发实践中的危机意识、危机传播与媒介素养研究"（11JJD860006）研究成果

风险视域下的公共危机事件报道研究

王宇 著

中国传媒大学出版社
·北京·

总 序

时值中国传媒大学成立60周年之际，中国传媒大学人文社会科学青年学者资助项目正式选定了十部支持专著，这是我校在人文社科研究方面所取得的又一成绩。

这套丛书的出版不仅是为了落实学校科研支持政策，更是为了响应国家的号召。2014年，李克强总理与历年国家杰出青年科研基金获得者代表座谈交流时曾提到，人才特别是优秀青年人才是国家科技实力、创新能力和竞争力的重要体现，代表着国家创新的未来。做好这方面的工作，对加快转变发展方式、实施创新驱动战略具有重大意义。作为教育部直属的国家"211工程"重点建设大学和国家985"优势学科创新平台"项目重点建设高校，中国传媒大学在信息传播领域的学术发展也是我国高校人文社科研究发展的一个重要组成部分。

建校60年来，我校在科学研究方面产出了大量的优秀成果。特别是在信息传播领域，我校广大教师正确面对我国信息传播事业飞速发展过程中机遇和挑战并存的复杂形势，迎难而上、克难攻坚，始终保持着饱满的科研热情，坚守着学校的殷切期望，及时、准确地把握国家提供的战略契机，以充分的准备和足够的信心面对挑战、迎接挑战，积极开展多领域、内容丰富的科研工作，收获了累累硕果。在2012年教育部组织的全国学科评估中，我校新闻传播学、戏剧影视学两个学科均排名第一。

目前我校的3个学部（新闻传播学部、艺术学部、文法学部）、1个中心（协同创新中心）和5个直属学院（播音主持艺术学院、广告学院、经济与管理学院、外国语学院、MBA学院）是文科科研和艺术创作的主要力量源泉。同时，学校文科方面还拥有新闻学、广播电视艺术学2个国家重点学科，传播学1个国家重点培育学科，新闻传播学、艺术学理论、戏剧与影视学3个一级学科北京市重点学科，语言学及应用语言学、动画学2个二级学科北京市重点学科；拥有教育部人文社会科学重点研究基地广播电视研究中心等部级研究机构13个和校级科研机构 40 个,在我国人文社科领域具有相当重要的地位和影响力。

近年来,我校在人文社科领域先后有 2 人入选"长江学者"特聘教授、2 人入选"长江学者"讲座教授、3 人入选"新世纪百千万人才工程"国家级人选、25 人入选教育部"新(跨)世纪优秀人才支持计划"、2 人次荣获国家级教学名师奖、2 人次荣获全国优秀教师荣誉称号。更有越来越多的青年教师荣获教育部科学研究优秀成果奖、北京市哲学社会科学优秀成果奖等含金量较高的奖项。众多奖项和数字的背后,凝聚的正是全校思想活跃、朝气十足的广大青年教师夜以继日、笔耕不辍的成果,他们是真正帮助我校文科科研日益发展壮大的薪火相传的主力军。这支主力军的成长得益于两个方面:

一方面,我校立足长远,着力于对广大青年教师进行有计划、有目标的专业培训,加大对青年教师科研项目的经费投入,鼓励青年教师进行交叉学科项目的科学研究。中国传媒大学科研培育项目的设立,有效调动了青年教师的科研积极性,整体提升了我校人文社科的科研氛围与科研能力;邀请国内外专家学者来校开展社会科学研究系列讲座,积极拓展广大师生的学术视野;研究《艺术创作与获奖评价体系》,将科研与艺术创作有效结合,激发广大教师艺术创作的热情;研究《重点学科指标评测体系》,将我校的优质学科与国内外顶尖高校的相应学科进行深层对比,巩固我校两个优势学科在全国的领先地位;打造《中国传媒大学文科科研手册》,方便教师全面了解科研工作情况;建设完成文科科研成果库(一期工程),共收集信息传播领域论文 15500 余篇、著作 3258 册、研究报告 730 余篇,形成了我校自建校以来最为完整的科研成果文献体系;本着"高标准、精投入"的原则,集中一批优秀科研人才,引导广大教师特别是青年教师围绕全媒体、大数据等热点领域积极开展科研工作,营造了一个砥砺切磋的良好学术环境,促成了更多高水平科研成果的产生。

另一方面,我校广大青年教师努力开拓创新,将现代理论有机融合于具体实践之中,在变化中求发展,在发展中谋变化,不断寻找立意新颖的科研课题,以蓬勃向上和不断进取的青春锐气、以孜孜不倦和奋力前行的勇气,扎根于文科科研工作,并不断茁壮成长。青年教师在学校"钻研、精研、深研"的方针指导下,凭借着旺盛的科研热情,在一系列科研、教学比赛和国际学术拓展中取得了令人瞩目的成绩。

此次青年学者出版资助项目就是这些科研成果中的一部分。也正是在优渥的科研鼓励政策的鼎力支撑下,才有了一批 30~45 岁的青年优秀学者倾心无忧,精心钻研,用心谋划,专心致学,大胆施展才华,安心科研工作,最终促成了"中国传媒大学青年学者文丛"的顺利面世。

学校文科科研的发展离不开青年教师的成长,学校管理机制的完善助力于青年教师的进步。希望我校广大青年教师在科学研究的道路上不畏艰险、勇于创新,不断探索前行!

是为序。

廖祥忠

中国传媒大学副校长、教授

2015 年 12 月 8 日

CONTENTS　　◇　目录

第一章　危机报道概说 …………………………………………… 1
　第一节　概述　/ 1
　第二节　危机报道及其发展历程　/ 19
　第三节　危机报道的机制　/ 36

第二章　自然灾害报道 …………………………………………… 47
　第一节　自然灾害报道的发展　/ 48
　第二节　台风及台风报道　/ 56
　第三节　地震及地震报道　/ 71

第三章　事故灾难报道 …………………………………………… 99
　第一节　事故灾难报道的发展　/ 100
　第二节　矿难报道　/ 107
　第三节　交通事故　/ 122

第四章　公共卫生事件报道 ……………………………………… 127
　第一节　公共卫生事件报道历程　/ 130
　第二节　疫病报道　/ 141
　第三节　食品安全事件报道　/ 151

第五章 社会安全事件报道 …………………………………………… 172
第一节 群体性事件 / 175
第二节 校园暴力事件 / 185
第三节 暴力恐怖事件 / 193

第六章 危机报道案例分析 …………………………………………… 197
食品安全事件的媒体呈现：现状、问题及对策——以《人民日报》相关报道为例 / 197
三鹿奶粉事件中外媒体报道框架对比 / 205
《人民日报》国内空难报道分析(1979~2010年) / 221
美国五大主流报纸网站对昆明"3·1"暴恐事件报道的研究 / 231

参考文献 …………………………………………………………… 238

后 记 ……………………………………………………………… 243

编者的话 …………………………………………………………… 245

第一章　危机报道概说

第一节　概述

1986年,德国社会学家乌尔里希·贝克(Ulrich Beck)出版了德文版的著作《风险社会》(*Risikogesellschaft：Aufden weg in Eine Andere Moderne*),首次使用"风险社会"的概念来描述当今充满风险的后工业社会,并提出了区别于"现代社会"的"风险社会"理论。

贝克的"风险社会"理论一开始并未受到广泛关注。1986年4月26日,前苏联发生的切尔诺贝利核电站事故,使人们认识到现代性在带给他们巨大的物质享受和生活便利的同时,也带给他们巨大的风险。① 此后,越来越多的风险就像魔鬼一样纠缠着人类。切尔诺贝利事件为贝克的"风险社会"理论提供了证据。10年后,英国疯牛病的爆发及在全球的蔓延,使"风险社会"理论成为西方学界研究的热点和焦点之一。尤其是在美国"9·11"恐怖事件发生之后,"风险社会"理论成为西方最热门的理论之一。学者们对当今社会的特征具有洞察力的把握与揭示,使风险话语不但获得了令人尊重的科学理性地位,而且越来越广泛地影响着公共事务的进程,凸显出极其重要的理论与实践价值。西方研究者认为,风险社会的风险具有不可计算性、自反性和公共性的特点,且相互交织、互相影响,使得当今社会的风险表现得更为复杂。②

贝克认为,"风险社会"是"现代社会"的嬗变。当物质层面的现代化得以实

---

① 潘斌:《社会风险论》,中国社会科学出版社2011年版,第22—24页。
② 张海波:《风险社会与公共危机》,《江海学刊》2006年第2期。

现以后,人类并未进入到世界大同、高枕无忧的"理想国"当中。相反,人类在追求经济和社会现代化的过程中,已经不自觉地为自身埋下了各种具有风险性的"伏笔"和"祸根"。

贝克认为,风险社会的突出特征,一是具有不断扩散的人为不确定性逻辑;二是导致了现有社会结构、制度以及关系向更加复杂、偶然和分裂状态转变。因此,他在提出"风险社会"理论时指出,现代工业社会的技术、经济发展逻辑与现代性的后果不仅带来诸多人为灾难与社会不平等现象,同时更衍生了大量难以预测但却影响深远的未知风险,并且这种风险已经渗透到人类生活、社会政策、社会结构等各个环节,成为现代人类社会发展变迁的主要结构与动力。

据此我们可以认为,尽管风险古已有之,但风险社会的"风险景象"与传统工业社会迥然不同。高强度意义上的风险打破了风险的分配逻辑,无论是穷人还是富人都无法避免。更重要的是,人类在全球化时代面临的风险同样是全球化的。

一、"风险社会"关键词

基于人们对自然灾害、战争灾难、恐怖主义、生态恶化的深刻体验,风险、危机、灾难已成为全球化时代三个相互关联且使用频率较高的词语,频繁地出现在各类著作、媒体报道及人们的日常生活交流中。

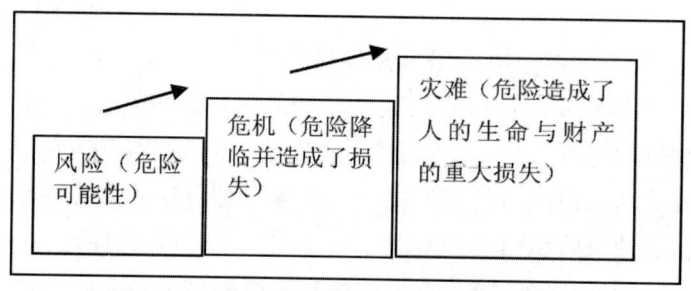

图1—1 风险、危机和灾难的危害程度比较①

(一)风险(risk)

从某种意义上讲,风险并非一个新鲜话题。贝克、吉登斯等人认为,人类对

---

① 余潇枫:《非传统安全与公共危机治理》,浙江大学出版社2007年版,第7页。

风险的评估始于大航海时代。随着资本主义工业社会的扩张,风险评估与保险业务的发展趋于成熟。从词源学上考察 risk 来源于希腊语的 riza,具有"根"和"悬崖"的双重含义,在意大利语中演变为 risco 或 rischio,其内涵也发生了变化,一方面指个体将要经受的危险,另一方面指个体所进行的冒险活动。其后,该词在西班牙语中被航海者和贸易商人使用,其双重内涵分别用 risicare 和 riscum 表示,前者指在航海等活动中由于围绕悬崖航行而导致的危险,后者指冒险活动的后果。由此可见,"风险"一词的含义主要是"有危险的可能",或者说是"有遭受损失、不利、伤害乃至毁灭的可能性"。

英语中的 risk 大约出现于文艺复兴时期,表示在早期资本主义航海、探险、海外贸易等活动中可能遇到的危险,特别是用来表示探险者进入其所未知的水域时可能发生的意外情形。后来,保险、投资、借贷等业务兴起,"风险"开始用来指商业活动与金融投资中"预料中的意外损失"的可能性。随后,该词被广泛引申并应用于社会的各个领域。

"风险"概念进入公共话语世界的中心地带大致经历了三个阶段:第一阶段为 15 世纪至 19 世纪初期,初步形成了风险的概念;第二阶段为 19 世纪初期至 20 世纪 80 年代中叶,以切尔诺贝利事件为分界线,风险概念进入公共世界的视野,并日益受到重视;第三阶段从切尔诺贝利事件至今,风险概念已居于公共话语的中心地带,甚至在一定程度上可以说当今社会正在进入"风险社会"时代。

对风险的理解构成了风险社会理论的基石。贝克将"风险"视作与"自然"和"传统"具有明显区别的概念,这也表明现代社会的风险已经不再仅指传统社会人们所认可的自然灾害和威胁。他认为:"风险是个指明自然终结和传统终结的概念。或者换句话说,在自然和传统失去它们的无限效力并依赖于人的决定的地方,才谈得上风险。风险概念表明人们创造了一种文明,以便使自己的决定将会造成的不可预见的后果具备可预见性,从而控制不可控制的事情,通过有意采取的预防性行动以及相应的制度化的措施战胜种种(发展带来的)副作用。"[①]

风险是生产力发展到先进阶段被制造出来的。首先,风险是指完全逃脱人类感知能力的放射性、空气、水和食物中的毒素与污染物,以及相伴随的短期和长期

---

① 〔德〕乌尔里希·贝克、约翰内斯·威尔姆斯:《自由与资本主义》,路国林译,浙江人民出版社 2001 年版,第 118 页。

的对植物、动物和人影响的后果,它是普遍存在的。① 也可以说,风险是工业社会里"财富生产的逻辑掩盖了风险生产的逻辑",是"普遍的不负责任的共谋"。

贝克对风险概念作了如下总结②：
(1)风险既不等于毁灭也不等于安全或信任,而是对现实的一种虚拟；
(2)风险指充满危险的未来,与事实相对,成为影响当前行为的一个参数；
(3)风险既是对事实也是对价值的陈述,它是二者在数字化道德中的结合；
(4)风险可以看作是人为不确定因素中的控制与缺乏控制；
(5)风险是在认识(再认识)中领会到的知识与无知；
(6)风险具有全球性,因而它得以在全球与本土同时重组；
(7)风险是指知识、潜在冲击和症状之间的差异；
(8)一个人为的混合世界,失去自然与文化之间的两重性。

安东尼·吉登斯(Anthony Giddens)将风险分为外部风险和人为制造的风险两类。前者是指来自于外部的、由传统和自然的不变性和固定性所带来的风险,如地震、洪水等；后者是指由于我们不断发展的知识对这个世界的影响所造成的风险,是在我们没有多少历史经验的情况下产生的风险,如核泄漏、全球变暖等。③ 风险社会中的风险主要指人为制造的风险。吉登斯认为,风险社会并不与现代社会相隔离,只是现代社会的新的阶段,与工业现代化阶段相区别,风险社会是"反思性现代化"阶段。④

贝克用"风险社会"的概念来表征当今世界正在从传统工业社会形态向后工业社会形态——风险社会——的转变进程。⑤ 他认为,风险社会是现代化社会发展的一个阶段,在这个发展阶段里,工业化进程中所出现的一些问题导致全球性风险开始出现,使人类日益"生活在文明的火山口上"。

有研究者总结发现,对风险的研究大约经历了5个阶段。第一个阶段是20世纪50年代,随着核电事业的发展,如何安全地使用核能成为风险讨论的重点；第二个阶段是20世纪60年代,针对核能的运用,公众开始发出自己的声音；第三个阶段是20世纪70年代,公众对由新技术带来的风险产生困扰和焦

---

① 王积龙:《环境新闻的核心价值》,《当代传播》2008年第2期。
② Barbara Adam, Ulrich Beck & Joost Van Loon (ed.), *The Risk Society and Beyond*, London and Beverly Hill: SAGE Publications Ltd., 2000, pp. 211—229.
③ Anthony Giddens, *Runaway World: How Globalization is Reshaping Our Lives*, New York: Rouflodge Press, 2000, pp. 25~35, p. 29.
④ 庄友刚:《跨越风险社会——风险社会的历史唯物主义研究》,人民出版社2008年版,第58页。
⑤ 〔德〕乌尔里希·贝克:《风险社会》,何博闻译,译林出版社2004年版。

虑，心理学家开始介入风险研究的领域；第四个阶段从20世纪70年代后期到80年代晚期，以1986年发生的切尔诺贝利核电站事件为代表，政治学家和生物学家开始参与到风险研究中来，一些学者也开始用文化理论来分析风险；第五个阶段为20世纪80年代晚期至今，风险成为一个重大话题。以上每个阶段对于风险的认识较前一阶段都有所超越，对风险本质的认识也有所加深。[①]

（二）危机（crisis）

自有文字记载以来，环境自身的不确定性、人类的有限理性以及信息的不对称性，使得人类社会在发展过程中总是与危机相伴，可以说，人类文明的发展过程就是回应各种危机的挑战的过程。

和"风险"一样，"危机"的概念也总是与现代性联系在一起。"危机"一词在中国最早见于《晋书·诸葛长民传》，其中有"贵必履危机"之句。"危机"也被称为"灾"或"祸"，如老子曾经说过："祸兮福所倚，福兮祸所伏。"在汉语中，"危机"一词由"危"和"机"两个字组成，表明一种危难和紧迫的态势，是紧急状态的简称。危机研究的先驱查尔斯·赫尔曼（Charles F. Herman）认为英文的"危机"（crisis）源于希腊语的"分离"（krinein），其原意是人得病后要面临恢复或死亡的巨变，后来引申的含义有危险（risk）、紧急状态（state of emergency）、危害（hazard）、灾难（catastrophe）等，通常指一种不可预期的危难状态。

尽管危机现象古已有之，但是危机管理作为一门科学则是在第二次世界大战之后的美国萌芽，其发端可以被认为是1962年的古巴导弹危机。哈佛大学肯尼迪政府学院时任院长格雷厄姆·阿利森（Graham T. Allison）据此写出的《决策的本质》（*The Essence of Decision*）一书，被台湾学者徐立德认为是"一本危机管理的经典之作"。但直到20世纪80年代美国的三里岛核泄漏事件、强生泰诺林胶囊中毒事件等危机事件发生后，危机管理才逐渐受到重视。

多年来，不同学者从不同研究侧面为危机下了不同的定义：

查尔斯·赫尔曼（Charles F. Herman）在《国际危机：从行为研究角度考察》一书中称："危机是威胁到决策集团优先目标的一种形势，在这种形势中，决策集团作出反应的时间非常有限，且形势常常向令决策集团惊奇的方向发展。"[②] 1991

---

① 周敏：《阐释·流动·想象——风险社会下的信息流动与传播管理》，北京大学出版社2014年版，第1—3页。
② 黄敏、武剑：《从SARS事件看社会危机应对中的刚性管理与柔性调适》，北京教育出版社2003年版，第37页。

年，荷兰学者乌里尔·罗森塔尔（Uriel Rosenthal）和波特·皮恩伯格（Bert Pijnenburg）提出了一个后来广为流传的定义：危机就是对一个社会系统的基本价值和行为准则架构产生严重威胁，并且在时间压力和不确定性极高的情况下，必须对其作出关键决策的事件。罗森塔尔认为公共安全危机具有四个特征：一是信息流通阻塞、谣言盛行；二是威胁到社会利益和安全；三是突发性和高度不可预测性；四是非常规性使社会正常规则和秩序遭到破坏。2001年，罗森塔尔在《应对危机：灾难、暴乱和恐怖行为管理》一书中修改了自己对危机所下的定义，提出危机是一段剧变和集体紧张的时期。在这段时间里，日常的生活方式和社会体系的核心价值观受到威胁，且威胁的方式是我们意想不到的，甚至是无法想象的。[1] 沙拉夫（Shaluf）等人认为，危机是一种不正常的情形，它给正经事带来某些特别的、高度的风险，并且，如果不小心管理的话，还将发展成正经事。[2] 斯格（Seeger）等人则认为，危机是一种能够带来高度不确定性和高度威胁的、特殊的、不可预测的、非常规的事件或一系列事件。也有学者认为，危机本质的特征可以概括为：使一个正常运行的系统趋于或陷入某种中断或失序状态而导致重大不良后果。因此，可以把危机定义为由自然或人为的突发事件引发的、导致系统正常运行失序或中断的急难状态。[3]

通过以上定义，我们可以发现危机的一些特点：

1. 突发性

突发性和不确定性是危机最基本的特点。通常情况下，危机的爆发都是极其突然的，在爆发前往往被人们认为是不可能的，因此，人们不可能或无法对问题进行客观分类。用劳伦斯·巴顿（Laurence Barton）的话说，就是那些"能够预防的危机都只能称为问题，只有那些无法预知的、被忽视的、具有颠覆性的意外事件，才算得上真正的危机"[4]。"9·11"恐怖事件、印度洋海啸、"5·12"汶川地震等事件的爆发都体现了危机的突发性特点。面对具有不确定性特征的问

---

[1] 黄敏、武剑：《从SARS事件看社会危机应对中的刚性管理与柔性调适》，北京教育出版社2003年版，第37页。

[2] Ibrahim M. Shaluf, Fakharu'l-razi Ahmadun & Aini Mat Said, "A Review of Disaster and Crisis", *Disaster Prevention and Management*, 2003, 22(1), pp. 24—32.

[3] 余潇枫：《非传统安全与公共危机治理》，浙江大学出版社2007年版，第18页。

[4] 〔美〕劳伦斯·巴顿：《组织危机管理》，符彩霞译，清华大学出版社2002年版，第3页。

题时，人们的行为在很大程度上依赖于"其对自己正确估计机会的估计"①，这就要求组织和管理者必须在危机爆发后极短的时间内作出应对决策。

2. 关联性

"蝴蝶效应"可以帮助我们理解危机事件之间极为敏感的关联性。"蝴蝶效应"是美国气候学家洛伦兹于1963年提出的一个理论，大意是一只南美洲亚马孙河流域热带雨林的蝴蝶偶尔扇动几下翅膀，两周后可能在美国的得克萨斯州引起一场龙卷风。这说明危机之间有着极为敏感的关联性。如2001年中央电视台《新闻30分》曝光了南京冠生园使用陈月饼馅做新月饼的事件，此报道不但对其他同样名为冠生园的企业带来影响，也影响到了所有的月饼生产企业。

3. 破坏性

危机最为显著的特点，是对生命和财产安全的威胁与破坏。危机事件的破坏性可分为有形的破坏和无形的破坏，有形的破坏表现为人员的伤亡、财产的损失、正常社会秩序和规范的打乱、既定发展目标的受阻等直接的影响；无形的破坏则表现为对人们尤其是受害者心灵和精神的创伤，以及对社会稳定和发展大局的间接影响。② 人们经常根据危机的破坏性程度对其分级，如《突发公共事件应对法》将危机事件分为一般级、较重级、严重级和特别严重级四级，并分别用蓝、黄、橙、红四种颜色来标识。

与"危机"相近的概念有很多，其中交替使用最为频繁和广泛的是"突发事件"(emergency)，或称"突发公共事件"。一般来说，突发事件是指超常规的、突发的、需立即处理的事件，是危机积累到一定量后爆发的一种表现，不包括那些隐性的、潜在的、人们尚且一时还无法感觉到的危机。但也有学者认为，突发事件会对其相关的政府组织构成威胁，重大的、涉及面广的突发事件还可能使政府处于危机状态，因此，突发事件也可以称为"危机事件"。③

从表述习惯上讲，与西方国家的学者习惯用"危机"(crisis)来描述"突发事件"(emergency)不同，我国学者更习惯于用"突发公共事件"的表述方式。④ 我

---

① Frank H. Knight, *Risk, Uncertainty and Profit*, New York: Dover Publications, 1921. pp. 20—21, pp. 226—228.
② 赵志立：《危机传播概论》，清华大学出版社2009年版，第15页。
③ 秦启文等：《突发事件的管理与应对》，新华出版社2004年版，第5页。
④ 尽管从严格意义上讲，所有的突发事件都是危机，但危机却不一定就是突发事件。但本书沿用我国习惯的表达方式，将"公共危机事件"与"突发公共事件"作为同类概念使用。后文出现混用时不再进行解释。

国出台的相关法律法规采用的也是"突发事件"或"突发公共事件"的概念,如2006年1月8日公布实施的《国家突发公共事件总体应急预案》、2007年8月30日公布实施的《中华人民共和国突发事件应对法》等。这两项法律对"突发公共事件"和"突发事件"均有明确规定,前者规定"突发公共事件是指突然发生,造成或者可能造成重大人员伤亡、财产损失、生态环境破坏和严重社会危害,危及公共安全的紧急事件",并将其分为自然灾害、事故灾难、公共卫生事件和社会安全事件四类;后者规定"突发事件是指突然发生,造成或者可能造成严重社会危害,需要采取应急处置措施予以应对的自然灾害、事故灾难、公共卫生事件和社会安全事件"。

在这四类突发事件中,自然灾害主要包括水旱灾害、气象灾害、地震灾害、地质灾害、海洋灾害、生物灾害和森林草原火灾等;事故灾难主要包括工矿商贸等企业的各类安全事故、交通运输事故、公共设施和设备事故、环境污染事故和生态破坏事件等;公共卫生事件主要包括传染病疫情、群体性不明原因疾病、食品安全和职业危害、动物疫情以及其他严重影响公众健康和生命安全的事件;社会安全事件主要包括恐怖袭击事件、经济安全事件和涉外突发事件等。

(三)灾难(disaster)

"灾难"是另一个与"危机"交替使用且使用频繁的词语。"灾难"(disaster)指由某种不可控制、难以预料的破坏性因素引起的,突然或在较短时间内发生的,超越本地区防灾力量所能解决的大量人员、财产损毁的现象。社会学者 S. Fritz 曾指出:"灾难是一个发生在特定时空下的社会事件,往往会对整个社会或者该社会的某一自足(self-sufficient)区域造成严重破坏,导致人员及物质遭受损失,甚至社会结构瓦解,无法完成重要功能。"[①] 尽管在英文中灾难和灾害可以用同一个单词表达,但事实上灾难的涵盖范围要大于灾害。

美国危机管理的专门机构——联邦应急管理局(Federal Emergency Management Agency,简称 FEMA)认为,灾难会在任何时间、任何地方,以飓风、地震、龙卷风、洪水、火灾、危险溢出物、恐怖活动等多种形式发生。美国《斯塔福法》将"重大灾难"(major disaster)定义为在美国任何地方发生的任何自然灾害(包括飓风、龙卷风、暴风雨、风卷潮、潮汐浪、海啸、地震、火山爆发、滑坡、泥石流、暴风雪或干旱),或者是由各种原因引发的火灾、洪水或爆炸,认定其引起了

---

① 王蕾:《论我国灾难新闻报道理念的转变》,《新闻大学》2008年第4期。

足够严重的破坏,必须依据本法授权总统去决策,对州和地方政府进行援助,以及增加灾难救助组织的可用资源调配,以减轻由此引起的损害、损失和困难。

从广义上讲,一切不利于社会正常生产、生活秩序的物质的、精神的和文化的事件都是灾难。因此,灾难可以分为自然灾害和社会灾难事件两类,也就是我们一般说的"天灾"和"人祸"。其中,自然灾害指来自自然界的人类不可抗拒的力量或由非人为因素导致的重大事故或自然灾害,如地震、台风、水灾、沙尘暴、火山爆发等;社会灾难是指由人为因素或各种社会矛盾导致的重大的突发性事件,如恐怖活动、战争、海难、空难、矿难、交通事故、桥塌楼倒等重大刑事案件或重大责任事故。

也有的人认为灾难可以分为三类:自然灾难、生态灾难和人为灾难。2008年以来我国相继发生的汶川地震、玉树地震、芦山地震及美国2005年的卡特里娜飓风、2010年的桑迪飓风等都属于自然灾难;2010年5月发生的美国墨西哥湾漏油事件严重威胁墨西哥湾的生态环境,危及到鸟类、鱼类等野生动物的生存,属于生态灾难;2001年美国的"9·11"事件、2008年我国的"3·14"事件等则属于人为灾难。作为一种突发的破坏性变动,灾难不仅会造成生命和财产损失,引起恐慌和社会动荡,还会给人的心理带来显著的影响。

危机研究常常被理解为灾难研究,如"危机社会学"就是研究社会如何对灾难进行预防和控制;管理学中的"风险管理"也是指对可能发生的灾难性突发事件进行预防和应对。

西方新闻界认为灾难就是新闻,因此学界在谈及灾难新闻时,往往会用"Mass Media and Disasters"(媒体与灾难)、"Reporting of News in Disaster"(灾难中的新闻报道)、"Role of Media and Media Hypes in Disasters"(灾难中的媒体角色)等来代替。日本学界对灾难新闻的表述则为"灾害情报"(灾难信息)、"灾害报道"(灾难报道)等。

二、社会转型期的公共危机

随着我国社会转型和市场化进程的加速推进,社会分化和利益失衡加剧,这必然会导致不同阶层和利益群体之间的矛盾和冲突增多。同时,西方发达国家风险社会的各种表征已经出现,正对我国的社会结构和传统秩序产生深刻影响,并从不同层面和领域影响中国的社会图景。由此,一些学者开始关注并反思风险社会的相关理论,以期获得对我国社会转型期风险的认知和规制。

我国学者对风险社会的研究开始于21世纪初。2003年,学者李宝梁提出应该重视并开展对风险社会的研究。同年,《马克思主义与现实》双月刊第3期聚焦"风险社会"。北京大学丁元竹教授认为:"失业问题、三农问题、金融风险、贫富差距、生态环境、台湾问题、社会秩序、公共安全、中美关系、全球化和外贸、周边安全、人事更迭、治理问题、民族问题、艾滋病和公共卫生问题、国有资产流失与金融危机问题等,都是中国2010年前的不确定因素,可能会对这个时期经济社会持续、健康和全面发展带来冲击,尤其是就业、金融、社会差距以及生态环境。此外台湾问题也不可忽视。"① 丁元竹教授进行调查时正值"非典"(SARS)爆发前后,"危机"成为当时中国社会最流行的词语。尽管专家们对"危机"的理解不尽相同,但他的"盛世危言"得到了学界多位专家研究的肯定。有专家认为,当代中国社会因巨大的社会变迁正在进入一个"风险社会"甚至是"高风险社会","绝对不是危言耸听"。2004年,国家发展与改革委员会发布报告,指出当代中国社会正在进入"高风险社会"。

(一)转型期中国面临的多种风险

我们在进行风险社会研究时,必须考虑到发展中国家自身特有的风险——转型期社会结构风险,如城乡结构的"失衡"或"断裂"、贫富分化的加剧、社会阶层之间的张力加大等。② 从本质上讲,这类风险也源于现代化的自反性,和贝克、吉登斯所论述的风险一样,属于制度性风险。

"转型"(Transformation)是从生物学派生而来的一个词,原本指生物的演化,从一个物种转变成另一个物种。西方社会学家借用这一概念作为对社会形态特征与规律的一种描述,来阐释人类社会转型的内涵。社会转型是指社会从一种类型向另一种类型转变的过渡过程。③ 我国目前的社会转型期,既是经济社会发展的关键阶段,同时又是矛盾凸显期。

中国的社会转型从1840年鸦片战争正式开始。截至目前,这一转型过程大致经历了1840～1949年的启动和慢速发展阶段、1949～1978年的中速发展阶段和1978年至今的快速和加速发展阶段。④ 研究者认为,中国的社会转型有

---

① 丁元竹:《2010年:中国的三种可能前景——对98名政府和非政府专家的调查与咨询》,《战略与管理》2004年第4期。
② 童星、张海波:《社会分层与社会和谐》,《社会》2005年第6期。
③ 刘祖云:《中国社会发展三论:转型·分化·和谐》,社会科学文献出版社2007年版,第3页。
④ 郑杭生主编:《中国人民大学社会发展报告(1949—1995)》,中国人民大学出版社1996年版。

三种:一是指体制转型,从计划经济体制向市场经济体制的转变;二是社会结构转型,社会方方面面都发生的变化直接影响到人们的生存状态和价值观念;三是社会形态转型,从传统社会向现代社会、从农业社会向工业社会、从封闭型社会向开放型社会的转变。

有学者认为,我国当代社会转型的特点主要包括:(1)当代中国的社会转型属于后发外生型的社会转型,具有非内生性、追赶性;(2)当代中国的社会转型承受着人类历史上罕见的历史包袱,负担着沉重的二元格局的惯性压力;(3)当代中国转型在地域分布上具有不一致性、异步性。① 也有学者认为,我国社会转型的风险主要体现为:(1)社会两极分化加剧结构性风险;(2)社会认同和信任弱化引发制度风险;(3)严重的利益失衡引发社会冲突,使社会风险不断积累。

我国的社会转型有别于一般国家的现代化进程,主要体现在体制和社会结构变革两个方面。改革开放以来,随着我国经济建设的加速推进,社会结构急剧分化,新的生产要素不断生成,社会矛盾不断凸显。国际经验表明,一个国家或地区人均国民生产总值处于500～3000美元的发展阶段时,一般是受人口、资源、环境、效率、公平等社会矛盾的约束最严重的时期,这一时期往往也是经济容易失调、社会容易失序、心理容易失衡、社会伦理容易动摇的关键时期,是进入社会结构风险的高发期。据国家统计局公布的数据,2003年我国人均国民生产总值达1090美元,已经进入了转型期社会结构风险的高发期。尤为值得关注的是,伴随着利益化的改革,中国社会的贫富差距已经突破了合理的限度。根据国家统计局公布的数据,我国居民基尼系数已经由改革开放初期的0.3上升到0.46,不到20%的人口占据了80%以上的社会财富。②

当前,我国的自然风险、经济风险、政治风险和社会风险并存,并且正如吉登斯所言,"被制造出来的风险"超过了"外部风险"而占据主导地位,风险源的多元化特征明显。由于处于"非纯粹传统、非纯粹现代的混合型社会形态",社会结构转型和体制转轨导致的社会结构紧张③或脆弱出现了"社会断裂"或社会"碎片化",再加上不同社会形态风险的共时性存在,使得各种风险相互叠加,增加了风险治理的难度。

---

① 严励:《秩序的中国解读:转型期中国社会矛盾之研究》,上海社会科学出版社2007年版,第22—24页。
② 金鑫、徐晓萍:《中国问题报告》,中国社会科学出版社2004年版,第336页。
③ 社会结构紧张最初由美国社会学家默顿提出,指因社会结构的不协调而导致社会群体之间的关系处在一种对立的矛盾的或冲突的状态中。在此状态下,社会矛盾比较容易激化,社会问题和社会危机容易发生。

从自然的角度分析,中国是世界上受自然灾害影响最为严重的国家之一。从有人类记录以来,中国每年都会发生旱涝灾害、山地灾害、海洋灾害等自然灾害。国内自然灾害的风险正在上升,可能正在进入一个自然灾害频发的时期,灾害种类多、分布地域广、发生频率高、灾害损失严重。受灾害影响的人口大体在两亿左右,占全国人口的七分之一以上。随着经济建设的发展,灾害造成的损失也在逐步增加。我国70%以上的大城市、50%以上的人口分布在气象灾害、地震灾害、海洋灾害等灾害严重的地区,三分之二以上的国土面积受到洪涝灾害的威胁。东部、南部沿海地区经常遭受热带气旋侵袭,东北、西北、华北等地区旱灾频发,西南、华南等地的严重干旱时有发生。各省(区、市)发生过里氏5.0级以上的破坏性地震。沿海及东部地区在夏季容易受到台风的影响。

近年来,自然灾害已呈现出极端气候事件频次增加、损失加剧、灾害连锁反应、多灾并发等特点。20世纪90年代我国因自然灾害造成的直接经济损失比80年代高出130%。1999~2008年,我国平均每年因各类自然灾害造成受灾人数约4亿人(次),倒塌房屋约300万间,紧急转移安置人口约1000万人。[①]

据有关部门统计,2003年,突发性事件给我国造成6500亿元人民币的损失,相当于当年中国国民生产总值(GDP)总量的6%;2004年,我国共发生各类突发公共事件561万起,造成21万人死亡、175万人受伤,全年各种突发性事件带来的直接经济损失虽然较2003年有所下降,但仍然高达4550亿元人民币;2005年,我国共发生各类突发公共事件540万起,造成约20万人死亡,直接经济损失约3253亿元人民币,相当于我国GDP总量的1.8%;2006年,全国因各类自然灾害死亡3186人,因灾直接经济损失2528.1亿元人民币;2007年,全国各类自然灾害共造成4亿人(次)不同程度受灾,因灾死亡2325人,因灾直接损失2363亿元人民币;2008年,全国各类自然灾害共造成约47795万人(次)不同程度受灾,因灾死亡88928人,是自1976年唐山大地震以来因灾死亡人数最多的一年;2009年,全国各类自然灾害及衍生灾害造成的直接经济损失为2523.7亿元人民币,共造成4.8亿人(次)受灾,其中死亡和失踪人数达1529人;2010年,全国各类自然灾害共造成4.3亿人(次)受灾,其中因灾死亡和失踪人数达7844人,直接经济损失达5329.9亿元人民币;2011年,全国各类自然灾害共造成4.3亿人(次)受灾,其中因灾死亡和失踪人数达1126人,直接经济损失3096.4亿元人民币;2012年,全国各类自然灾害共造成2.9亿人(次)受灾,

---

① 来红州:《近年我国减灾救灾政策的调整和变化》,《中国减灾》2009年第7期。

1338人死亡（包含森林火灾死亡13人），192人失踪，直接经济损失达4185.5亿元人民币；2013年，全国各类自然灾害共造成全国3.88亿人（次）受灾，1851人死亡，433人失踪，直接经济损失达5808.4亿元人民币；2014年，全国各类自然灾害共造成2.43亿人（次）受灾，1583人死亡，235人失踪，直接经济损失达3373.8亿元人民币。

从社会的角度分析，我国的社会结构、利益结构和思想结构都发生了重大而深刻的变化。中国社会科学院2010年年初公布的《当代中国社会结构》研究报告显示，当前我国最大的结构性矛盾是社会建设投入的不足，导致社会结构处于工业化初期水平，但经济结构已达到工业化中期水平。报告指出：我国经济结构发展快于社会结构发展约15年。由于缺乏经验和理论准备不足，没有及时对计划经济体制时期形成的户籍、就业、人事、社会保障等体制实行必要的改革，以改善民生为重点的社会建设投入严重不足。近年来投入虽有所增加，但因欠账太多，社会事业仍很薄弱，上学难、看病难、住房难、养老难等问题依然突出。① 改革开放以来，我国各个社会群体间、各社会成员间获得的利益差别十分明显，且这种差别在不断加大。严重的利益分化已成为造成社会各阶层矛盾产生的主要原因，并在一定程度上导致潜在的社会矛盾与冲突的凸显和激化，从而引发社会动荡，冲击政治稳定。

有学者认为，处于转型期的中国社会其社会风险具有自身的特点，主要面临着三重风险："第一重风险是传统风险和技术风险，前者伴随着农业生产方式而来，后者伴随着新技术应用产生；第二重风险是全球化的风险，随着全球化的深入，风险来源、风险影响和潜在后果都在不断加大；第三重风险是改革风险，其伴随社会转型和体制转轨而来。"②

总的来说，当前中国社会的风险程度高，结构、表现、逻辑非常复杂。从风险历时性的角度来看，历时性的风险类型共时态地存在着，即所谓风险共生现象。前工业社会的风险，例如传染病、自然灾害，依然对人民生活和社会安全构成威胁，而在以工业化、城市化为标志的现代化进程中，还不断涌现一些需要面对的失业、贫富分化、生产事故、劳资冲突和刑事犯罪等社会风险。从局部意义上来看，中国社会也出现了后工业社会或现代化后期的社会形态，社会的个体化趋势初见端倪，高新技术日益发展，预示了新型社会风险对社会生活和自然

---

① 刘宇、汲君：《我国政府公共危机治理的困境及其化解》，《中共乐山市委党校学报》2010年第2期。
② 王朋进、颜彦、高世屹：《媒体危机报道：原理与策略》，安徽大学出版社2010年版，第8—9页。

环境的威胁都在不断积累、加大并在一定程度上显现出来。这一时期是人口与资源环境、效率与公平等矛盾比较突出的时期,也是经济、社会、人们心理容易出现问题,政治思想观念和社会伦理价值需要调整、重建的关键时期。

(二)公共危机

"公共危机"一词在西方文献中并没有专门的英文词语与之对应,很多情况下,只是因为作为研究对象的危机事件是发生在公共组织的,为了用中文更准确地表达危机的概念,才将"危机"演进为"公共危机"。① 也有学者认为"危机"是"风险"的实践性后果,"公共危机"则是"风险社会"的实践性后果。②

什么是公共危机?公共危机是相对于企业事业单位、组织机构或个人面临的危机而言的,指的是对政府的生存发展以及对公众的生命和财产安全产生巨大威胁的事件,或者影响一个国家政治稳定、经济发展、社会正常秩序的事件,这些事件无法依靠个人、家庭,甚至某部门、组织、企业独立解决,"处置这些事件的努力具有公共产品的特征,这时的危机就可以称为公共危机"③。

张国庆认为,公共危机即对一个社会系统的基本价值、行为准则、社会秩序等产生严重威胁,并且在时间压力和不确定性极高的情况下,需要由以政府为核心的公共管理系统作出决策来加以解决的事情。④

赵路平认为,公共危机是对一个社会系统的基本价值和行为准则架构产生严重威胁,影响涉及公共利益和公众心理,在时间压力和不确定性极高的情况下,需要政府和社会迅速作出应对,以最大限度降低或消除其危害的事件⑤。公共危机与一般危机的区别体现在以下四个方面⑥:(1)公共危机影响的客体不仅仅是管理者、决策集团,还包括广大的普通民众;(2)危机治理的主体不仅仅是政府及其行政部门,还包括社会力量的介入和参与;(3)危机的严重程度判断标准不仅仅是决策集团的优先目标和社会系统的基本结构,还包括公众的生命、财产安全以及心理的安宁;(4)评判危机治理的效果也不仅仅是以是否实现政府管理的"长治久安"为标准,而是要看公共利益是否能够最终得到维护和保障。

---

① 强恩芳:《危机、公共危机和公共危机管理》,《行政论坛》2008年第1期。
② 张海波:《风险社会与公共危机》,《江海学刊》2006年第2期。
③ Saundra K. Sehneider, *Flirting with Disaster: Public Managemengt in Crisis Situation*, New York and London: M. E. Sharepe, Inc, 1995, p. 48.
④ 张国庆:《公共政策分析》,复旦大学出版社2004年版,第259页。
⑤ 赵路平:《公共危机传播中的博弈》,上海社会科学院出版社2010年版,第3页。
⑥ 赵路平:《公共危机传播中的政府、媒体、公众关系研究》,复旦大学博士学位论文,2007年。

由此可见,公共危机影响的主体包括管理者、决策者和广大公众;实施危机治理主体的不仅是政府及其行政部门,还包括社会力量的参与;判断危机严重程度的标准除了决策集团优先目标和社会系统的基本结构外,还有公众的生命、财产、利益和心理;危机治理效果的评判标准不仅是社会的持续稳定,而且要看公共利益和安全是否能得到最终的维护和保障[①]。

公共危机可以有多种分类方式,按照发生机制可以将公共危机分为两类:一是"能量积累型",如地震、活火山爆发,当能量积累超过所能承受的临界值后突然释放出来,又如泡沫经济的虚假价值不断积累,直至突然崩溃;二是"放大型",如美国次贷危机,一国危机引起"级联放大"效应,导致全球经济受到影响。这两类突发性危机事件都有一触即发的特点,也有能量积累放大的效应,即"能量积累越多,放大倍数越高"[②]。目前我国的许多突发性危机事件大都属于"能量积累型"。国际经验表明,如果不能处理好这些"能量积累型"的突发性危机事件,这些危机事件就极有可能转化为"放大型"事件,以致无法控制或者要付出比前期大得多的代价。

三、媒介化社会的媒介化风险

在全球化、技术革命的浪潮中,媒介以前所未有的速度催生了人类新型的生存方式和思维方式。一方面,大众媒体作为一种独立运作的机制,使大众传播过程中传受双方的界限变得模糊甚至消失;自媒体的出现使公众拥有了更大范围内的知情权、表达权、选择权和监督权。另一方面,风险社会作为一个高度媒介化的社会,媒介仿佛空气一样无所不在,大众面对面的直接经验被媒介化的间接经验取代,媒介为公众设置值得关注和探讨的议题。正如加拿大传播学者麦克卢汉所说的那样:"不是我们制造了媒介,而是媒介塑造了我们。"

(一)媒介化社会

媒介化社会作为一个概念近年来被国内外学者广泛使用,但究竟什么是媒介化社会,目前还没有取得广泛认同的说法。有学者认为,媒介化社会是指全部社会生活、社会事件和社会关系都可以在媒介上展露的社会,媒介化社会的

[①] 罗宜虹:《我国官方新闻网站的公共危机传播研究》,武汉大学博士学位论文,2010年。
[②] 王绍光、胡鞍刚、丁元竹:《经济繁荣背后的社会不稳定》,《战略与管理》2002年第3期。

一个重要特征就是媒介影响力对社会的全方位渗透。① 多数情况下,我们通过媒介的"转述"来接触和了解外界,通过声音、影像传递的信息建构自己头脑中的全景认知。我们的日常生活也由此受到媒介传播潜移默化的影响和渗透,从而日益呈现出媒介化的特征。② 还有的学者认为,媒介化社会,究其主要意义,指的是大众传播媒介在现代社会中的影响已达到相当程度,以至于社会中的个人、社会组织和社会生活的各个领域都对大众传播媒介产生了高度的依赖性;换言之,大众传播媒介已日益渗透或直接介入到社会文化和价值观的构成之中。③ 也有学者从社会学的角度认为,媒介化社会是对传媒与社会间关系改变的描述,指的是由于传媒对社会的广泛渗透、影响,社会呈现出对传媒发展的适应性特征,甚至在一定程度上不得不如此适应的特征,主要表现为传媒广泛覆盖,人们对传媒的依赖性增强,社会事务的呈现和解决往往需要(有的时候甚至是必须)通过媒体,并采取与媒体传播相适应的行动才能得以解决和完成。④

通过以上分析我们可以知道,媒介化社会高度地概括了当前媒介对社会发展产生的深刻影响。一方面,媒介化社会使得人们获取信息的能力空前提高;人们需要通过媒介来获取对周围环境的认识、参加娱乐活动;人类对媒介的依赖性不断增强,通过卫星、互联网络等技术手段,信息的传播已没有国界。但另一方面,媒介化社会使得虚拟与现实的边界日益模糊,人们往往会用来自虚拟环境的经验和知识来指导现实生活,并将现实生活中的一些规则和行为移植到虚拟世界中,使得一些媒介辨识能力较低的人无法区分媒介现实与真实世界的差异,从而导致理念和行为发生偏差。

(二)媒介化风险

近年来,有学者将风险社会与媒介化社会结合在一起研究,提出"媒介化风险"的概念,认为这种虚拟风险是现代社会各种风险中的重要一环。"媒介化风险"强调的是在风险社会的时代背景下,现代媒介与风险社会之间的复杂关系。正如美国决策研究专家保罗·斯洛维奇(Paul Slovic)所说,大多数公众评估危险依靠的是直觉判断,即"风险感知",而他们有关风险的经验主要是来自于新

---

① 孟建、赵元轲:《媒介融合:粘聚并造就新型的媒介化社会》,《国际新闻界》2006年第7期。
② 蔡骐:《媒介化社会的来临与媒介素养教育的三个维度》,《现代传播》2008年第6期。
③ 殷晓蓉:《中国期刊的发展特征与媒介化社会的趋势》,《杭州师范学院学报》2004年第5期。
④ 谢进川:《传媒治理论:社会风险治理视角下的传媒功能研究》,中国传媒大学出版社2009年版,第12页。

闻媒体。① 在风险社会中,大众传媒及现代媒体本身已经成为一种独立运作的"机制",它不仅可以放大风险,同时还可以化解风险或者转嫁风险,而且媒介自身也可能面临前所未有的风险。

在媒介化社会环境中,各种社会风险变得越发复杂,人们不仅要面对现实的社会风险,同时还得面对媒介化的虚拟风险,诸如媒介信息风险、媒介知识风险、媒介舆论风险等。媒介化的重要后果之一就是极大地改变了原有的政治运作形态和社会组织形态。在一个混沌复杂的社会中,大众传媒除了能够预警风险、报告风险、化解风险外,也有可能放大风险、转嫁风险甚至制造风险。②

媒介在风险传播中是一把双刃剑。如果媒介准确、恰如其分地进行风险预警,如实、全面地传播风险信息,则有助于社会成员积极、妥善地应对风险,采取正确的风险决策;与之相反,如果媒介肆意夸大、扭曲风险信息,则会影响成员对于风险的判断,引发焦虑和恐慌,加重风险的危害性甚至导致新风险的产生。近年来在食品安全报道中出现的"生癌香蕉""甲醛啤酒""红药水西瓜""蛆虫柑橘"等事件,都体现了媒体风险传播不当成为新的风险源头这一事实。这些失实报道既在一定程度上引起了社会公众的恐慌,又给农民或相关厂商带来了巨大的经济损失,需要媒体从业人员引以为戒。

四、媒体在危机事件中的作用

1986年,美国危机管理学家史蒂芬·芬克(Steven Fink)创立了危机生命周期理论,又称危机阶段分析理论。他借鉴医学分析方法,将危机从产生、发展到结束的过程分为四个阶段,分别为:症状期(prodromal),也叫潜伏期,此时危机线索显现,有潜在危机发生的可能;发作期(break out or acute),也叫爆发期,此时具有严重伤害性;延续期;痊愈期。

我们采用芬克的"四阶段"说,来探讨媒体在公共危机的不同发展阶段发挥的不同作用:

(一)危机潜伏期

在危机潜伏期,媒体可以通过加强风险教育和增加风险预警相关报道来实

---

① 〔美〕保罗·斯洛维奇:《风险的感知》,赵延东译,北京出版社2007年版,第220页。
② 马凌:《媒介化社会与风险社会》,《中国传媒报告》2008年第2期。

现危机预警功能，认真履行守望环境的职责，以促使公众时刻保持警惕，避免灾难或最大限度地减少灾难带来的损害；同时引导公众进行反思和总结，找出问题的症结所在，尽可能防止类似事件的发生。媒体应充分发挥服务功能，注意在常态社会下加强对公共安全事件、自然灾害等风险的公众风险教育，以提高受众的应变能力。另外，媒体在告知公众风险的同时，有责任引导公众正确、科学、积极地认识和规避风险。

当前我国媒体在危机潜伏期的报道能力相对较弱。事实上，对一些可以预见的灾害，媒体可以提前预警，对公众进行引导和提醒，以减少灾害带来的损失。如针对夏季常见的台风、暴雨、泥石流等自然灾害，媒体可在每年的6~7月持续播发预警科普片，普及防御知识，同时提醒有关部门做好精神、物质及防灾救灾设备的准备。

(二)危机突发期

美国传播学者梅尔文·德弗勒(Melvin L·Defleur)曾指出：当社会环境出现情况不明、有威胁性或迅速变化时，个人和群体对媒介的依赖关系便更为强烈。[1]

在危机突发期，媒体的主要职责是告知信息、解读沟通。公共突发事件属于小概率、大影响事件，公众对此缺乏相应了解和应对措施，因此，媒体在及时告知公众已经和正在发生的事实的同时，还应科学地解读突发事件产生的根源，并积极地引导社会舆论。

(三)危机延续期

在危机持续发展的过程中，公众往往对正在发生的危机束手无策，这样很容易产生焦虑、恐慌等情绪。此时，媒体的主要职责在于社会协调和抚慰疏导。大众传播媒介是社会有机体的一个组成部分，它通过促进信息的沟通和交流，来协调社会各个子系统之间的关系，在整体上维护着社会的平衡和稳定。[2] 汶川地震由救援工作转入灾后防疫和重建，媒体开始采访专家，就如何克服恐惧心理提供预应措施，并对如何防范瘟疫、如何避免次生灾害等知识进行大量宣传，这对于缓解人们的压力、激励人们开始新的生活具有正面意义。

---

[1] 〔美〕梅尔文·德弗勒:《大众传播学诸论》,杜力平译,新华出版社1990年版,第353页。
[2] 郑亚楠:《公共危机事件中新闻媒介的社会功能》,《中国广播电视学刊》2006年第2期。

(四)危机痊愈期

进入危机痊愈期后,社会对媒体报道时效性的需求就不是很迫切了。随着人们的生活逐渐走上正轨,危机已不再是社会关注的重点。此时媒体应该通过反思、质疑这样的动态监督,重新审视危机本身及危机产生和发展过程中政府、社会等各方面的行为,总结经验教训,提升应对危机的能力。

第二节 危机报道及其发展历程

美国新闻学教授比尔·博尼(Bill Boni)说:"对新闻媒介来说,最有市场价值的是交通失事、水灾、地震、谋杀、战争、行业纠纷以及死亡和伤害。具有负面因素的新闻题材对记者来说更加重要。"[1]1999年2月,美国评选出20世纪百条大新闻,其中属于战争、地震、暗杀、骚乱、空难、瘟疫、核泄漏等灾难新闻的就达29条,占近三分之一。[2]

1912年4月14日午夜,载有2200多人的"泰坦尼克号"航行至纽芬兰大浅滩以南150公里处时,以41公里的时速撞上了重约4.6万吨的浮冰。这次碰撞造成了邮轮的5个水密舱破裂,导致整艘邮轮沉没,1513人在这场悲剧中失去了生命。《纽约时报》在海难发生之后的两个多小时内就将一切报道准备好,在第二天的报道中,除了对事件进行明确、详细的报道之外,还使用了非常客观的文字描述了整个事件:首次试航的邮轮"泰坦尼克号"深夜与冰山相撞,整条邮轮从船头开始下沉,妇女乘救生艇避难,于零点27分无线电中断联系……可见,对危机事件进行报道是大众传播媒介的主动选择,危机报道是媒介内容的重要组成部分。

什么是危机报道?我们认为,危机报道是大众媒介以各种新闻形式对危机事件进行的报道和评论,包括对危机的孕育、发生、发展、危害及防治、消减以及人类与之斗争等的报道都是危机报道。

---

[1] Bill Bonney and Helen Wilson, Australia's Commercial Media, The Macmillan Co. of Australia Ltd., South Melbourne, 1983, p. 31.
[2] 王再承:《灾难新闻的阻碍因素及开放性》,《当代传播》2003年第5期。

一、危机报道的分类

按危机影响范围,可将其分为国内危机报道、涉外危机报道和国际危机报道。

按照危机内容,可将其分为自然灾害、事故灾难、公共卫生事件和社会安全事件。这四种危机事件的报道在机制、模式、深度和开放度方面有着相当大的区别。总体来说,最有政治影响力的社会安全事件尚未形成真正意义上的全方位的危机报道体系。在剩余的三种报道中,浙江传媒学院吴潮教授认为,公共卫生危机报道已经形成较为成熟的报道模式。① 笔者则认为对自然灾害的报道相对更加成熟。

华中科技大学的孙发友教授曾经将危机报道的模式总结为三种:"灾"情型,以灾害事件本身为新闻报道的主体,主要关注灾害的规模、伤亡人数、财产损失、波及范围等;"人"情型,以政府和社会如何组织引导人民抗灾、救灾和人的精神面貌为新闻报道的主体;综合型,将客观的灾情报道和充分反映灾害面前人们的所作所为相结合。美国是第一种;我国是后两种,80 年代后转向第三种。

二、危机报道的历程

中国自古就是个多灾多难的国家,据史料记载,从公元 206 年到公元 1949 年的 2155 年间,中国发生的大水灾就有 1092 次,较大的旱灾有 1056 次。反映各类自然灾害和疾病的报道在我国古已有之。早在明熹宗年间,《天变邸抄》就专门对发生于北京内城西南隅王恭厂火药库的特大灾害事件进行了报道,文中写道:"天启丙寅五月初六日巳时,天色皎洁,忽有声如吼,从东北方渐至京城西南角,灰色涌起,屋室动荡,须臾大震一声,天崩地塌,昏黑如夜,万室平沉……此真天变,大可畏也。"② 18 世纪以后,早期报纸开始效仿西方,刊载民生新闻。

总体而言,不同历史时期危机新闻报道的观念和形式都会有所不同,但都与当时的时代背景、社会环境及政治经济政策紧密相关。我国真正意义上的危

---

① 吴潮:《论近年来我国危机报道的发展与演变》,《浙江工商大学学报》2008 年第 6 期。
② 方汉奇、丁淦林等:《中国新闻传播史》,中国人民大学出版社 2002 年版,第 28 页。

机报道始于 2003 年的"非典"报道。

新中国成立后的媒体危机报道可以大致分为以下几个阶段：

(一)改革开放以前：灾难不是新闻，抗灾救灾才是新闻

改革开放前很长一段时间，灾难或危机是中国新闻报道的"禁区"。新中国建立前后，百废待兴，出于对社会稳定的考虑，党和政府对于突发事件报道的要求尤为严格，认为关于天灾人祸的报道是负面报道，要求媒体对灾难新闻保持谨慎的态度，灾难新闻必须积极宣传战胜灾害的成绩，反对纯客观地报道灾情，认为反映"我们今天还不能完全控制大自然"的报道会引起人民的一种错觉，引起群众恐慌。为防止被敌人利用，媒体报道应以"人"如何同灾害作斗争为中心，以救灾成绩代替灾情报道，无限凸显人的力量，且要求媒体在报道时要重视统一口径，将突发事件的报道作为敌我双方斗争的一部分。

1. 发展历程

1948 年 10 月 13 日，中共中央宣传部专门下发了对《人民日报》发表《全区人民团结斗争战胜各种灾害》新闻错误的指示，将这篇报道定性为"客观主义倾向"，批评该报道大搞各种灾害现象的罗列，而不是通过表面现象，找到本质的内在联系。从某种意义上讲，这成为以后新闻事业"报喜不报忧"和报道负面新闻就是给社会主义"抹黑"的痼疾的发端。

新中国成立初期，媒体对灾难新闻的报道沿袭了这一思路。1950 年 4 月 2 日，中央人民政府新闻总署在给各地新闻机关关于救灾应即转入成绩与经验方面报道的指示中指出："关于对救灾工作的报道，现应立即转入救灾成绩与经验方面，一般不再着重报道灾情。""过去的灾情报道一般是有益的，但亦发生了偏向。"该指示批评了同年 3 月 9 日《解放日报》刊出的《皖北生产救灾工作报告》，认为"这种报道把个别的特殊的例子扩大为一般现象，片面地孤立地宣传灾情的严重性，而没有和救灾工作相结合，这是客观主义倾向的表现。这种报道可能造成悲观失望情绪，同时给予帝国主义反动派夸大我国灾情、进行挑拨造谣的借口"①。该文件否定了客观报道，强调"现在全国灾情除个别地区外，均已大致好转，今年全国粮食供应可望无虞"，要求新闻单位对灾情进行正面报道。

在强调对灾情的报道要以救灾成绩代替灾情报道的同时，相关部门还规定

---

① 《新闻总署关于生产救灾报道的指示》，转引自新华社新闻研究部编：《新华社文件资料选编》(第二辑)，第 45 页。

重大自然灾害报道只做内参,限制其传播范围。1953年7月《中共中央关于新华社记者采写内部参考资料的规定》指出,"各地自然灾害的详细情况和反革命分子活动情况"为内部传播,且这一规定适用于"各中央局各分局各省市委机关报记者采写内部参考资料的工作"。

1954年,新华通讯社中南分社提出对当年长江洪灾报道的几大原则:"一,报道灾害,不要盖过生产。二,着重报道积极同灾害斗争,战胜灾害,夺取丰收。三,报道范围暂时固定在几个可以确保的重点和某些受灾较轻、很快可以恢复生产的地区。四,不作全面综合报道,不讲具体灾情。"[①]基于这些原则的报道思想就是"动员千百万人民起来战胜灾害,是保证我国社会主义建设的一项重大的斗争任务,对于同自然灾害作斗争的事实的报道,就是对全国人民进行社会主义爱国主义的思想教育"。湖北《长江日报》在当年抗洪救灾的100天里,"发表有关抗洪的消息782条,通讯特写186篇,各种文章、文告168篇,读者来信232封,照片152幅,内容几乎都是动员全市人民全力投入抗洪抢险,同时宣传安定人心,保障生产和社会秩序。报纸还着力报道了全国人民的支援"[②]。

对于突发灾难事件,新闻报道应当集中于灾难本身、抗灾和救灾三个方面。但在20世纪80年代之前,出现在受众视野中的报道极少是对灾难本身的反映。报道呈现出来的主要是人如何与灾害斗争,肯定的是人的精神力量,最终体现的是"人定胜天"的结果。这个时期的灾难报道,不是站在"事"的方位对事实作阶段性反映,而是主要站在"人"的方位对事实作整体审视,立足于肯定人的战斗精神。"事"不再是报道的中心内容,而只是"人"斗争的对象。同时,这个时期在肯定人的战斗精神时,总是作绝对的理想判断:在人与每场具体灾害的关系上,"人"总是一律的胜利者。[③]

无独有偶,曾经被选入小学课本的消息《上海的严寒》中如此描述了1957年2月上海八十年一遇的严寒:

> 新华社上海1957年2月12日电 这几天上海街头积雪不化,春寒料峭,最低温度下降到零下7.4摄氏度,上海人遇到了有气象记载的八十多年来罕见的严寒。10日和11日,出现了晴天下雪的现象。晴日高照,雪花在阳光中飞舞,行人纷纷驻足仰视这个瑰丽的奇景。

---

① 戴邦:《论社会主义新闻工作》,人民日报出版社1983年8月版,第233页。
② 张旭培:《建国初期宣传报道与报纸批评的特点》,《新闻研究资料》1989年第3期。
③ 孙发友:《从"人本位"到"事本位"——我国灾难报道观念变化分析》,《现代传播》2001年第2期。

"前天一夜风雪,昨夜八百童尸。"这是诗人臧克家1947年2月在上海写下的诗篇《生命的零度》中开头的两句。这几天要比10年前冷得多,但据上海市民政局调查,到目前并没有发现冻死的人。民政局已布置各区加强对生活困难的居民特别是孤苦无依的老人的救济工作。为了避免寒冷影响儿童的健康,上海市教育局已将全市幼儿园的开学日期延至18日。

20世纪50年代末期,在经历了"反右"扩大化、"大跃进"之后,媒体对灾害的报道更是只注重反映成绩和正面的东西,忽视问题和困难,对自然灾害、事故灾难少报或者不报,即使报道,也要化作共产主义大协作或革命英雄主义战胜灾害的赞歌。

1960年1月1日的《人民日报》元旦社论《展望60年代》,第一次向外界公开宣称农业生产遇到了"几十年未有的特大自然灾害"。当年的国庆社论在指出当年是"新中国成立以来遭受到最大自然灾害的一年"的同时,强调"全国2.4万个农村公社没有一个经受不住这样的考验,充分表现了它的顽强成长的生命力。人民公社已使我国农民永远摆脱了那种每遭自然灾害必然有成百万、成千万人饥饿、逃荒和死亡的历史命运"。事实上,大饥荒中最多的死亡发生在1959年11月到1960年夏天这一段时间,死亡人数至今不详。值得警醒的是,大饥荒三年的报纸版面上并未出现对占全国耕地总量56.25%的灾情成规模的新闻报道,更没有一张受灾或抗灾图片。

在新闻教育领域,中国人民大学新闻系于1960年提出了"报纸只能反映主流,不能反映支流;只能报道先进的东西,不能报道落后的东西;只能报道成绩,不能报道缺点"的主张。于是,媒体报道"只是着重反映了成绩和好的一面,而忽视了实际工作中的困难和问题"[①],用复旦大学王中教授的话说,就是当时的报道观念是"灾害不是新闻,抗灾救灾才是新闻"。

在1966年开始的"文革"十年间,我国的灾害报道向着更为偏激、主观和模式化的方向发展。这一时期,"报喜不报忧"和"内紧外松"是我国灾难新闻报道的指导思想。媒体报道更加强调人的"革命精神",把人的"革命精神"拔高到无所不能的高度。媒体面对自然灾难仍然歌颂"形势一片大好",包括党报在内的媒体故意上纲上线、夸大其词,对突发事件的报道采取僵硬化的模式进行报道,

---

① 穆青:《新闻散论》,新华出版社1996年版,第5页。

即"灾难报道＝轻描淡写的灾情＋党和毛主席的关怀＋灾区人民的决心"[①]。在这一阶段,媒体报道的视角集中于"官方"与"集体",重视对领袖和英雄的描写,对那些因阶级斗争需要树立起来的英雄典型采用拔高乃至神化的方式进行高大全式的报道,重在突出其"有路线斗争觉悟"和"无限忠于毛主席革命路线";灾害中的普通受灾群众则被忽视或轻视,对灾难造成的人员伤亡与财产损失情况更是只字不提;灾民的生存状态只能得到"集体呈现",个体则被极端边缘化,被忽略甚至漠视。

2. 报道特点

这一时期危机报道的特点体现在以下几个方面:

首先,立足于讴歌人的力量,只重视救灾成绩,忽视灾情报道,负面新闻正面做。媒体报道着力讴歌人们的战斗精神,报道重点在于灾害事件中的人是如何抗灾、救灾的,集中展现人类征服自然、与灾害抗争的决心和毅力,对灾情的报道则弱化和边缘化。

其次,媒体对灾难新闻时效性的判断只注重时宜性而忽视时新性,常常出现灾害发生几十天甚至几个月之后才报道的"新闻旧报"现象。如发生在1979年11月24日的"渤海二号"沉船事件,直到1980年7月22日才见报,中间历时8个月。

再次,报道追求终极性结论,一般要待对事件有了明确的定性结论后再作报道。1950年7月,中央人民政府公安部《关于发布公安新闻办法的规定》指出:"发布新闻要有明确的目的性。不是所有的案件均可发布,也不是凡发布的案件都须发布全部内容,要选择已经全部结案并无其他牵涉的可资教育群众的案件,慎重地考虑发布的内容与时间。"此后,刑事案件"不破不报"成为公安机关报道刑事案件的基本准则,也成为新闻报道的一个基本要求。这一准则一直延续到1994年的千岛湖事件后才发生变化。

最后,报道追求最佳的宣传价值,对符合自己意图的事件就进行报道,对不符合自己意图的就少报、轻报或不报,强调"不是任何灾害的情况都可以当作新闻向全国报道,这要根据国内外全盘斗争的利益,要看灾情大小、受灾时间长短、受灾地区重要不重要,以及它对国家和人民生活的影响大小来决定,并且要根据不同的具体条件和时机,决定讲什么不讲什么,如何讲法"[②]。即便进行报

---

① 孙友发:《从"人本位"到"事本位"——我国灾害报道观念变化分析》,《现代传播》2001年第2期。
② 戴邦:《论社会主义新闻工作》,人民日报出版社1983年版,第233页。

道,也要统一口径,且一律由新华通讯社独家采访发通稿,其他媒体只能采用新华社报道,不能自行采访报道。

1976 年 7 月 28 日,河北省唐山、丰南一带发生 7.5 级地震。地震发生次日,《人民日报》等媒体就在第一时间对此次地震给予了报道,但报道的重点在于毛主席及各级党和政府对灾区的关怀,以及灾区群众通过发扬人定胜天的大无畏革命精神,一定会取得抗灾斗争的胜利;对灾情则以"震中地区遭到不同程度的损失"一笔带过,人员伤亡、房屋损毁等情况则只字不提。在随后的日子里,《人民日报》《光明日报》《解放军报》等多家媒体虽然对唐山地震进行了多次报道,但都侧重于灾区人民的抗灾精神和实践,死亡人数一直成谜。直到 1979 年 11 月 17~22 日,在大连召开的全国地震会商会议暨中国地震学会成立大会才首次披露了唐山地震的死亡人数为 24 万多人。从此,给自 1976 年唐山地震发生以后的种种关于死亡人数的猜疑画上了句号。

(二)80~90 年代末:首先是灾难本身,而后是军民抗灾

随着改革开放的不断深入,新闻宣传管理部门不断放松对突发事件报道的管制,媒体开始相对自由地对灾害进行报道,从内容上逐渐了打破单向度闭合,而进行多向度呈现,比较充分地满足了公民的知情权。20 世纪 80 年代,媒体对灾难性事件报道的时效性总体逐渐增强,但新闻报道滞后的现象仍然存在。直到 90 年代,有中国特色的社会主义突发事件新闻发布机制与报道机制才基本成形。

1. 发展历程

新华社 1978 年 7 月 18 日《关于改进新闻报道若干问题的意见》提出:"突发事件凡外电可能报道或可能在群众中广为流传的,应及时作公开连续报道。"

1987 年 7 月 18 日,中宣部、中央外宣小组发布的《关于改进新闻报道若干问题的意见》第五条规定:"重大自然灾害(如地震、水灾等)和灾难性事故,应及时做报道。关于地震、气象、洪水等可能造成重大影响的预报或预测,一般不做公开报道,需要报道时,经国务院有关领导部门批准,由新华社统一发布。"

1988 年《中共中央关于新闻报道工作的几项规定》第三条规定:"对于社会敏感问题和重大突发事件的报道,应注意保持社会的安定、有利于经济的稳定发展和改革开放的顺利进行。新闻报道中涉及的重要数字和重要情节,一定要

核实清楚并经有关主管部门的审阅才能发表。"①

这一时期,宣传管理部门相继出台了一系列关于突发事件报道的规范性文件,最主要的是 1989 年下发的《关于改进突发事件报道工作的通知》和 1994 年出台的《关于国内突发事件对外报道工作的通知》。

1989 年 1 月 28 日,国务院办公厅、中共中央宣传部联合下发的《关于改进突发事件报道工作的通知》(以下简称《通知》)指出,下发该通知是"本着引导国内外舆论、维护国内的安定团结和我国的国际形象出发,本着中央关于'提高开放程度,增大信息量''重大情况让人民知道'的精神"。《通知》规定:"报道突发事件要十分慎重,认真对待。报道内容必须准确、真实,有利于安定团结,在这个前提下讲究时效,不得在事实尚未弄清或未按规定经有关领导批准的情况下抢发新闻。要充分考虑事件的复杂性、敏感性和报道后在国内外可能产生的影响,并据此决定是否报道、如何报道以及报道范围等。"②该《通知》进一步细化了对不同事件的分类管理,将突发事件划分为自然灾害、严重事故、恐怖主义及重大群众性骚动、重大政治事件四类,并明确了不同程度的突发事件应采取不同的报道策略。自然灾害,"在事实准确的情况下,原则上可以报道",全国范围内报道的自然灾害要请示国务院,"一般自然灾害,只在有关地方进行报道,对影响不大的,地方都不必报道";严重事故,在遵循基本报道原则下可及时报道,"但要注意在一个时期不能过分集中";后两类事件则"由新华社、人民日报、中央人民广播电台、中央电视台进行报道",必要时由新华社统一发布。《通知》同时规定:"规模不大、影响较小的非法游行、示威、集会、骚乱等事件,一般可不报道,如需公开报道,也只在有关地方报道。"对于重大群体性事件的报道,要征求省级政府或者主管业务部门的意见,而且只能由指定单位进行报道。

由于 80 年代总体强调"稳定压倒一切""团结稳定鼓劲",因此,相关报道以转发新华社报道为主,常常采取推迟发布时间、简化信息内容、淡化受灾情况、突出政府领导救灾的新闻报道方式,报道形式相对单一,篇幅也较为短小。

1994 年发生的浙江千岛湖事件是我国突发事件对外报道的重要转折点。事后,针对千岛湖事件媒体应对迟缓造成的被动局面,中共中央办公厅、国务院办公厅于 1994 年 8 月联合发出《关于国内突发事件对外报道工作的通知》,明

---

① 中共中央宣传部新闻局编:《中国共产党新闻工作文献选编(1938—1989)》,人民出版社 1990 年版,第 135 页。
② 中共中央宣传部新闻局编:《中国共产党新闻工作文献选编(1938—1989)》,人民出版社 1990 年版,第 146 页。

确提出,国内突发事件的报道关系到我国的国际形象和新闻信誉,"突发事件的对外报道,要充分考虑事件的复杂性、敏感性和报道后可能产生的影响,报道要有利于我国的改革、发展和稳定,有利于维护我国的国际形象。报道必须真实准确,争取时效,把握时机,注重效果"。

1997年1月18日,国务院颁布实施的《关于加强抗灾救灾管理工作的通知》(以下简称《通知》)规定:"适时报道灾情和抗灾救灾工作,引导广大干部群众振奋精神,团结抗灾,要突出地报道党和政府对灾区人民和救灾工作的关怀,灾区广大干部群众、人民解放军指战员、武警官兵、公安干警奋力抗灾、生产自救和各地区、各部门互相支援的先进事迹。公开报道灾情,要实事求是,有利于社会安定和抗灾救灾工作,防止产生消极影响。"同时提出,"重大灾情的报道由新华社统一发稿,局部灾害一般只在当地报道"。该《通知》允许媒体把人员伤亡情况纳入报道的范畴,同时规定"报道因灾造成的直接经济损失和人员伤亡情况,应以主管部门核实的统计数字为准"。《通知》还指出,公开报道要慎重,所有涉及突发自然灾害、社会安全事故等新闻的报道都要严格遵守送审制度,经有关部门审核。

总体而言,从20世纪90年代开始,我国重大灾难事件的新闻发布主要有两个系统:一是外交部侧重于通过新闻媒体报道我国对国际性灾难事件的表态;二是国务院新闻办公室侧重于负责对国内灾难事件发布的组织协调和归口管理,其中大多由与灾难事件有关的部门发布(如交通部发布重大恶性交通事故),再通过媒体报道出去。特别重大的国内外突发事件,偶尔也由国家领导人通过电视讲话或接受记者访问等形式发布(如胡锦涛同志曾就以北约轰炸我驻南联盟大使馆导致国内高校学生举行游行示威而发表电视讲话)。[①]

2. 报道特点

这一时期,危机新闻报道具有以下特点:

第一,报道的客观性加强了。

新闻媒体一方面在客观反映突发事件本身的情况下尝试挖掘和探索灾害背后的故事,另一方面在充分尊重客观规律的前提下积极发挥人的主观能动性,将"事"和"人"的报道结合起来。虽然说这一时期媒体报道表达的着力点仍然在救灾功绩和英雄人物的塑造方面,但已经开始走出"事故出英雄"的报道怪圈。

---

① 杜娟:《解放后我国灾难报道研究》,华中科技大学硕士学位论文,2004年。

第二,报道的及时性在不断增强。

20世纪80年代,尽管报道的时效性有所增强,但报道时间滞后的现象依然存在。1987年5月6日,黑龙江省大兴安岭地区的几处林场同时起火,成为新中国成立以来毁林面积最大、伤亡人员最多、损失最为惨重的一次火灾事故。大火持续燃烧了25天,过火森林面积达56万公顷,投入灭火的人员约3万多人,直接经济损失约5亿元人民币,受灾群众5万多人。《人民日报》3天后(5月9日)才发出第一篇报道,一直到5月12日,由于火势更加凶猛,才展开比较集中的报道。

到90年代末期,突发事件报道的时效性取得了突飞猛进的进步。1998年,中央电视台社会新闻部成立,组成了专门负责突发事件报道的"特快反应小组",并建立了24小时记者值班制以应对突发事件报道,这使得电视媒体对突发事件报道的反应速度大为提升。1998年1月,河北张北地震发生后仅半小时,中央电视台记者已从北京乘车出发,抢在救援人员到达之前赶到地震现场,并在震后6个多小时发回第一条新闻,此新闻被世界各大电视媒体争相引用。①新华社国内部还首次尝试对这次地震进行滚动发稿,在晚报专线上连续滚动播发5篇震区现场见闻,供晚报采用。

1998年8月的长江洪灾报道中,媒体的报道速度进一步提高。《中国青年报》8月8日刊登的《九江段4号闸附近决堤30米》几乎在纸媒上实现了滚动播出。当时曾有学者评价,像这么快速地报道重大灾难,在新中国新闻史上是绝无仅有的。该报道如下:

九江段4号闸附近决堤30米——两千余军民奋力抢险

本报江西九江8月7日16时5分电 今天13时左右,长江九江段4号闸与5号闸之间决堤30米左右。洪水滔滔,局面一时无法控制。现在,洪水正向九江市区蔓延。市区内满街都是人。靠近决堤口的市民被迫向楼房转移。

本报江西九江8月7日16时35分电 现在大水已漫到九瑞公路。据悉,决堤时,一些居民还在睡午觉。现在在堤坝上被洪水围困的抢险人员大约上千人。

本报江西九江8月7日17时5分电 国家防汛总指挥部的有关

---

① 王铁刚:《电视突发事件报道的改进思路》,《中国记者》2000年第2期。

专家正在查看缺口。专家们决定用装满煤炭的船沉底的办法堵缺口。

本报江西九江8月7日17时15分电 记者已赶到缺口处。汹涌的江水正从30米宽的缺口涌向市区。南京军区两个团正在国家防总、省防总有关专家的指挥下现场抢险。现在有一条100多米长的船无法靠近缺口,抢险队正在想办法。

本报江西九江8月7日17时40分电 专家们拟定了三套抢险方案:(1)将低洼处的市民转移到安全地带。(2)市区内的军队、民兵组成一道防洪线。(3)全力以赴堵住缺口。

现在,一条大船装满煤,正由北向南岸靠近,准备堵缺口。

本报江西九江8月7日22时5分电 截至记者21时撤离时,决堤口还没有堵上。一条装满煤炭的百米长的大船已横在距决堤口20米处,在其两侧,三条60米长的船已先后沉底。数千军民正在沉船附近向江里抛石料。水势稍有缓解。

目前,留在决堤处的抢险人员总计有2000多人。防汛指挥部组织抢险人员正在市区的龙开河垒筑第二道防线。

据悉,市中心距决堤处的直线距离约5公里。市区内目前还未进水。记者赶回市区时看到,一些店铺还在营业。市民们的情绪较下午平稳了一些。

路上,出租车司机告诉记者,市政府已在电视上发出紧急通知,告诫市民,凡家住低于24米水位的住户,要迁到更高的楼上。

本报江西九江8月8日零时15分电 记者刚刚与前线指挥人员通话:现在沉船部位上端水流有所减弱,但船下的漏洞水流仍然很急,缺口处洪水不见缓解。抗洪军民仍在连夜奋战。

本报江西九江8月8日零时45分电 记者刚刚得到消息,从昨天下午4点开始,万余名解放军战士正在龙开河连夜奋战,构筑一道10公里长、5米宽的拦水坝,作为市区的最后防线。至发稿时止,仍有大批军车赶往此地。(《中国青年报》1998年8月8日)

1999年11月24日,山东烟台发生海难。新华社坚持每天播发稿件,对海难情况、救援过程、打捞进展、原因调查和善后处理等进行了连续不断的报道,成为国内外受众了解"11·24"事件的权威渠道。

第三,危机事件报道的深度和理性不断增强。

虽然这一时期的大多数报道还停留在满足媒体的信息告知功能阶段,对生命的轻视和冷漠仍较明显,人文关怀相对欠缺,报道视角、话语表达等方面的人性化操作空间还相当狭小,依然存在"只处理、不报道""先处理、后报道""宁慢勿抢""内外有别"、刑事案件"不破不报"、试图封锁消息等现象,但已有媒体开始对危机事件背后的原因进行探索。

20世纪八九十年代的《中国青年报》可以说是中国灾难新闻报道的领跑者,其在灾难新闻报道上力求摆脱以往陈旧的报道思想和报道模式,坚持"首先是灾难本身,而后是军民抗灾"的报道理念,取得了许多突破,其中最有代表性的作品就是该报的大兴安岭火灾"三色报道"(《红色的警告》《黑色的咏叹》《绿色的悲哀》)。该组报道编者按中反复出现的"这场悲剧肇始于何时?繁衍于何方?在对自然、社会、人相互关系的深入探究中,人们自会得出超乎大兴安岭之外的种种结论。而这结论最终将会使我们更加理解我们的国家,理解我们的改革。"充分体现了该组报道采制的初衷和话题深意。一位资深编辑评价1987年《中国青年报》对大兴安岭火灾的"三色报道"时称,该组报道标志着中国新闻人开始回归新闻本身,为中国灾难报道树立起了一块新的里程碑。

链接:关于"三色报道"

1987年,《中国青年报》大兴安岭特大火灾的报道《红色的警告》《黑色的咏叹》《绿色的悲哀》(人称"三色报道")获当年全国好新闻特等奖、全国绿色好新闻奖,并被收入人民文学出版社《1987年优秀报告文学集》等多种文集,中国新闻学会为此召开专题研讨会。

1987年5月7日,中央电视台《新闻联播》后面的天气预报及时播发了美国泰勒斯气象卫星的云图。云图上黑龙江省境内亮着两处震动全国的红色火区。火区在中国仅存不多的林区久久停留,造成人民生命财产、生态环境和资源的巨大损失。而受国内长期以来的灾难报道的英雄赞歌模式的导向影响,"小灾小凯歌,大灾大胜利"的报道掩盖了基本事实。

在我们几个被派到火场的记者集中出发那天上午,开了不到30分钟的碰头会。实际上是一个确定报道思路的会。有人说,哪儿来那么多"凯歌"?再也不能不顾基本事实了。有人提出:"写大火映衬下的社会,社会背景下的大火。"这后来成为贯彻采访写作始终的思路。报道因为批评了官僚主义在火灾中的表现,如消防队长调动消防车首先保自己和县长的家等,受到读者的广泛支持。

我们的认识很明确,灾难就是灾难。把灾难说成好事,是灾难之上的灾难。

不是说军民抗灾的英雄事迹不能颂扬,"三色报道"就写了广大干部群众在大火来临之际的种种崇高行为。

问题是,在中国这样自然灾害多发的国家,灾难报道至少应该把灾害和抗灾两个概念分清,着眼于环境治理、强化防灾减灾能力。对造成损失的人为因素、社会因素绝不能放过,这正是灾难报道最需要深入分析的部分。

在更多的场合,自然灾害之所以造成重大损失,扩大为重大灾难,是官僚主义、麻木不仁、不负责任、违反科学规律瞎指挥的结果。

灾难就是灾难,是再简单不过的常识。但这一判断在善于编织"皇帝新衣"的传播环境里,长期以来竟难以被普遍接受。不仅在当年大火报道之前很少见到实事求是的灾难报道,而且在以后相当长的时间里,灾难报道仍被强加以英雄赞歌的导向。最近一两年,随着抗击"非典"初期粉饰太平、掩盖疫情的行为被严厉制止,执政为民、实事求是的精神深入人心,中国的灾难报道正逐渐恢复应有的科学和理性。

(《中国青年报》2004年6月1日)

链接:贺延光从"违反纪律"到新闻获奖

1998年8月7日下午13时,长江九江段4号与5号闸之间决堤30米左右。《中国青年报》在九江采访的只有记者贺延光,当时他正在要去灾民安置点拍照的路上,听说决口,立即调转车头直奔4号闸。在冲锋舟上,一边拍决口现场,一边用手机向北京报告现场实况。编辑部接信息后,立即处理,次日在头版头条刊发《九江段4号闸附近决堤30米》,并刊登了贺延光在现场拍摄的新闻照片。该报道是九江决口后见诸媒体的首篇报道。报道刊发后,有关领导电话批评其违反了"新闻纪律"! 9日,朱镕基总理视察九江,要求政府不能向群众隐瞒灾情后,中央电视台《晚间新闻》(22点)播发了九江决口的头条新闻。

后来《九江段4号闸附近决堤30米》一举夺得全国洪水报道一等奖、第九届(1998年)中国新闻奖特别奖两项大奖。摄影作品《九江决口》获得中国新闻奖二等奖。

链接：千岛湖事件

1994年3月31日，千岛湖事件发生。4月1日、2日，媒体没有报道。4月10日《人民日报》报道《千岛湖遇难台胞得到妥善料理》："浙江省淳安县'海瑞'号游船发生期货燃烧事故。"4月14日《人民日报》报道《海协就千岛湖事件致函台海基会》："对'海瑞'号游船的意外不幸事故，有关方面正大力查清事故原因。"4月17日，案件告破后媒体统一口径为"特大抢劫纵火杀人案"。一个普通的刑事案件，由于有关部门封锁事实真相，被炒成了一个损害两岸关系的政治事件。

第四，开始践行人文关怀理念，关注灾难中的人物命运，尊重受害者及家属的情感。

报道天灾人祸类新闻，记者需要将人文关怀融入报道，还要有悲天悯人的情怀，对灾难的受害者倾注感情，关注灾难中人的命运和灾难性事件中人性的光辉。90年代末期的突发事件报道中，一些媒体开始注重人文关怀在报道中的体现，着力并善于捕捉事件中的人性美，但也有一些报道忽视或无视事件当事人及家属的情感需求，对报道当事人及家属造成了一定的"新闻伤害"。

如1998年8月1日，湖北省嘉鱼县簰洲湾因特大洪水的突袭决堤溃口，段德莲母女被大水冲散。3天后在灾民安置点，母亲意外地遇见了失散的女儿，记者及时按下快门,记录了这个悲喜交加、催人泪下的瞬间,使受众深受感动。但在1999年11月24日山东烟台海难发生后,广州某报于11月26日以一位遇难者被冲到海滩上严重变形的残骸的照片做头版头条,则令人感到惨不忍睹。无独有偶,2002年大连"5·7"空难第一个黑匣子被打捞出水时,多家网站和媒体刊发了人们鼓掌庆祝的照片,引发了众人的批评。

诸如此类关于突发事件报道中出现的伦理偏失及二次伤害问题直到近几年仍然是此类报道容易遭人诟病的地方。如某报记者在报道2012年云南富源矿难时,没完没了地问遇难者家属"你们家有几口人?""你的丈夫是什么时候来这里上班的?""你家里还有什么人?""你今后将怎么办?"之类的问题,这样不断重新勾起遇难者家属悲伤的提问只能使遇难者亲属一直不停地哭泣,正如报道文尾所述"……的眼泪,又一次流了下来"。

第五,正面报道和典型报道在突发事件报道中的比重仍然较高。

以1991年和1998年发生在中国的特大洪水为例,1991年《人民日报》全年标题中含有"洪水"或"洪涝"的报道检索量为36条,而含有"抗洪"的报道检索量为151条;1998年,《人民日报》标题中含有"洪水"或"洪涝"的报道检索量为91条,而含有"抗洪"的报道检索量高达485条,正面报道的比例可见一斑。[①] 抗洪救灾中解放军、武警官兵等群体光辉形象和抗洪英雄的个体光辉形象的典型报道是这些抗洪报道的主要内容。在第9届中国新闻奖(1998年)获奖作品中,与洪水相关的报道除一篇稍微涉及一些负面内容外,其他均为正面报道。

(三)2003年以后:迅速、准确、客观地报道灾难

2003年的"非典"报道对中国灾难新闻报道的发展和新闻发布制度产生了深远影响。媒体在"非典"报道中经历了从初期集体失语到中期有限报道,再到后期全面公开新闻报道,逐渐形成了"人本位"的全息开放模式。"人本位"的全息开放报道模式具有两个特点:首先是报道突破了传统的模式,将对灾难中的人的刻画由"集体呈现"转向"个体呈现",从人性的视角还原了各种人物在特殊情境下的生存状态;其次是报道突破了"官本位",不再将塑造英雄和"英雄神话"作为报道的主旨,而是试图不断挖掘灾难背后人性的光辉,以至于后来有人如此评价媒体的"非典"报道——"SARS:给人类以灾难,给新闻以机会"。

[①] 赵俊峰:《新中国灾难新闻报道的变迁——建国后〈人民日报〉灾难新闻报道分析》,《中华新闻报》2006年2月22日,F01版。

1. 发展历程

2002年11月,广东佛山出现首例"非典"患者;2003年1月21日确定该病例为"非典"①患者。2003年2月11日,广东省卫生厅召开新闻发布会,以电视现场直播的形式向社会通报了"非典"疫情。次日,《人民日报》报道《广东省部分地区出现非典型肺炎 专家指出只要预防得当不必恐慌》。广东境内媒体、中央电视台等对"非典"的报道框架与《人民日报》相同,即"'非典'已得到控制"。这些报道虽然暂时缓解了公众的恐慌情绪,却也丧失了激活预警系统的时机,导致"非典"开始向其他省市扩散。3月1日,疫情已扩散到北京。之后,随着全国"两会"的召开,整个3月份媒体基本上停止了对"非典"的报道。

4月3日,国务院新闻办公室举行中外新闻记者新闻发布会,时任卫生部长张文康宣称"中国局部地区已经有效地控制了非典型肺炎的疫情""中国人民……的生活、生产秩序是正常的""到中国来工作、旅游、开会等也是安全的"。这一阶段,虽然媒体增加了对"非典"疫情的报道,但整体过于"乐观",一些报道既不符合事实,也不具有科学性。

直到4月20日胡锦涛在政治局会议上强调,对"非典"疫情相关信息要"如实报告并定期对社会公布,不得缓报、瞒报"后,媒体的报道才得以迅速公开。到5月中下旬,国内疫情得到有效控制,媒体响应中央夺取防治疫病和经济建设双重胜利的指示,对"非典"的报道渐趋理性,报道量逐步回落。6月24日,世界卫生组织宣布解除对北京的"旅行警告",并将之从疫区名单中删除。至此,持续半年之久的抗击"非典"战役告终。

"非典"疫情结束后,党和政府有关部门及新闻媒体开始反思这次报道的经验和教训。2003年5月9日,国务院通过《突发公共卫生事件应急条例》,其中第25条规定:国务院卫生行政主管部门负责向社会发布突发事件的信息。必要时,可以授权省、自治区、直辖市人民政府卫生行政主管部门向社会发布本行政区域内突发事件的信息。还规定,"任何单位和个人对突发事件,不得隐瞒、缓报、谎报","信息发布应当及时、准确、全面",否则造成严重危害后果的,将"依法给予开除的行政处分,构成犯罪的,依法追究刑事责任"。

2003年8月,中共中央宣传部下发《关于进一步改进国内突发事件新闻报道工作的意见》,"对于改革和推进突发事件新闻报道起到了指导性作用。可以

---

① 即严重急性呼吸综合征(Severe Acute Respiratory Syndromes),也称传染性非典型肺炎、非典型肺炎或严重急性呼吸道症候群,简称"非典"(SARS)。

说,是'非典'这场突如其来的灾难事件,加速了政府和媒体对信息公开重要性的认识,促进了实行信息公开工作的进展,同时推进了我国媒体对国内突发事件报道的改革"①。

2004年9月19日,中共第十六届中央委员会第四次全体会议通过《中共中央关于加强党的执政能力建设的决定》,指出:"重视对社会热点问题的引导,积极开展舆论监督,完善新闻发布制度和重大突发事件新闻报道快速反应机制。"

2005年8月8日,民政部、国家保密局联合发布《关于因自然灾害导致的死亡人数总数及相关资料解密的通知》,规定"因自然灾害导致的死亡人数不再作为国家机密,并应在第一时间向社会公布"。

2006年1月8日,国务院发布《国家突发公共事件总体应急预案》,要求:突发公共事件的信息发布应当及时、准确、客观、全面;事件发生的第一时间要向社会发布简要信息,随后发布初步核实情况、政府应对措施和公众防范措施等,并根据事件处置情况做好后续发布工作。

2007年11月1日正式施行《中华人民共和国突发事件应对法》,首次以"法"的形式对突发事件中的信息公开作出了规定,要求相关政府部门"应当按照有关规定统一、准确、及时发布有关突发事件事态发展和应急处置工作的信息"。

2007年4月5日颁布的《中华人民共和国政府信息公开条例》于2008年5月1日正式实施,规定"凡涉及公民、法人或者其他组织切身利益的"或"需要社会公众广泛知晓或者参与的"信息均属于政府应当主动公开的信息,其中"突发公共事件的应急预案、预警信息及应对情况"是县级以上各级政府应重点公开的信息之一。

如果说"非典"的新闻报道是因为遭受了重大挫折而被迫施行信息公开,那么2008年的汶川地震报道则是媒体出于对新闻事业规律主动性的遵循而进行的信息公开。2008年5月12日汶川地震发生,恰逢《中华人民共和国政府信息公开条例》实施之际,从《国家突发公共事件总体应急预案》到《中华人民共和国突发事件应对法》,再到《中华人民共和国政府信息公开条例》,党和政府相关管理部门已逐步从法规上搭建了媒体自主进行突发事件报道的开放空间,对媒体进行的地震报道采取了较为宽松的态度,允许各媒体根据自身实际情况派出记者进行采访或者依旧采用新华社稿件。

---

① 郑保卫:《从三个"意见"的出台看十六大以来党和政府深化新闻改革的思路》,《新闻爱好者》2005年第12期。

就媒体而言,自 2003 年以来,随着各项制度的建立和健全,媒体的报道理念也发生了转变,完成了由"官本位"向"事本位"、由"时宜性"向"时效性"和由"模式化"向"多样化"的转变,表现在信息传播上就是从"延迟披露"向"争取主动"积极转变。正如后来有学者总结的那样,汶川地震报道最集中、最全面、最生动、最充分地体现了危机传播的开放性原则,从而开启了当代中国灾难新闻或危机传播的新纪元。①

2.报道特点

总体而言,进入新世纪以来,媒体的危机报道在以下几个方面不断前行:

首先,媒体作为危机新闻传播主体的意识开始觉醒,各家媒体对各类灾害的反应速度不断提升,逐渐形成了成熟而完善的报道机制。

媒体开始力求准确、客观地报道灾难事件的全貌,包括事件发展进程、事件所产生的影响、事件原因、抗灾救灾行动、灾后重建等。如重庆"12·23"井喷事故、北京密云灯展踩踏事故以及各类矿难等生产事故,都得到了充分而全面的报道。

其次,媒体的舆论引导更为合理,寓导向于客观报道中,同时增加了反思性的报道。如"非典"过后对中国公共卫生安全的反思和探讨、渭河水灾后对三门峡水库的得与失的争论、印度洋海啸过后对中国灾难预警和救灾体系的探讨以及对各类安全生产事故频发引发的对企业安全生产的讨论等。

最后,媒体及时、客观的报道在保障公众知情权的同时提高了政府公信力。2011 年 10 月 18 日,中国共产党第十七届六中全会通过了《中共中央关于深化文化体制改革 推动社会主义文化大发展大繁荣若干重大问题的决定》(简称《体制改革决定》),提出"要加强和改进新闻舆论工作","做好重大突发新闻事件报道,完善新闻发布制度!健全应急报道和舆论引导机制,提高时效性,增加透明度"。

第三节　危机报道的机制

关于媒体的应急机制应当由哪些内容构成,研究者们提出了各自的设想。

---

① 董天策:《在开放与控制之间:危机传播的基本准则与尺度——汶川大地震新闻报道的经验与启示》,《新闻与传播研究》2008 年第 4 期。

有学者认为要以资源配置、主体控制和传播保障三个维度为线索构建危机传播应急机制。所谓资源配置,包括政府在特定情景下对危机事件相关信息进行收集、整理、分析、解读和处理,为政府提供信息传播应急决策方案的全部过程;所谓主体控制,主要包括在危机事件中政府、媒介与公众三类参与主体,三者之间的综合互动构成了完整的危机事件信息传播主体结构关系;所谓信息传播保障系统,包括通信保障、物质保障、人力保障三个部分,它们是危机传播应急机制构建中不容忽视的重要环节。[①] 也有学者认为新闻报道应急机制应该涵盖突发公共事件报道的各个部分,与突发事件的前兆、发生、发展、结束相对应,既包括面对突发事件的报道的决策,同时也必须从各个方面协调报道活动的进行,以及对于应急报道进行支持与保障。还有学者认为有效的新闻应急报道机制应由四个程序组成:突发公共事件的启动评估机制、突发公共事件报道中的组织机制和支持机制以及应急报道后的评估机制。[②] 笔者结合广播电视媒体在2008年两次突发自然灾害报道中的表现,提出广播电视媒体的应急机制应包括评估机制、快反机制、组织机制、保障机制和培训机制五大机制。[③]

结合近年来媒体突发公共事件报道的实践,我们认为媒体应对突发公共事件应急机制应当包括以下内容:

一、评估机制

现代传播的一个重要特征就是双向交流。媒体为了提高传播效果,需要进行前馈和反馈。所谓前馈,就是在使用大众媒介时,先通过调查研究等方式对传播对象的构成、需要、行为等进行了解,以改进传播,增强针对性,提高传播效果。反馈则是媒体选择传播内容、传播视点和传播方式的主要依据。

媒体建立应急机制时同样需要前馈和反馈,换言之,就是要对突发自然灾害进行事前评估和事后评估。事前评估指根据自然灾害的严重程度和发展态势决定是否启动应急预案,以及启动几级预案。突发自然灾害的规模、影响的范围、报道的难度以及公众的关注程度都是媒体进行评估的重要指标。

媒体如果没有对灾害进行科学、准确的评估,错误估计了形势,就可能造成

[①] 杨魁、刘晓程:《风险社会与媒介化社会背景下的危机传播机制创新——以2008年"5·12"地震为个案》,《科学·经济·社会》2009年第4期。
[②] 滕朋:《论突发公共事件中新闻报道的应急机制》,《新闻界》2006年第4期。
[③] 王宇:《广电媒体突发自然灾害应急机制构成研究》,《现代传播》2009年第4期。

对自然灾害报道的延误,给公众和社会造成一定的损失。2008年春的南方雨雪冰冻灾害爆发后,中国气象局预测减灾司司长矫梅燕称,1月10日第一次雨雪天气出现以前,他们就向国务院上报了有关情况;雨雪天气出现后,国务院根据气象局的预报发布了紧急通知。第二次雨雪天气出现时,气象局又与交通部联合发布了紧急通知。然而,全国绝大多数媒体都没有把这两次紧急通知作为预警讯号报道出来,让民众产生应有的防灾警觉。除中央人民广播电台以外,地方媒体直至1月25日以后才陆续报道气象异常情况及其影响。到这个时候,大范围的雨雪天气已经为抢险救灾带来了很多困难,大量的旅客滞留在车站。如果媒体能够通过评估及时发现问题,及时进行报道,有些损失也许可以避免。无独有偶,2012年北京"7·21"事件发生前,气象部门曾一天三次发布预警信息,暴雨预警从蓝色提高至橙色(是实行预警以来首次使用橙色标识),但由于种种原因,媒体并没有太多地向受众强调橙色预警的严重程度,不少公众仍然出行,被堵在路上甚至遭遇生命威胁。

除对灾情状况的研判外,启动几级预案也在评估机制的判研范围之内。近些年,南方日报报业集团形成了集团、各报社、各部门三级响应制度,根据突发事件的具体情况,决定是否实施应急响应。遇到汶川大地震、芦山地震这样特别重大的灾难事件,就启动集团响应机制;遇到省内重大突发事件,集团各报社根据各自情况,各自决定是否启动报社层面的应急响应机制;日常发生的造成一定伤亡的火灾等省内较大突发事件,则由各责任部门决定是否启动应急响应;运行当中,则由各责任层级决定是否提高或降低响应级别。

媒体除对突发自然灾害进行事前评估外,还需要在报道结束后对其进行事后评估、搜集受众的反馈(如在节目直播期间受众通过短信平台发送的互动信息和受众参与节目的情况等)以及社会评价等,及时发现报道中存在的问题。

对于那些有规律性的自然灾害,如我国南部沿海地区的台风、北部省份春季凌汛、西南山区滑坡等,媒体完全可以及时总结报道中的经验教训,建立应急报道预案,以便在日后的灾害报道中主动出击。

二、快反机制

在突发事件发生时,媒体能否在第一时间形成相关的新闻应急报道团队,快速调集资源,往往是新闻应急报道成败的关键。与报纸等纸质媒体相比,广播电视媒体的优势就在于其快速的反应能力和灵活的播出方式。

一旦发生突发性自然灾害,媒体首先要制定应急预案,成立突发事件应对领导小组或突发事件紧急指挥中心。根据评估结果启动相应的应急报道预案,迅速确定报道方案,在第一时间确立参与报道的人员、报道的方式以及节目的播出方式等。

在对公共突发事件的报道中,新闻媒体应当树立危机传播资讯为先的理念,第一时间、第一现场向受众传递最新的事件进展情况。媒体在派出记者的同时,要结合灾害的情况和媒体实际情况,决定是否展开立即插入新办的特别节目,甚至打破常规进行直播。实践证明,"大时段直播+专题"的方式是广播电视媒体进行突发事件报道时重要的节目采编和播出形式。这种方式不但可以及时向受众传播散点式的信息,还能够进行信息梳理,让受众在短时间内对突发事件的总体情况有系统、全面的把握。

以中央人民广播电台为例,从 2008 年年初的雨雪冰冻灾害报道到汶川地震报道,再到玉树地震报道及以后一系列突发自然灾害的报道中,抢"快"的意识不断得到强化。2010 年 4 月 14 日上午,青海玉树地震发生几个小时后,即由台长王求主持召开紧急会议,要求启动应急机制,地方记者管理中心、"中国之声"、民族广播中心、军事宣传中心、网络中心等部门立即抽调精干力量组成前方报道组赶赴灾区。以"中国之声"为首的 13 套频率及中国广播网等全天滚动播报,跟踪灾情救援的最新进展。次日,"中国之声"开设特别直播《玉树紧急救援》,并调整相关栏目设置和报道,突出报道抗震救援实况,密集及时,令人如同身在抗震一线。每日《新闻和报纸摘要》挂栏《玉树紧急救援》,综合报道解救被困、被埋灾区群众动态及各方救援最新进展,配发"中国之声"特邀观察员相关评论。早、中、晚三大板块《新闻纵横》《全球华语广播网》《新闻晚高峰》分别设置多个栏目,以同期声记录、还原震后方方面面的最新行动。轮盘节目《央广新闻》整点、半点资讯中开设《地震专题资讯》,滚动播报,随时以《直通现场》《快讯快报》《现在插播》三种形式报道救援工作的重大突破性进展。从 4 月 16 日上午 9 时 30 分开始,作为突发应急事件报道的一种模式,"中国之声"打通全天节目,直播《玉树紧急救援》,24 小时连通灾区,以快制胜,形成合力,报道抗震救灾最新动态,报道全国及世界各地对灾情的关注,特别是报道党中央、国务院对受灾群众的殷切关怀以及作出的抗灾救灾重要部署、决策,实时报道救援细节。

地方电台的表现同样如此。2008 年汶川地震报道中,成都人民广播电台迅速从常态转入应急状态,并根据党委、政府抗震救灾不同阶段的要求及时应变:5 月 12 日以权威信息和互报平安为主;13 日实现灾区求援和社会援助的对接;

14日开始在帮助救援人员和物资的组织、调配的同时,主动参与、深入灾区抗震救灾。三种方式同步推进,多层面、多侧面地展示了广播媒介的独特优势。从5月12日14时55分推出大型直播《我们在一起——抗震救灾大型特别节目》开始到5月22日凌晨6时转入常态为止,成都人民广播电台不间断播出时间达232个小时。2013年芦山地震发生后不到1小时,四川交通广播便开始播出24小时地震特别节目,按照"黄金72小时"的原则持续播出3天,并在官方微博和官方微信同步发布信息。此外,四川电台6个省级频率、成都电台4个频率均关停了原有的节目,共享3个信号源,并机直播。

除调整节目播出外,电台、电视台还需要调整不合时宜的广告和及时组织相关的社会募捐活动等,使电台、电视台的一切活动都服务于突发灾难的报道。当然,如果不是面临如汶川地震这样极其重大的突发性事件,没有必要把所有的节目都设置为同一个指向。

三、组织机制

重大突发事件发生后,各媒介机构要进行及时的组织机构调整,既要保障正常节目的播出,又要抽调精兵强将及时进行突发事件的报道,这无疑需要一定的应急组织机制。一旦有重大突发事件发生,媒介组织的各相关部门能在第一时间自动进入应急状态,调整报道人员。

2004年9月23日,日本新潟地区发生自阪神地震以来破坏性最严重的地震。震后,日本广播公司新潟支局130人全力投入报道,周围几个县的支局均抽出优势兵力前去支援,日本广播公司东京总部也打破部门限制将大量有经验的记者派到现场。日本广播公司之所以能在最短时间内完成人员调配,和其完善的应急组织程序不无关系。

由此可见,广播电台需要在组织机构和作业流程方面形成一定的机制,一旦发生突发事件,能够在第一时间派出采访经验丰富的记者前往事发地点,通过现场直播、新闻连线等方式如实报道灾区的情况,由熟练的编辑人员对前方素材进行编辑,组织后方记者进行政府部门、相关专家等的采访活动,安排直播经验丰富的主持人坐镇直播室。

中央人民广播电台在2008年汶川地震发生后,第一时间组建了报道班子:由副台长王晓晖在抗震救灾前方组织协调前线报道组;"中国之声"总监挂帅,副总监负责《全国新闻联播》《新闻和报纸摘要》的相关报道;负责奥运火炬境内传递报道的部分人员转向《汶川紧急救援》直播。新闻编播部、时政采访部全面关注、报道震情,第一时间派记者进入抗震救灾现场。尤其值得肯定的是,中央人民广播电台由副台长亲自协调的前线报道组实现了新闻编辑部的前移,比那些中心指挥部仍然设在北京的中央媒体更容易在第一时间对前方情况产生感性认识,从而可以避免媒体前方报道记者看到的场景和后方编辑需要的报道之间难以协调的困扰,能够及时根据前方灾情和救灾情况调整报道的主旨和组织报道。

第一套节目"中国之声"在第一时间派出前方采访记者后,迅速在后方成立5个直播组和统筹组、剪辑组、包装组、广告组、后勤组等10个临时机构。报道组对来自一线的连线报道均提出时效要求,并与前方记者达成一致。这样前后方的密切配合极大地提升了"中国之声"抗震救灾报道的时效性。以对汶川地震最重要的次生灾害唐家山堰塞湖险情的报道为例:"中国之声"播出的《唐家山堰塞湖抢险指挥部确定新的抢险方案》比新华网早3小时20分,《武警水电部队和成都军区突击队正赶赴唐家山堰塞湖顶》和《回良玉主持会议要求争分夺秒排除唐家山堰塞湖险情》两条报道,比新华网分别早播发2小时零5分和1小时零5分。这样的成绩无疑得益于该台应急机制的确立和灵活变动。

2010年4月14日玉树地震发生后,中央人民广播电台特报部、采访部、地方记者站等立即自动转入应急状态。"中国之声"总监史敏不但在第一时间布置记者赶赴灾区进行报道,更主动请缨奔赴一线指挥协调报道。玉树处于高海拔地区,记者到震区采访后会有不同程度的高原反应,因此,"中国之声"根据前方反馈的情况,迅速确定记者的轮换机制,从4月15日开始组织了3个梯队,分批派往玉树,第一批7人,第二批5人,第三批4人……每一个梯队都有领队和分工。与此同时,前方记者根据实际情况有计划地组织下撤。这样的科学轮换既有效地保证了前方报道团队的战斗力,又非常人性化地保证了记者的安全和健康。而有些媒体由于缺乏如此细致的准备,使得一些记者不得不因为脑水肿、肺水肿、高烧等被紧急撤离,这样既损伤了记者的身体,又影响了报道的进程。

在几次地震报道过程中,地方电台的应急组织同样可圈可点。汶川地震发生后,成都人民广播电台立即打破部门界限和人员分工的界限,整合全台力量投入工作,后来又迅速集中精锐力量,成立了新闻采访组、播音员主持人组、编辑导播组、活动策划组和制作组,统一指挥、统一调度,为有序、有效地开展工作提供了坚强的组织保障。其中仅播音员主持人组就有来自新闻、财经、文娱体育等不同节目的五六十名主持人。为了保证设在成都市抗震救灾指挥部的直播车顺利运行，该台一个台领导带领一个频道总监、两个主持人和两名技术人员，赴都江堰市驻守，三天一轮，保证了成都市不同阶段的抗震救灾信息不间断地向社会播发。

再如，从汶川地震开始，《南方日报》就一直在摸索、总结一套适合地震报道的应急报道指引，并结合相关报道数据做成"时间树"：什么时间节点该做什么类型的报道，比如第一时间就是要直击震中、报道灾情、挖掘救人的故事；在救援 72 小时到来之际，则需要类似《不离不弃，期待 72 小时过后的奇迹》这样的一个阶段的报道；在"头七"的时候，需要根据是否举行国家悼会进行适度的《七日祭》策划等。①

目前，经过 9 次改版，《南方日报》要闻编辑部已经整合为全媒体编辑部，初步打造了包括"内容采集—编辑加工—多次发布—数据库存储—多次出售"等环节的内容产业链条，期望通过整合产业链的上下游资源，创造出符合数字报业发展规律的传播新模式。如前方记者在灾区采访回来的稿件，全媒体编辑会在第一时间进行处理，并根据稿件情况"一菜多吃"，分别加工成适合在报纸、网站、微博、视频、LED 户外大屏幕、手机报等传播媒介上使用的稿件，并把各媒体的界限打通，互动利用。芦山地震期间，《南方日报》连续在地震报道版面推出逻辑清晰、设计美观、信息量大的信息图，并在其网站上大量使用。这样一些尝试对更好地完成应急报道的策划提供了一定的组织保障。

由此可见，在组织管理方面，媒体应急报道首先要成立突发事件领导小组，统一领导、组织、协调，减少中间环节，提高效率，做到有序、有力、高效，发挥整体协调能力，确保对事件的准确判断和快速反应。

突发事件报道不同于日常报道，不需要专门的一组人随时待命。各媒体可以采用虚拟团队的形式，打破原有的科层制界限，灵活配置人力资源，以经验丰富的资深记者、编辑、主持人作为团队核心，辅以后勤、技术、联络人员等，为报道任务提供保障。这些人员平常各自有工作任务，但每年会进行相应的培训和演练，一旦有突发事件发生，能够迅速进入状态，完成报道任务。对于人、财、物都不是十分充足的地方台，在面对重大突发事件时可以以应急指挥中心的名义

---

① 张东明、梅志清、胡念飞：《创新重大灾难报道机制 制胜大数据时代全媒体竞争》，《新闻战线》2013 年第 7 期。

统筹协调全台资源,以模块化的方式逐渐投入报道力量。所谓模块化方式,就是全台各部门、频道根据自身职责和业务特长组建相应保障团队或服务机构,根据突发事件报道需要和指挥中心的要求逐级投入,既可保障前方需求,也可避免造成资源的浪费。[①]

四、保障机制

做好应急报道中内部资源的整合和外部资源的协调,是媒体完成突发事件报道的保障机制。在重大突发自然灾害发生后,除了一线编辑、记者、主持人要做好相关的报道外,后方物质、信息、设备、节目等各种资源的协调保障也很重要。很大程度上,成熟的灾难报道应对机制需要建立在齐全、科学的应急物资储备的基础上。

地震发生后,地面通信系统、电力设施等遭受破坏,但卫星移动通信仍可快速实现语音通信,还可稳定传送从地震现场获取的大量视频、声像(声响数据)等多媒体信息,成为地震之初灾区群众唯一能够依赖的通信方式。由此,媒体应为一线记者配备海事卫星电话等无障碍的发稿技术装备。

通常情况下,重大自然灾害发生后,因受灾地区的道路、通讯、电力中断,大型直播设备无法到达现场,携带小型设备则有利于提高行动速度,因此,技术部门给前方记者配备的设备要轻便、性能可靠、操作便捷,既要能满足全天候传送新闻的需要,也要能够经得住恶劣环境的考验,且应尽量避免因现场缺电无法工作的尴尬局面。由于突发事件发生后能够派往前方的人员数量有限,记者不可能事事得到技术人员的帮助,因此,要尽量让其携带"傻瓜型"设备,连线简单、操作简便,到达现场后很快就能向后方传送信息。

成都人民广播电台在总结2008年汶川地震报道经验时,多次强调了广播直播车的重要性。直播车前移对于各种信息的第一时间传达发挥了不可忽视的作用。5月12日地震刚发生时,大楼还在摇晃,节目必须通过直播车播出,成都市《第一号通告》就是在直播车中播出的。13日,按照上级要求,直播车调往设在市公安局的成都市应急联动指挥中心;17日,根据市领导关于抗震救灾节目播出还要前移的指示,直播车开往都江堰,驻守在成都市抗震救灾指挥部。

此外,技术人员的设备维护和调整对于突发事件报道的成败也有重要影

[①] 陈战超:《突发公共事件中电视媒体快速反应机制建设刍议》,《中国广播电视学刊》2009年第10期。

响。仍以成都人民广播电台为例,该台平时的信号传输通过电信网,地震时电信网中断了。为了保证正常播出,技术人员使用了所有的技术手段,连平时不用的调频传输都用上了。4个频率并机对信号的调度要求很高,播出一个信号走4个频道、5个发射点,因此,在切换时技术人员必须做到准确无误。这一切,离开了技术人员的保障都无法实现。

近年来,中央人民广播电台记者在重大突发自然灾害报道中的良好表现在一定程度上得益于技术设备的保障。海事卫星电话不但使记者能够在第一时间通过新闻连线报道事件,而且可以协助救灾部队进行信息协调。但在汶川地震报道之初,虽然部分记者也带了海事卫星电话,但由于平时缺乏维护,关键时刻电话不能正常使用,对报道的进行产生了一定影响。后来,中央电视台启用多套海事卫星设备、卫星车及便携卫星地面站,确保在通讯中断、道路受阻等特殊情况下,能够全天24小时向后方演播室回传前方信号。由此可见,离开了技术保障,记者的报道再及时、准确,也无法在第一时间传达给受众。

在2010年的玉树地震报道中,中央人民广播电台的技术部门为前方报道组快速安装了海事卫星电话17部、Me On TV－N97手机15部、联通3G无线上网卡15套,并紧急协调北京电信提供免费使用手机20部。直播手机由记者随身携带深入玉树灾区,在突发公共事件中首次大范围开展视频拍摄实时回传的直播模式。①

在2014年开始的"两会"报道中,已经有记者开始使用谷歌眼镜这样的"神器",4G手机已然成为采访记者的"标配"。这些不断涌现的新型设备,节约了记者编辑信息的时间,使前方报道和回传的时间差大为缩短,报道的时效性进一步加强。

需要注意的是,公共突发事件新闻报道系统是一种应急系统,但不应局限于突发事件新闻报道,应该使其处于日常使用状态。一方面,这可以避免设备闲置,另一方面,记者、工程师通过日常的使用对整个设备系统会更加熟悉,一旦有突发灾难性事件发生,能确保设备、人员第一时间到达新闻现场、播发第一手新闻,从而提高媒体的应变能力。

保障机制除了技术保障之外,还包括节目资源、频率资源的调配。目前由于体制原因,电台、电视台不同的频道和节目有不同的利益需求,媒体各个环节

---

① 刘逸帆:《大爱擎玉树 驰援有央广——王求台长谈中央人民广播电台玉树抗震救灾部署与报道》,《中国广播》2010年第6期。

之间互相脱节,无法形成统一的目标有机运转。因此,在突发自然灾害发生时,媒体必须打破现有的部门、中心、栏目等科层化界限,实现最大可能的资源共享,对信息资源和节目资源进行统一调配,增强报道的合力,从而避免各个频道(率)各自为政、报道人员分配不合理、报道基调不统一等问题。

在汶川地震报道中,中央电视台新闻中心组建导演和公共两大系统,并成立了17个小组,确保第一时间向事件现场投送报道力量。这种做法打破了部门、栏目界限,进行横向联合,组成任务小组,使突发事件的报道有充分的人力保障,实现人力资源的有机协调。[1]

除技术装备外,后勤保障对于成功的突发事件报道也很重要。媒体要制定一整套能同时兼顾一般性的突发事件和危害公共安全的突发事件的后勤保障方案,准备一些应对突发事件采访报道所必需的工作生活设备,包括睡袋、防寒服、压缩饼干等,使记者在接到采访任务后能够第一时间奔赴突发事件现场。

必要的避险保障也是后勤保障的重要组成部分。媒体应尽最大努力保障赶赴事发现场采访人员的安全,为一线采访人员、技术保障人员、驾驶人员办理意外伤害保险、意外医疗保险等。在为一线人员配备的装备中,媒体也应考虑野外和高危场所的人身安全保护功能等。

五、沟通机制

作为稳定民心的基石,危机沟通是在公共危机突发时非常重要的一环。对政府及相关部门来说,危机沟通需要从以下几个方面同时着手:(1)危机信息的上报与下达,以保证政府内部信息的纵向传送渠道的畅通,努力使政府信息传播内部管理系统协调统一;(2)信息公开与发布,以保障公众的知情权,制止各种谣言和不良信息的传播,防止媒体和公众的理解偏差,增加公众对政府的信任度,防止政府紧急权力的随意滥用[2];(3)信息传播沟通与协调联动,即在信息收集、公开与发布以及完善内部信息沟通的同时,还应与媒体、公众及其他社会组织建立良性的信息沟通与信息传播协作关系;(4)信息控制,包括媒体控制和公众控制两个方面。

在公共突发事件处置过程中,媒体的沟通机制同样重要。在发生公共突发

---

[1] 管文娟:《从汶川大地震看突发事件媒体应对策略》,《电影评介》2009年第1期。
[2] 梁丹尼:《论突发事件中政府信息公开责任》,《法治论坛》2008年第1期。

事件或存在不确定的风险时,公众需要了解已经明确和尚不明确的信息,以及能帮助他们采取保护自身和他人健康行动的建议。向公众及利益相关者提供清晰、准确、有科学依据的信息是建立信任与信心的基础,而信息的混淆可能损害公众对政府的信赖,导致公众的担忧与焦虑,阻碍政府应急反应措施的落实。有调查显示,在出现突发危机事件时,政府是最主要的新闻信息源和公众最为信任的信息发布机构。因此,在第一时间传播来自政府相关部门的权威信息对政府和媒体都具有重要意义。

媒体在第一时间获得并发布权威信息,一方面取决于媒体自身对危机事件的反应速度,另一方面也取决于政府相关部门的信息公开范围及速度。或者说,在公共突发事件处置过程中,政府和媒体的信息以及媒体间的信息共享,尤其是与气象、地震、海洋、水利等部门建立一定的信息共享机制尤为重要。2008年中央人民广播电台与国家气象局签署了《气象新闻信息共享与发布合作协议》,提出双方要联合建立气象及相关信息共享平台,实现资源共享;中国气象局实时向中央人民广播电台提供灾害天气预报预警及灾害总结、重大突发公共事件气象保障服务信息、重大气象灾害形成原因解释、周边国家和海域及全球重大气象灾害预报和舆情;中央人民广播电台及时向公众发布气象预报及各类气象服务信息,第一时间发布灾害天气预警,宣传气象事业的发展,加强各级气象部门与中央人民广播电台的合作。媒体与相关部门间的类似合作可以在一定程度上保证媒体在灾害发生前后第一时间向公众发布预警及相关信息。要使信息沟通顺畅,仅有合作协议还是不够的,突发事件发生后,媒体还应当有专人负责与相关部门或该部门新闻发言人联系,协调新闻采访及相关报道事务。

沟通机制并不是单纯的信息获取,在突发事件报道中如何得到其他部门的合作和帮助也是沟通机制的组成部分。如在玉树地震报道时,大量记者进入震区后发现震区条件实在艰苦,记者想找到一个栖身的帐篷并不容易。中央人民广播电台玉树地震报道的一线记者住的帐篷分别来自军区、二炮、武警和消防部门,这得益于其跟国家地震局、民政部、卫生部、交通和国家电网公司都有直接的联系。采访记者后来写道:充分利用好、维护好这些资源使我们的报道站在了一个高起点。[①]

---

① 高岩:《玉树,一场大考》,《中国广播》2010年第6期。

第二章　自然灾害报道

自然灾害是由于自然异常变化导致人员伤亡、财产损失、社会失衡、资源破坏的现象或一系列事件。《联合国减灾战略秘书处报告》指出，全球每年发生的自然灾害导致数万人死亡。2012年国际红十字会与红新月联合会发布的《世界灾害报告》显示，2011年全球共发生336起灾害事件，损失达3655亿美元。2011年是全球灾害导致财产损失最高的一年，在世界范围内约有5000万人因灾害而流离失所。

联合国减灾委员会发布的《国际减灾规划（1997—2011年）》将全世界范围内主要的自然灾害大致分为四种：（1）大气圈和水圈灾难，包含大风、洪漠、台风、风暴潮、干旱风、沙尘暴以及冰雹、暴风雪、巨浪、低温冻害、海啸、海冰、赤潮、海岸侵蚀等；（2）地震、地质灾害，包括山体崩塌、滑坡、地面塌陷、地震、泥石流、地面沉降、土地荒漠化、沙漠化等；（3）生物灾害；（4）森林和草原火灾。

我国原国家科委、计委、经贸委自然灾害综合研究组将自然灾害分为：气象灾害、海洋灾害、洪水灾害、地质灾害、地震灾害、农作物生物灾害、森林生物灾害和森林火灾7个类别。其中，仅气象灾害就可分为20个更细的类别：（1）暴雨；（2）雨涝；（3）干旱；（4）干热风；（5）高温、热浪；（6）热带气旋；（7）冷害；（8）冻害；（9）冻雨；（10）结冰；（11）雪害；（12）雹害；（13）风害；（14）龙卷风；（15）雷电；（16）连阴雨；（17）浓雾；（18）低空风切变；（19）酸雨；（20）沙尘暴。

我国是世界上为数不多的自然灾害最为严重的国家之一，自然灾害发生的频率和强度均居世界前列。我国自古就有"三岁一饥，六岁一衰，十二岁一荒"之说。从公元前206年至公元1949年，中国共发生水灾1029次，较大的旱灾1056次。1900～1987年全世界发生重大自然灾害54次，中国占7次，居世界首位。另有数据显示：从公元前1776年到公元1937年的3700余年间，我国总共发生各类灾害5258次,平均约6个月一次。灾害带来的风险损失通常表现为人口的迁移或死亡、贫困程度的加剧、社会的动荡直至危及统治秩序。① 目前,我国70%以上的大城市、50%以上的人口、75%的工农业产值分布在气象灾害、地震、地质灾害和海洋灾害等灾害严重的地区,灾害对社会经济发展的制约影响很大。

我国已经成为继日本和美国之后,世界上第三个因灾害损失最为严重的国家。根据中国气象局1990~2004年的统计,我国平均每年受气象灾害影响的人口约3.8亿人(次),每年因气象灾害死亡人数高达4700人,气象灾害造成的经济损失平均每年1762亿元人民币,约占GDP的1‰~3‰。

在重大自然灾害的应对和救援中,媒体是救援应对体制中的重要环节。受灾信息、救援信息是否公开与畅通,关系到是否能高效地组织救援和善后。

第一节 自然灾害报道的发展

一、改革开放前

1949年新中国成立后一直强调"人定胜天",强调个人要随时准备为公共利益牺牲一切。因此,当自然灾害发生后,政府与媒体很快合二为一,或者不予报道,或者其他媒体只能转载新华社独家的采访报道。

1949年7月24日席卷上海的台风造成1613人死亡,大量农田被淹、房屋倒塌,经济损失达10亿元人民币。实际上,在这次台风登陆之前,气象台就已经作出预测并将天气预报发往各报社,但媒体直到25日才登出,延迟刊登的理由竟是不给美蒋提供天气情报。

20世纪六七十年代,我国境内发生过多次大规模的地震,如河北邢台地震、云南通海地震、辽宁海城地震和河北唐山地震。除云南通海地震外,媒体对这些地震报道的数量都不算少,但报道的重点都是救灾,灾情几乎被一笔带过。"财产""伤亡"等都属于敏感词语,须在报道中尽量避讳,对地震现场信息进行封锁和迟缓发布地震消息是常态。尤为典型的是1970年发生的云

---

① 张涛:《中国传统救灾体系刍议》,《中国社会科学院院报》2006年3月9日。

南通海地震。

通海地震是新中国成立以后第一次死亡人数超过万人的地震,是第三次死亡人数超过万人的震殇之一①,也是中国20世纪百大重灾之一。但直到2000年1月5日,云南省通海县举行大地震30周年祭集会时,才首次在正式场合披露了这场大地震的死伤人数和财产损失情况。此前,虽然新华社和《云南日报》当年都对此次地震进行过报道,但都篇幅短小、震级降低、灾情不详,将报道重点放在当地群众的抗震热情上。在对通海地震的处理中,有关部门规定新闻记者不准进入灾区,只允许科技工作者进行拍摄,对灾情只能拍物,不能随意拍人。这些规定,在以后的唐山大地震中被沿用。②

由于信息传递的偏差,虽然当时云南灾民最缺乏的是食品、衣物和临时住房,而送到灾区的却是"精神食粮"——数十万册"红宝书"、数十万枚毛主席像章和14万封慰问信。云南省向国家提出"三不要"(不要救济粮、不要救济款、不要救济物),要自力更生重建家园。云南省革命委员会办事组秘书组更是在1月19日电话通知不搞捐献活动,将已捐献的物品全部退回,集体的退给集体,个人的退给个人。

1976年唐山地震发生后,虽然《人民日报》《解放日报》《光明日报》等主流媒体都对此次地震进行了不同程度的报道,但基本上属于"失语"状态。报道强调的重点有两点:一是党中央和毛主席对灾区人民的深切关怀;二是"批邓""反右倾翻案风"的胜利。报道对震后唐山的情况以及地震对唐山人民的生活造成的影响几乎不提,出现在镜头中的也是群体性形象。

二、20世纪80~90年代

20世纪80年代以后,政府相关管理部门对自然灾害报道的管制相对宽松,媒体的报道也不再仅仅强调"人定胜天",而是开始对灾害的产生有所反思,开始对灾害事件追根溯源,从盲目乐观转向对深层原因的理性思考。正如有的学者总结的那样,随着中国拨乱反正逐渐走上改革开放的道路,尤其是90年代后,中国的灾难报道有了明显的、突破的进步,总的趋势由控制过严过死向逐步

---

① 其余两次分别为1976年发生的唐山大地震和2008年发生的汶川地震。
② 《被遮蔽30年的通海地震》,http://history.sohu.com/20140804/n403095042.shtml。

宽松的方向转变。①

1998年夏季入汛以后,由于天气异常,我国大部分地区雨量偏多,长江发生了自1954年以来的第二次全流域性大洪水,先后出现8次洪峰,宜昌以下360公里江段和洞庭湖、鄱阳湖的水位,长时间超过历史最高纪录。嫩江、松花江发生超历史纪录的特大洪水,先后出现3次洪峰;珠江流域的西江和福建闽江也一度发生大洪水。湖北、湖南、江西、安徽、江苏、黑龙江、吉林、内蒙古等省区沿江沿湖的众多地区受到洪水威胁。

与以往的自然灾害报道相比,'98抗洪报道中,各媒体记者投入量大、发稿数量多,报道质量高,持续时间长。首先,媒体报道抓住了洪涝灾害突发性强的特点,报道快速、及时、准确。这一次,各媒体都注意到汛情通报的重要性,纷纷采用滚动发稿的形式增强报道的时效性。如《中国青年报》8月8日刊发的由记者贺延光从8月7日16时到8月8日零时从现场发回的报道,向读者及时呈现了灾难发生及抢险的过程,短小有力,具有很强的现场感和冲击力。其次,媒体报道提高了对人的关注度,不但着力讴歌全国各地几百万抗洪大军日夜奋战的情景,还多角度地呈现了后方人们的奉献精神。再次,抗洪报道的策划组织能力不断提升。抗洪救灾新闻报道活动分为两条战线:一条是组织前线抗洪报道,一条是组织后方赈灾募捐报道。两条战线相互配合,形成了良好的互补。最后,媒体报道的思辨性不断提高。媒体在如实报道灾情的同时,调查分析得出"天灾乃是人祸"的结论:上游滥砍滥伐,造成水土流失;中游围湖造田,使江水无处囤积;下游河道不畅,致使洪水顶托。由此唤醒人们的环保意识,引发人们对灾害进行理性的思考和反思,引发了一场全流域乃至全国的保护环境的活动。②

三、新世纪以来

进入21世纪以来,随着自然灾害的频繁发生,重大自然灾害报道逐渐成为新闻报道的重要领域之一。媒体自然灾害报道的尺度逐渐放开。媒体积极主动地参与到自然灾害的报道中,报道的时效性和准确性不断提升,新闻报道与灾害发生的时间差逐渐缩短;报道注重人文关怀,报道的社会效益和新闻效益实现了统一;各媒体之间的竞合关系逐渐深入,新闻报道的深度和

---

① 刘一平:《试论九十年代中国灾难报道机制》,《新闻大学》2001年第1期。
② 吴琪:《灾难报道的"堵"与"疏"》,《新闻爱好者》2003年第3期。

力度不断提升。

党和政府也日益重视媒体在自然灾害报道中的积极作用。党的十七届三中全会明确提出,"加强自然灾害、提高气象追踪水平,强化灾害早期预警能力、提高认识的专业性,提高应急救援、防灾教育知识,提高应对灾害和公民防灾减灾能力"。党的十八大报告明确指出,要"加强防灾减灾的实施,落实新闻报道工作,提高应对能力,以适应气候变化,保卫世界气候的健康发展"。党的第十八届三中全会提出:"提高对地震、洪水等自然灾害的监测预警能力;提高相关部门对重大自然灾害的监控水平,完善自然灾害处置预案,加强应对自然灾害专业队伍建设,培养专业力量,积极提高灾害救援能力,普及宣传防灾减灾知识,弘扬救灾人员高尚精神,平时加强教育,提高公众在自然灾害爆发时的自救与他救能力。"

2005年9月12日,国家保密局、民政部联合举行新闻发布会,宣布根据形势发展和救灾工作需要联合发文,决定自2005年8月起,对全国及省、自治区、直辖市因自然灾害导致死亡人员的总数及相关资料解密。原《民政工作中国家秘密及其密级具体范围的规定》中的相关内容予以废止。[①] 此前数十年,全国及各省、市因各种自然灾害发生逃荒、要饭、死亡的非正常现象的综合统计资料都属于机密范畴。

2008年的汶川地震报道令世界对中国媒体刮目相看。首先,国内媒体对地震的反应速度和报道速度创出新高:新华社在地震发生10多分钟后,发出第一条快讯,其英文快讯领先于所有外电,比法新社早6分钟,比美联社早8分钟;中央电视台在地震发生32分钟后(即下午15时),便在新闻频道(CCTV-13)口播了第一条相关电视新闻报道,随后向地震灾区派出报道团队,并开始进行电视直播;中央人民广播电台的反应速度虽然不是最快,但其第一套节目"中国之声"和第二套节目"经济之声"相继于5月12日当天开始进入直播状态,由一位副台长亲临报道一线坐镇直播;《人民日报》从5月15日开始,将第五至八版辟为抗震救灾特刊,这既是该报历史上第一次为重大突发事件推出特刊,也是全国报纸中推出的第一份抗震救灾特刊。

与以往的地震报道相比,媒体对汶川地震的报道至少在以下几个方面获得了突破:

---

① 《国家保密局、民政部宣布对自然灾害死亡人数解密》,http://news.xinhuanet.com/politics/2005-09/14/content_3489000.htm。

首先,媒体打破了以往的突发事件报道模式,在第一时间及时公开进行报道。如前所述,以中央电视台和中央人民广播电台为代表的传统媒体在地震发生后的第一时间进行了集体响应,打破常规进行直播报道;有些电台、电视台的持续播出时间长达数日,其间一些台还进行了多个频率、频道的并机直播,全方位、立体化地向公众展示了地震现场的情况、各级党和政府及社会各界的抗震救灾行动等。

其次,经过多次历练,各级媒体逐步形成了较为系统、完善的突发事件报道机制,能够在突发事件发生的第一时间组织报道队伍进行报道,且在新闻采编、后期联动等方面逐渐形成了一整套完善的机制。这套机制在日后的玉树地震、舟曲泥石流、雅安地震、鲁甸地震、景谷地震、尼泊尔地震等众多自然灾害的报道过程中进行了检验和完善。

再次,地震报道强调"以人为本",重视生命的价值是公认的职业理念。与唐山地震发生后基于政治话语强调"人定胜天"和以集体主义为导向的报道方式不同,汶川地震报道侧重于展现地震现场及地震发生后和抗震救灾过程中出现的人和事,将集体的"人"具象为活生生的个体,对地震发生后的生命奇迹以及人在这一突变过程中的表现进行了刻画,在报道中展示了"可乐男孩""敬礼男孩"等一系列生动的人物形象。

最后,学会与西方媒体相处共生。汶川地震发生后,100多家境外媒体的300多名记者涌进灾区与国内媒体一同进行报道。

2008年以后,我国又经历了玉树地震、芦山地震、鲁甸地震、景谷地震等多起地震,媒体对地震报道的能力不断提高。2010年,国家应急广播开办后,对如何发挥广播自然灾害第一媒体的作用又进行了更为深入的探索。地震报道的及时、公开、透明和人文特色都取得了一定进展。

虽然国内媒体在地震灾害的报道方面有了较大的进步,但这并不能说明我国在自然灾害报道方面已经十分完善,在一些方面还存在一定欠缺,如对干旱的报道就是其中之一。据统计,自然灾害中85%是气象灾害,干旱又占气象灾害的50%左右。2014年,河南、山东、山西、内蒙古、山西、新疆等12个省区遭遇严重干旱,水库、河道干涸,人畜饮水困难,局部地区秋粮作物面临绝收,其中河南遭遇了63年来的最大干旱。2015年,50年罕见的干旱又对中部产粮大省安徽形成考验……事实上,自2009年以来,贵州、云南等地多次遭遇严重的旱灾,西南大旱出现持续时间长、影响范围广、危害大等特点,但除本地媒体(如《贵州日报》《春城晚报》等)外,其他媒体对干旱的报道相对较少。媒体对干旱的报道显然比台风、水灾、地震等突发性自然灾害少,尚未形成一定的报道方式和报道机制。在全球变暖的背景下,我国极端干旱发生的概率在不断上升,直接影响到我国的农业生产乃至粮食安全,因此,如何做好干旱报道值得媒体深入研究。

链接:新华社防汛抗洪报道指南

一、防汛报道稿件审核发稿程序

对暴雨、台风、雷电、冰雹、洪水、高温、山体滑坡、泥石流等自然灾害类突发公共事件,可根据各级气象、国土资源等行政主管部门的预报、警报、通报组织报道。灾害造成的人员伤亡、经济损失等重要数据应送有关主管部门审核。有关汛情、水旱灾害的数据,以国家防汛抗旱总指挥部的数据为准。

上述自然灾害突发公共事件规模较小的,可做一般报道,对内对外编发消息;灾情和规模较大的,要密切跟踪并做好后续报道。按有关规定和要求及时报道党和国家领导人的有关讲话和指示精神、救灾部署、抗灾和灾区重建等情况。国内灾情公开报道,应以抗灾救灾与安定社会等方面的工作为主。

二、防汛基本常识

1. 汛期

汛期是指江河中由于流域内季节性降水、融冰、化雪,引起定时性水位上涨的时期。我国汛期主要是由夏季暴雨和秋季连绵阴雨造成的。从全国来讲,汛期的起止时间不一样。南方入汛时间较早,结束时间较晚;北方入汛时间较晚,结束时间较早。每年5月至9月,江淮流域降雨明显比其他月份多,习惯上把这一段时间称为汛期。汛期是一年中降水量最大的时期,容易引起洪涝灾害,因此应做好防汛工作。

每年的7月上旬至8月下旬,是防汛关键时期。这是因为我国汛情主要由集中降雨形成,通常从南方逐渐向北方推移。最先进入汛期的是华南地区。随后,珠江、长江、淮河流域和东南沿海陆续进入主汛期。此后雨带北延,从7月至8月,黄河到松花江等流域主汛期全面来临。夏末,雨带从北向南撤退,约在8月下旬再度滂沱扫过秦岭、淮河分水岭。每年的7月下旬至8月上旬(称"七下八上")是我国北方地区的雨季,气象和防汛部门把这段时期视为北方防汛的重点时期。

以北京市的降水资料为例,7、8月的降水占全年总降雨量的62%,"七下八上"的平均降雨量为160多毫米,约占整个夏季降雨量的三分之一。华北、东北地区的降水也主要集中在这一时间段。"七下八上"多雨期与西太平洋副热带高压(副高)的位置有密切关系。每年到了7月中旬前后,副热带高压再次向北移动,8月份副热带高压达到最北位置。副高西侧的西南气流或偏东气流把洋面上的水汽源源不断地向陆地输送,为华北、东北和京津地区的强降水打下基础,倘遇冷空气活动,就促使水汽发生凝结。充足的水汽和冷空气等条件具备后,强降雨很容易发生。另外,"七下八上"正值三伏天,地面和低层大气的温度高,上冷下暖,大气处在不稳定状态。特别在午后至傍晚,局地性热对流发展,常常出现短时的雷雨大风和冰雹天气。有些年份,登陆北上的台风也给华北各地带来暴雨。

2. 涝灾与洪灾的区别

涝灾:由于本地降水过多,地面径流不能及时排除,农田积水超过作物耐淹能力,造成农业减产。

洪灾:洪灾是由于江、河、湖、库水位猛涨,堤坝漫溢或溃决,使客水入境而造成的灾害。

涝灾与洪灾的共同点是地表积水(或径流)过多,区别是涝灾因本地降水过多而造成,洪灾则是因客水入境而造成。

3. 洪水

洪水是一种峰高量大、水位急剧上涨的自然现象。洪水一般包括江河洪水、城市暴雨洪水、海滨河口的风暴潮洪水、山洪、凌汛等。

4. 防洪规划

防洪规划就是在研究流域洪水特性及其影响的基础上,根据流域自然地理条件、社会经济状况和国民经济发展的需要,确定防洪标准,通过分析比较,合理选定防洪方案,从而确定工程和非工程措施。

5. 防洪调度

防洪调度就是通过蓄、泄、滞、分等措施,人为改变天然洪水的时空分布规律,以达到减免洪水灾害的目的。

6. 除涝标准

除涝标准是指遇上多少年一遇暴雨、多少日雨量、在多少天内排除。它是设计排水系统的主要依据。

7. 管涌

管涌又称潜蚀、流土，是指在汛期高水位情况下，堤内平地发生"流土"和"潜蚀"两种不同含义的险情的统称。这种险情在湖北一般叫"翻砂鼓水"，江西叫"泡泉"。管涌险情的发展，以流土最为迅速。它的过程是随着水位上升，涌水挟带出的砂粒增多，涌水量也随着加大，涌水量增大挟带出的砂粒也就更多，如将附近堤（闸）基下砂层淘空，就会导致堤（闸）身骤然下挫，甚至酿成决堤的危险；也有由于水位转落，渗水压力减小，险情暂时稳定下来的；还有由于是潜蚀，没有产生堤（闸）身下挫、溃决险情的。但是，险情是属于流土还是潜蚀，一时难于判明。所以发生管涌时，不论它是流土，还是潜蚀和距堤远近，均不能掉以轻心，必须迅速予以处理。

8. 散浸

散浸，一般又叫"堤出汗"，是指江水上涨，堤身泡水，水从堤内坡或内坡脚附近渗出。当高水位持续时间过长，散浸范围就将沿堤内坡上升、扩大，如不及时处理，就会发生内脱坡、管漏等险情。

9. 蓄滞洪区

蓄滞洪区主要是指河堤外洪水临时贮存的低洼地区及湖泊等，其中多数历史上就是江河洪水淹没和蓄洪的场所。在我国一些大江大河的不同河段，都有一些防洪用的蓄滞洪区。

10. 洪泛区和防洪保护区

防洪区是指洪水泛滥可能淹及的地区，分为洪泛区、蓄滞洪区和防洪保护区。洪泛区是指尚无工程设施保护的洪水泛滥所及的地区。

三、汛期发稿部分特殊用词

1. "度汛"不要写成"渡汛"。
2. "山洪暴发"不要写成"山洪爆发"。
3. "水流汇合"不要写成"水流会合"。
4. "泄洪"不要写成"泻洪"。
5. 成语"七月流火"不是指天热，而是指天要变凉。
6. "首当其冲"往往用在受到攻击和遭灾时，如"山洪袭来时××村首当其冲"，而不是用在遇到好事之时。
7. 为体现人文关怀，涉及水灾死难者时，发稿中宜使用"遗体"而不要使用"尸体"。

8.往年发稿时常常有记者将淮河流域的"颍河"错写成"颖河"等,需加注意。

9.如遇各种灾害,一般不突出某一类型群体或者身份。如不使用"其中有一名北大学生,其余为普通群众"等类似的提法。

10.有的台风先到台湾地区,而台湾地区对台风的译名与大陆的译名不一致。在这种情况下,可在大陆译名之后加注括号说明(台湾地区称"××")。

(来源:新华社总编室)

第二节 台风及台风报道

台风是热带气旋的一种。热带气旋中心持续风速达到12～13级(即每秒32.7米至41.4米)的称为台风(Typhoon)或飓风(Hurricane)。在大西洋和北太平洋东部统称为"飓风",在孟加拉湾称其为"风暴",菲律宾称其为"碧瑶风",澳洲称其为"畏来风",墨西哥人称其为"鞭打",我国习惯称其为"台风"。

按照中华人民共和国国家质量监督检验检疫总局以及中国国家标准化管理委员会于2006年5月9日发布并自2006年6月15日开始实施的《热带气旋等级国家标准》的规定,在我国预报责任区内,热带气旋以底层中心附近最大平均风速为标准,可以分成热带气压、热带风暴、强热带风暴、台风、强台风和超强台风6个等级。其中,台风底层中心附近最大风力为12级到13级,强台风和超强台风分别为14至15级、16级或以上。① 2014年登陆海南的17级台风"威马逊"即为超强台风。

台风具有以下特点:

1.台风的季节性强,一般发生在夏秋之间的5～11月,台风出现巨灾季节主要集中在7月下旬至9月上旬,并以8月中下旬最为多见。

2.与其他自然灾害相比,台风的强度和走势是可以预报的。由于台风具有旋转性,其登陆时的风向一般是先北后南。右上角为最大风力,越靠近中心越风平浪静,"台风眼"现象即是如此。但同时由于台风的风向时有变化,其中心

---

① http://www.tyPhoon.gov.cn/data/detail.PhP?id=34&tyPe=5&style=0.

登陆点难以被准确预报或容易出现预报偏差。

3.强台风发生时常伴有大暴雨、大海潮、大海啸等,对不坚固的建筑物、架空的各种线路、树木、海上船只、海上网箱养鱼、海边农作物等破坏性很大。2014年7月18日,17级台风"威马逊"登陆海南岛,216个乡镇(街道)受灾,受灾人口达325.8万,因灾死亡或失踪24人,73人重伤,直接经济损失108.28亿元人民币。①

新中国成立后,我国不断提高台风预测能力,目前已经形成上自中央气象台下至地方台、站完备的台风预报监测系统。尤其是随着气象卫星技术的进步、气象雷达技术的成熟,气象部门对台风生成、移动、登陆的时间、地点、风力、风速的预报都日益准确。因此,台风报道是可以事先策划组织、灵活应对的。

一、中国的台风报道

我国是台风灾害最为严重的国家之一。15世纪以来,仅长三角地区从史料中能确定为因台风入侵而造成至少一地万人以上伤亡的巨灾共有32次;16世纪出现最多,有12次;18世纪与20世纪各5次;17世纪4次;15世纪与19世纪最少,各3次。其中,上海有17次,浙江和江苏各有12次,有8次两个省市同时死亡万人以上。② 台风每年登陆我国7~9次,海南、广西、广东、福建、浙江五省区每年都会受到台风的影响。近年来,"云娜""桑美""韦帕""罗莎""森拉克""蔷薇"等都对东南沿海省区造成了不同程度的影响,其中以2014年海南省遭遇的"威马逊"规模最大,该17级台风的中心最大风力达18.4级,是1973年以来登陆华南的最强台风。

如前所述,台风出现的规律性强,使得台风报道可以实现策划组织,但台风登陆地点的不确定性和现场天气的多变性,又使得可预见的新闻事件有着不可预见的新闻发生过程。因此,防台抗台报道历来是沿海媒体自然灾害报道的重点和难点。

(一)台风报道的经验

自2004年超强台风"云娜"造成罕见灾难之后,浙、闽、粤等地媒体在处理

---

① 金敏、涂超华、夏冠男:《海南迎战"17级"台风大考》,http://news.xinhuanet.com/local/2014-07/22/c_1111747535.htm.

② http://data.typhoon.gov.cn/TYDATASOO/tyzzps.ht.

台风报道上都积累了许多宝贵经验,形成了一套应急预案。

台风报道应急预案采取分级制,根据台风强弱、登陆与否、对市民生活的不同程度影响等特点分设不同预案,而且根据可能出现的不同情况,及时调整、完善报道重点。预案紧跟天气预报适时而变,以避免陷入被动。

一般情况下,各地防汛指挥部都会在台风来袭前召开一次紧急会议,而媒体可以将这一会议作为启动报道预案的时机,一旦台风影响的地区明确下来就可以开始对其进行报道。气象台发出台风蓝色预警后,媒体就可以编发台风可能袭击本地、本地部署抗台工作并采取预防措施、边防官兵开展海上安全巡查、水库调整库容防汛、农民抢收作物等防台新闻,还可以播发台风的特点及危害以及各类防台自救的信息等,为受众提供预警服务。

台风登陆阶段在抗台报道中持续时间最短,却最重要,因此,媒体需要在第一时间告知受众台风登陆的相关信息。对于直播报道来说,记者能够在台风登陆地区进行连线报道最好。如果因为陆路、水路交通中断等原因确实没有条件进行连线直播的,可以采用字幕新闻等方式进行报道。

2007年,第13号超强台风"韦帕"登陆浙江中南部地区,新民网·上海气象局联合搜狐网直播超强台风"韦帕"在浙江登陆的情况,并为网友24小时滚动播报"韦帕"来袭的最新消息;新民网还派出多个报道小组,全方位、多维度报道上海防台风工作的最新进展以及上海所受的影响。① 在台风报道中,网络媒体不但可以采取网络现场直播以及滚动新闻的形式及时报道实况,而且还可以通过网络链接许多背景资料、图片信息和其他媒体的相关报道,从而得以全景式、立体化地拓展报道的深度和广度。尤为值得关注的是基于网络互动性的优势,网站可以在台风报道中开辟专门板块,部署专人及时在线解答网民对于台风的疑问,为其提供咨询。此外,媒体还可以设置专门栏目让网民发布台风登陆信息及互救、自救信息等,如杭州《都市快报》在2007年台风"罗莎"登陆浙江省时,除了通过自己报纸版面策划专门的台风报道外,还运用其在网上设立的"19楼互动空间",召集网友对台风灾害发表自己的看法,并且互相帮助、答疑解惑。

2012年,15级台风"海葵"袭击宁波时,宁波电视台首次打破常规,利用5个频道对台风消息并机直播。浙江电视台以浙江卫视为主、地面频道(钱江都市、经济生活、教育科技、民生休闲、公共新农村)为辅形成同步直播网,共同直

---

① 《新民网、搜狐网视频直播"韦帕"登陆开创网络报道先河》,http://sh.xinmin.cn/minsheng/2007/09/18/893743.html。

击台风登陆,并连续 8 小时播出了新闻直播节目《众志成城 抗击"海葵"》。浙江卫视官方微博@浙江卫视中国蓝早在 8 月 5 日即发表主题为"蓝媒关注"的微博,告知观众"海葵"的最新消息,为新闻预热做好准备。台风登陆期间,浙江卫视官方微博共发出近 60 条以"蓝媒关注""直击台风海葵"为关键字的微博,密切关注台风动向。中央电视台在《新闻联播》《天气预报》等多档节目中相继发布了台风红色预警、暴雨黄色预警、地质灾害气象警报、渍涝风险气象预报,并给出了有针对性的台风防御措施。中国气象频道围绕台风"海葵"的最新动态,对台风路径实况及预报、台风强度变化、台风特点以及给华东沿海一带制造的风雨影响等展开详细、透彻的分析预报和报道,引导社会公众提高台风防御的警惕性,做好相关防御准备,降低相关灾害损失。

台风过后,雨情继续。此时媒体除了继续报道最新灾情外,更多的重点应在受灾群众的自救方面。媒体可以在信息资源整合中收集和分析抗台期间各种突发状况、市民看法,进行深度报道和舆论引导。媒体报道通过举一反三,透过灾害事件本身探究事物的本源,给人以警示和启迪。

2014 年 7 月,17 级台风"威马逊"登陆海南。海口网最早于 7 月 13 日 11 点 52 分发布预警信息,其后多家媒体进行了转报。2014 年 7 月 16 日至 18 日,相关报道大量增加,以海南本地媒体的报道为主。7 月 18 日台风登陆以后,当天新浪微博发博量超过 30 万条,网络新闻超过 2300 条。

针对台风"威马逊"报道中,海南广播电视总台推出全媒体特别报道《抗击威马逊,我们同行》。其中海南新闻广播发挥应急广播的作用,自 17 日起开始启动相关报道,17 日邀请水务厅领导做客《政风行风热线》,权威分析"威马逊",提醒听众防风防灾;18 日下午 2 点启动特别直播板块,直至 19 日连续进行直播。尤其是在停水、停电、停网的情况下,直播室不断连线电网、联通、交警、消防、卫生厅等部门进行报道……中新网海南频道成立抗风救灾报道组,分六组下重灾区文昌采访,转发中新社向海外播出的原创新闻包括文字、图片、视频 200 余篇(张),并在该网的"'威马逊'重创海南,琼岛全民抗灾"专题中特别开设灾区求助信息和志愿者招募信息板块,为灾区和民间抗灾构建桥梁,受到海南省委宣传部的好评。

但总体来讲,除新华网、中新网等少数媒体外,海南岛外媒体对这次超强台风的报道重视不足,以至于《人民日报》在 21 日发出呼吁——"别让海南成为'被遗忘的暴风眼'"。

(二)台风报道存在的问题

1. 轻防重抗、预警不足

一般来说,台风报道应"防"字当先,准确预报、快速传播有用信息,及时指导公众科学、合理地防台抗灾,帮助群众把损失降到最低。但实际情况是,尽管台风预报较多,媒体还是习惯以灾后报损失为主,报道被台风牵着走。2005年7月19日下午5点,台风"海棠"登陆福建。事实上7月18日晚局部风力就已达到或超过12级,但在当地媒体的报道中,提醒市民防范的预警性内容几乎没有。中央电视台新闻频道当天的报道中提及福州城内1/3的广告牌被毁,从另一个角度证明了预警信息的缺失。媒体报道如果仅保持与政府的防灾救灾同步,是无法适应公众需要的。必须承认,社会警觉性较差,公民缺乏自救、救护的防灾意识和能力,是我国应急管理中存在的一个重要问题。作为媒体,如何通过预警报道提升政府和公众对灾害的重视程度和防灾能力也值得进一步思考。

2. 内容不通俗、信息不实用

在媒体播出的预警性新闻报道中,存在台风到达的时间、风力、路径等信息过于专业化、概括化和数据化等问题。如某报对台风"碧利斯"的报道称:"'艾云尼'刚刚远离,一个新的热带风暴'碧利斯'在太平洋上生成。由于受副热带高压脊控制,加上'碧利斯'外围下沉气流的增温作用,今明两天全省大部分市县天气炎热……"普通读者对上面这则报道中的"副热带高压脊""下沉气流"等概念基本没有认识,因此,这样的信息只会让读者感觉一头雾水。报道言语无味、内容枯燥、受众完全没有阅读的愿望,自然难以起到吸引受众和引导受众的作用。

由于台风年年多次来袭,有些媒体的台风报道已经形成台风来临时"人亡物毁"、灾后重建时"人生还、物重建"的模式化报道,报道重点在于"多少人死亡,多少人受伤,多少房屋倒塌,经济损失多少",提供的信息对普通受众几乎无用。如新华社2004年8月13日题为《台风"云娜"已造成浙江63人死亡 农作物受灾27万公顷》的报道,内容为:"截至13日5时,今年第14号台风'云娜'已造成浙江省50县(市)共639个乡(镇)受灾,受灾人数859万人,63人死亡、15人失踪、1800多人受伤(其中重伤185人);被困村庄302个,紧急转移安置41万人。据了解,这次灾害造成4.24万间房屋倒塌,8.8万间房屋损坏。农作物受灾面积达 27.137 万公顷,成灾面积 14.42 公顷。造成 3.1 万头大牲畜死亡,损失水产面积 28.4 公顷,损失水产品 14.15 万吨;502 条公路被中断,毁坏路基 505 公里。台州市温岭、椒江三门 3 县(市、区)受灾最为严重。"这样的报道信息足够全面,但过于单调、刻板,毫无感情色彩,与其说是媒体报道,不如说是政府的灾情简报。

3. 追求轰动、片面炒作

一些媒体为吸引受众而炒作台风灾害,任意夸大灾情,着重在台风来临的"险"上做文章,唯"险"是尊,将小道消息"事实化",夸大台风的严重性。都市类报纸上充斥着水漫金山式的新闻图片、怒涛逃生式的文字,甚至一些报道恨不得把台风报道勾画成一幕好莱坞灾难片。

4. 对受灾群众生存状态关注不足

在一些针对受灾群众的报道中,不是过于见森林不见树木的群体化报道,就是将受灾群众作为引子抛砖引玉,然后进入固定程序的报道。2006 年 9 月 5 日,某报在要闻版发表题为"苍南灾区学生无一失学"的报道,导语为"今天是开学第一天,浙江苍南县受超强台风'桑美'破坏的 250 所中小学、20 多万学生如期开学"。其后,再无任何与学生相关的报道,而是报道"8 月 11 日到 9 月 4 日,温州市派出多个'重建突击队',为该县受灾严重的金乡镇城东小学、龙沙乡中心学校和藻溪镇中心小学等学校抢建了'简易教室'。温州市教育局直属的 24 所学校与苍南县严重受灾的 26 所学校结对支援,向受灾学校捐赠电脑、黑板、篮球架等维持正常校园学习与生活秩序的必需品及办公设施。苍南作出规定,减免家庭受灾严重的 4800 名困难学生这一学期相关费用,不少学生还得到了一定的生活补助"。

(三)如何做好台风报道

1. 做好预案并适时调整

采访预案应包括四个方面:第一,成立决策机构,确定报道规模、采访主题、版面调度;第二,明确编辑记者的各自分工、任务;第三,成立专门编辑小组,负责编稿、策划、采编沟通;第四,提供必要的后勤保障。

台风变化莫测、反复无常,其行进线路往往难以准确预测,常常会出现"计划没有变化快"的情况。可能一些记者按照既定路线等候在台风登陆或者过境的地点,却迟迟不见台风的踪影;而一些前往台风受灾地点采访灾后情况的记者却经历了已经远去的台风的再次光临……因此,对台风的报道需要编辑和记者的相互协调。编辑应根据各方面收集来的最新情况,随时跟踪台风中心和其半径扫过的地方,并及时将这些信息反馈给前方记者,以便于记者能够根据台风的实际行进路线调整采访方位,从而较为全面、客观地反映台风对各地群众的影响;前方记者同样应及时将现场情况反馈给编辑,以方便进行后方的人员调配和报道方针优化。

2. 提升报道内涵

首先,加强报道的客观真实性。

媒体在进行相关报道时,一方面要及时跟踪台风的中心位置、移动方向、风力和可能带来的雨量等信息,向受众传递客观信息;另一方面则需要用受众能够接受且喜闻乐见的表现形式对内容进行包装,提升信息传播的有效性和实用性。

其次,提升报道的服务性。

媒体除报道气象部门、防汛部门对台风的预测外,还应介绍如何防风、防雨、防潮及预防可能引发的次生灾害等,同时提醒公众注意防止大风中高空坠落物可能给人带来的伤害,并提醒生活在沿海地区或海上的群众赶紧转移到安全地带等,系统传播防灾减灾的知识和方法,增强群众在台风到来时的自救能力。

最后,提高报道的深度和理性。

对台风等自然灾害可以报道三个层面的内容:首先是台风发生的时间和地区、伤亡人数、造成的财产损失等;其次是对受台风影响的群众生活的报道以及各级政府对防灾抗灾工作的部署及行动;最后则是灾害背后的原因及反思。目前第三个层面的报道相对较弱,往往将自然灾害发生的原因及影响归结为"天灾",而忽略背后人为的作用,这在一定程度上影响了报道的深度,也不易作为今后报道的经验和教训。

1998年长江发生全流域水灾后,许多新闻媒体对决堤、塌方、伤亡等进行了如实报道,得出结论:上游滥砍滥伐造成水土流失;中游围湖造田使江水无处囤积,下游河道不畅使洪水顶托。这些反思性的报道唤醒了人们的环保意识,引发了长江全流域乃至全国的环境保护运动。台风报道也可以借鉴以上经验,在第三个层面再深入一点,提升报道的理性和思辨性。

3. 凸显媒体特色

2004年3月上海市公布的《上海市灾害性天气预警信号发布试行规定》中明确提出：一旦灾害性天气来临，气象部门将与网络和电视台合作进行直播。可见，电视直播的社会价值已经引起相关部门的重视。

台风的电视报道适合采用演播室直播与现场直播、现场报道和滚动直播相结合的方式。相关电视台可以在对台风路线进行预测的基础上，派出记者奔赴台风可能登陆的地点和台风可能造成重大灾害的镇、村、组蹲点守候；拍摄采录台风登陆、渔船遇险、陆地受淹、房屋倒塌、人员转移、山呼海啸等灾情镜头和音响，可以制作出许多真实鲜活、极富感染力的报道。但由于台风登陆后往往会在海堤上掀起数十米的滔天大浪，中心风力在12级以上的台风更是具有极大的破坏性，即使是在外围，暴雨也会引起积水甚至洪水，使得大型直播设备无法到达现场，直接影响到兵团式的现场直播。此时，电视记者的出境报道就成为台风报道最常用的方式。每次遇到台风来袭，频繁出现的出镜记者成为最令人印象深刻的亮点：有在台风中踉跄无法站稳只能拉住绳子的记者，有在狂风中一边报道一边帽子远远飞到几米外的记者，有在堤坝前随时可能被大浪打向摄像镜头让人不禁担心其安危的记者……

福建广播电视台记者在对台风"鲶鱼"的报道中，在卫星连线状况频出的情况下，仍然在狂风暴雨中抱着柱子艰难地完成了连线，画面真切感人，将台风凶猛通过的场景真实地展现在观众面前。2005年在对"麦莎"的报道中，浙江卫视派出的7名女记者的报道给受众留下了深刻印象，被称为"抗台七姐妹"，后来扩大为"卫视七姐妹"。"七姐妹"已演变成一个以卫视新闻中心为核心或后盾、以女记者形态出现的一支报道团队。

台风的直播连线方式有卫星连线、3G连线、光纤连线、微波连线、电话连线、网络连线等，其中卫星连线（SNG）为最主要的连线方式。在同样饱受台风侵袭的我国台湾地区，东森电视台有14辆卫星采访车。台风来袭时，可以将车辆在岛内重点地区进行部署；在进行电视报道时，除演播室画面外，还可以同时呈现6路不同地点的现场画面。其他地方台虽然很难派出如此多的卫星采访车进行台风报道，但如果调度合理，由机动车辆进行长距离运动式报道，也可以满足现场连线的需要。

另外，虽然说SNG在台风直播时可以发挥重要作用，但SNG的不足也很明显：一是直播设备的灵活性不足，四讯道卫星车还需要配备发电车，行动起来较为困难,卫星车抵达现场后,在直播前还需要耗费时间进行设备调试和准备工作;二是 SNG 直播设备的维护费用和人员成本都比较高;三是一旦在架设天线时遇到高楼阻挡,信号容易受损。此时,支持高速数据传输的蜂窝移动通讯技术的 3G 连线就常常被用在现场直播中。3G 技术在交通条件、电源保障、停车位置及直播车同摄像机的连线长度等方面都比卫星直播车的限制少,只要现场有 3G 信号就可以进行视频直播。但 3G 的问题在于传输图像的质量较差,经常会声画不对位,且在台风直播中一旦进水就基本不起作用了。相比较而言,电话联系的使用频率最高。只要人员到位、电话通畅,就可以实现连线。尤其在 SNG 车架不了"锅盖"、3G 设备进了水或没有信号的时候,电话连线的作用便更加凸显。除此之外,基于网络平台的短信互动、微信互动、微博互动等也是台风报道有力的补充形式。

4. 增强实用性

台风来临时,媒体需要告诉受众台风造成的损失有多大、台风过境期间别人是怎么生活的、什么是防台抗台救灾的科学途径、政府部门如何部署防台抗台工作等实用信息。历史教训证明,提高公众防台意识和自保自救能力,是夺取防御台风胜利的法宝。

浙江省台州市自 2006 年起将每年的 7 月 10 日定为防台风日,且在每年的防台风日前后组织开展防台风知识宣传。台风来袭时,台州电视台和电台都要滚动播出防台知识,从认识台风及其危害、防御台风等各个环节全面介绍抗台防台科普知识,如强风、暴雨、风暴潮可能造成哪些灾害,在什么时间开始转移,居民在家里防台风要注意哪些问题,在道路、街上行走时如何避险,等等,并在中小学普及防台和自救知识。据台州电视台收集的反馈信息显示,观众观看知识片后普遍认为这些"本土化"科普片通俗易懂,从而收到了普及科学知识、培养科学素养的社会效果。

此外,值得注意的还有一点,就是媒体在做台风报道时如果涉及敏感数字、敏感字眼要特别小心,尤其是遇到敏感信息时,不能道听途说、胡乱猜测,更不能根据灾区灾民的"推算",而是主动寻找权威部门进行核实、谨慎把关,以免因一些不必要的纷争冲淡了报道本身,转移了社会的注意视线。

链接 1:台风"桑美"报道之争

2006 年 8 月 10 日,"桑美"台风正面登陆福建,造成福建、浙江两省大量的人员伤亡和财物损失。围绕福建省在本次台风灾害中的具体受灾情况以及政府作为,我国报纸首次出现不一致的声音,甚至演变成一场口水战。《福建日报》及其下属《海峡都市报》、东南新闻网、新华社浙江分社、新华网等先后"参加"了论战。

8月13日,新华社浙江分社记者在浙江省温州和苍南地区报道灾情时,听说许多当地百姓去临近的福建沙埕港认领在这一地区遭到台风袭击不幸身亡的亲人。在得到新华社总社的批准后到福建福鼎沙埕镇龙安村采访,以内参的形式反映了福建省应急措施不足和人员死亡状况。其对灾情的报道比福建省相关部门公布的严重。

8月19日,《福建日报》发表《福建省委书记批评有媒体对台风灾情报道不实》一文,报道省委书记卢展工在17日至18日来到福建沙埕视察灾情、布置救灾工作的情况,报道引用省委书记卢展工的话"某些媒体,包括外省的新闻记者到受灾地区,道听途说,做了许多不实报道,网上也大肆炒作,我担心面临这样大的社会压力,宁德的干部能不能经受得住,能不能继续不为其干扰,把我们为人民负责所要做的事做好"。自此正式拉开福建媒体与新华社间的论战。

8月20日到24日,福建东南新闻网以"网友"名义刊登了《"桑美"风灾:拷问媒体良心》《天灾已走远,莫为人祸所击倒》《关于桑美台风之后的台风》等三篇文章,提出"台风刚刚过去,在短短三四天时间里,就有省内省外、中央地方多批媒体、几十人次来到这里,有的还是由社长带队,有组织地到龙安进行跨区域采访。这其中有些记者不与当地党委、政府联系,道听途说,一味夸大灾情,编造耸人听闻的细节,发表了大量严重失实的新闻报道和内参"①。矛头直指新华社浙江分社。

8月26日,新华网发表署名为新华社浙江分社的4名记者的《为了新闻工作者的良知——"桑美"台风报道一线采访手记》和《灾区采访竟被诬"人祸"》,前文采用纪实的方式,对于福建媒体的指责一一作出回应。

8月29日,福建日报社下属《海峡都市报》,发表了《福建记者赴"桑美"灾区采访见闻有所不同》,针对新华社的《采访手记》逐条批驳,对于沙堤港死亡损失最为严重的原因、死亡人数统计的前因后果、救援工作是否及时、医疗人员开展救助等问题做了实地走访,并且采访

---

① 《桑美风灾,拷问媒体良心》,http://news.sina.com.cn/c/2006—08—20/230110777545.shtml。

权威部门,核实相关数据,得出结论——福建省各级政府在这次受灾过程中的表现并没有新华社所说的那么差。福建省与新华社的"口水仗"告一段落。

福建省委与新华社浙江分社的"口水仗"虽然只是针对一次报道,但其争议的焦点集中在报道内容、内参作用和报道程序三个方面,这些争议引发的思考需要我们在今后的相关报道中引起注意:

首先,明确什么是自然灾害报道的内容。福建认为救灾重建是台风报道的重点;浙江分社更多展现的是灾情。那么,台风报道应该报道什么内容?突发事件报道能不能"揭丑"?能不能报灾?

其次,明确内参在自然灾害报道中发挥什么作用。尽管浙江分社的报道以内参的方式进行传播,仍引起福建省委的不满。那么,内参在灾难报道中起什么作用?是不是只有公开的报道才会对政府形象造成影响?

最后,跨省监督的报道程序应该怎么走。福建省委指责浙江分社"不与当地党委、政府联系,道听途说,一味夸大灾情"。浙江分社则认为依靠群众采访本身没有什么问题。那么,记者在进行突发事件采访时应该遵循什么样的工作程序?是否需要征得地方政府的同意?

链接2:"电视台的男记者哪里去了?"[①]

今夏(2012年),台风数次袭扰,疾风骤雨中,记者在第一线发回了一个个生动的现场报道,收到了百姓的好评。可是第11号台风"海葵"过后,某电视台的一则新闻视频被一门户网站剪辑出来,放在首页醒目位置,引起了人们的争议。

视频拍摄于台风登陆前20分钟的宁波北仑区,一穿着雨衣的年轻女记者腰部拴着这一根看似较粗的黑色绳子,在狂风暴雨中声嘶力竭地播报着台风即将登陆的现场新闻。一阵强风吹来,她甚至站立不稳,蹲下了身子,但仍未中断播报,现场清晰地听到呼呼的风声……新闻播报结束,一穿黑色雨衣的男同事走入镜头,一步步拉紧绳索将她抱住。

就是这一段视频,引发网友争议。一部分网友钦佩女记者的敬业

[①] 闻捷:《"电视台的男记者哪里去了?"》,《新闻实践》2012年第11期。

精神,也有感慨记者职业的辛苦。但更多的网友则是质疑电视台这样的做法不妥当,有作秀的嫌疑。

质疑之一:也是问得最多的一句话"电视台的男记者哪里去了?"微博曾传一个"你能抗几级风"的帖子,里面有一张"风力和体重关系"的表格:一般体重在50公斤左右的女人,只能抗7.5级风;而75公斤以上的男人却能抗9.5级风。台风来了,为啥不让男人上?这么个狂风暴雨的夜晚,瓦砾、广告牌随时都会乱飞,该男记者挺身而出的时候,怎么把女记者推到一线去了呢?

质疑之二:在台风登陆前20分钟让记者在堤坝风力中心处播新闻,是否拿记者的生命当儿戏?记者播报新闻,首先要保护好自身安全。台风登陆前后,风雨是最大的,所带来的破坏力也是最大的,这个时候就应该及时找到安全地点避险。哪怕要播报新闻也可以通过其他形式,比如电子摄像头。怎么可以这时候让记者出去?

质疑之三:干吗要那么突出记者腰里的绳索?播新闻,突出的是新闻,而不是记者自己。以前老记者拴着绳子播报新闻、拍新闻的事情也常有,但都只拍摄记者上半身。而在该视频中,镜头从始至终都拍着那根系在女记者腰部的粗绳索,特别是在结尾处,还拍了一段男同事拉绳索的动作,很容易让人产生作秀的感觉。

二、美国的飓风报道

飓风是美国最主要的气象灾害之一。每年的6月1日至11月30日是美国大西洋飓风季节,其中8月至10月为飓风活动高峰期。飓风报道成为美国自然灾害报道的主要内容。近年来,美国飓风登陆事件频发,如2005年的"卡特里娜"飓风、2008年的"古斯塔夫"飓风、2011年的"艾琳"飓风、2012年的"艾萨克"飓风和"桑迪"飓风等。

"桑迪"飓风登陆后,美国《大西洋月刊》网站刊发了一篇题为"极端天气成为新常态"的报道。2011年的飓风"艾琳"已被称为"世纪风暴";"桑迪"使美国东部再一次面临"世纪风暴"。有研究者认为,在这个世纪里,我们不断重复说"世纪风暴"的风险。可怕的并不是媒体疯狂炒作每次飓风,而是像"桑迪"这样的风暴将更加普遍。①

（一）"卡特里娜"飓风报道

2005年8月25日，"卡特里娜"飓风袭击了美国佛罗里达州，随后于当月29日在美国墨西哥湾沿海新奥尔良以东地区登陆。飓风夹着暴雨，在海滨城市街道间肆虐，所经之处，电力中断、道路淹没。飓风引发的洪水破坏了新奥尔良市防洪堤决口，使市内80%的地区成为一片"汪洋"，迫使美国政府展开历史上规模最大的一次市区人口撤退行动。该飓风造成至少1800多人死亡、100多万人流离失所和巨大的物质财产损失，是美国自1928年以来造成人员伤亡最为严重的一次飓风，成为美国历史上最严重的一次自然灾害。"卡特里娜"飓风报道成为当年媒体报道的重点内容之一。

美国媒体对"卡特里娜"飓风的报道中，既有对政府批评监督的报道，也有对事件真相、人员伤亡等不负责任的猜测性报道，总体来讲，报道注重描摹事实，字里行间充满了恐惧、绝望和怜悯。如《时代周刊》抨击政府削减抵御自然灾害的预算，将大量资金投入所谓的"国家安全"工作，却没能在自家院里保护好公民的生命财产；《纽约时报》在社评中指责布什总统过于乐观，对形势估计不足；《今日美国》则指出，这次南方各州遭遇灾难是政府在弥补能源供应不足方面有所欠缺，没能让新奥尔良在灾难来临时有所准备。② 从各种媒体上人们看到，新奥尔良仿佛变成了电影中的"罪恶之城"，强奸、抢劫、杀人事件到处发生，一片混乱，人心惶惶。但是，随着飓风过去、水位下降，恢复理智的人们发现，新奥尔良在飓风中的表现未必像媒体说的那么混乱，媒体的真实性在高涨的洪水中却大大"缩水"。③

在第90届普利策新闻奖的评奖中，有三个奖项花落"卡特里娜"飓风报道。《新奥尔良时代花絮报》与《比洛克西太阳先驱报》分享公共服务奖，《新奥尔良时代花絮报》还获得突发新闻报道奖，《达拉斯晨报》获突发新闻摄影奖。④ 其中，《新奥尔良时代花絮报》的获奖理由是："对'卡特里娜'飓风灾难进行史诗般、多层次的报道，使得报纸在服务一个水淹城市中发挥了非凡作用。"2005年8月29日，"卡特里娜"飓风导致新奥尔良市的堤坝决口。《新奥尔良时代花絮

---

① 潮轮：《飓风"桑迪"横扫美国极端天气成为常态》，《生态经济》2013年第1期。
② http://news3.xinhuanet.com/newscenter/2005—07/17/content_3228518.htm。
③ http://www.ben.com.cn/BJRB/20050909/GB/BJRB%5E19096%5E14%5E09R14A11.htm。
④ 关于获奖篇目的相关信息均来自普利策新闻奖官方网站。

报》的办公室和印刷厂被淹,许多员工无家可归,被迫逃离城市。但这家报纸仍然坚持出报,并以出色的报道引起了巨大的社会反响。《比洛克西太阳先驱报》的获奖理由是:"勇敢、全面地报道了'卡特里娜'飓风,给受灾读者提供了一条重要的生命线。"

《纽约时报》的"卡特里娜"飓风报道虽然未获得普利策新闻奖,但同样报道内容丰富、形式多样,一个月内相继刊登了497篇相关稿件,包括深度报道、解释性报道、调查性报道、预测性报道、服务性报道、气象新闻、读者来信、新闻分析、专栏评论、社论、图片等各种类型,其中大多数新闻描述飓风过后灾民生活的困境,且以普通百姓的故事作为基本内容,而政府救援的新闻多以简讯形式出现,从数量到篇幅都无法与关注个人的报道相比。

美国媒体关注灾民个体的同时也希望能动员人们给予灾民们帮助。正如美国波因特传媒研究院(The Poynter Institute)的凯利·麦克布莱德所说:"我们报道灾难是要讲故事,把读者和观众带到他们不能去的地方,并且激发他们去帮助这些人。"[①]因此,在"卡特里娜"飓风的报道中,无论是具有国际影响力的《纽约时报》,还是地方性报纸《新奥尔良时代花絮报》和《比洛克西太阳先驱报》,其相关报道都以尊重生命、关爱弱势群体为出发点,都围绕灾民生活和救助、灾后重建、打击丑恶、张扬良善、安抚悲痛、振奋颓丧、减少恐慌、反省缺失等内容,在整个事件中发挥了媒体积极和良性的作用,其报道的主旨体现了"正义、善良、自救、互助、英雄"的理念。

(二)"桑迪"飓风报道

2012年10月29日晚,飓风"桑迪"登陆美国新泽西州大西洋城附近,随后横扫整个东部海岸,并带来大风和强降水等灾害。受飓风影响的美国东部17个州中有10个州发布进入紧急状态。纽约州和新泽西州受灾最严重,纽约市的机场、公交车、地铁和铁路等公共交通系统因飓风影响被迫关闭,其中有着108年历史的纽约地铁系统遭遇了最严重的破坏;纽约证券交易所受飓风影响,史上罕有地关闭了两天。截至10月30日,飓风共导致美国超过820万个家庭断电,随之而来的洪灾破坏了房屋和基础设施,波及总人口达5000多万。"桑迪"过后,至少110人死亡,大量房屋塌毁,交通中断,停水断电,美国经济遭受

---

① 王林艳:《中美新闻文化的差异及应用意义——〈人民日报〉台风"桑美"报道和〈纽约时报〉飓风"卡特里娜"报道比较分析》,《对外传播》2009年第11期。

高达约 500 亿美元的损失，仅纽约州的经济损失就达 330 亿美元。"桑迪"成为美国历史上最"昂贵"的自然灾害之一。保险信息研究所的数据显示，"桑迪"造成的保险损失位列历史第三。

在对"桑迪"飓风的报道中，美国媒体不仅利用推特（Twitter）等平台的交互性、即时性强的特点，同样也利用了其个性化与共享性的特点，用新媒体手段介入报道。如美联社电视新闻要求员工四处搜猎业余摄影者的录像片段；MSNBC 网站专门开设了"市民记者的报道"专栏，刊载读者反馈信息和一些幸存者的故事；纽约时报网站放出诸多引领话题性的文章如"Report your repair stories""Where does your Hurricane Sandy Claim Stand"等，激发市民的反馈与报道，并在"桑迪"飓风的专题报道页面上添加了在 Twitter 上关于飓风讨论的话题的链接。这样的处理方式，不仅利用了民众的传播能力，还极大地挖掘了民众手中拥有的信息，通过社交网络用户偏好的自适应筛选机制，使民众的力量被进一步释放，强化了对飓风的报道能力。

在"桑迪"飓风过境期间，纽约时报网站对其进行了大量报道，其中大部分特写为灾民故事。2012 年 10 月 30 日至 11 月 2 日相关报道的内容分析显示：该网站对于灾民生活困境的描述占总数的 39%、灾情的内容占总数的 24%、对官方进行批评和监督的占总数的 27%，其余才是正面报道。

记者由某个灾民的境况切入，采访不同性别、年龄、背景的灾民：他们可能失去了亲人、朋友，承受着难以想象的痛苦，但又在痛苦中找寻生存的希望；他们可能愿意撤离灾区，可能愿意留守。报道详细描述了飓风来临时这些民众的所见所闻，飓风给他们的生活带来的打击，对个人、家庭或公司造成了怎样的损失，让每一个人发表对政府救援措施的看法。报道强调人文关怀，要体现对生命的极端重视。在涉及飓风造成的破坏时，人的伤亡情况总是第一位的，经济损失要给人让步。在报道伤亡时，媒体会准确说明受伤人数、救援医院名称、救援方法以及地方政府代表官方的反省态度和补救措施。

从纽约时报网站的相关报道中我们看到，媒体报道注意弘扬人的善良、博爱、积极、奋斗。正如对"卡特里娜"飓风的报道一样，从网站报道中我们可以看到灾民的生活和自救、消防队员或医护人员进行救助、警察进行疏导、政府和慈善公益组织向灾民分发救助物资、亲人朋友获救或重逢①，甚至可以看到对动物与自然界的关照。如报道"Hurricane Sandy's Lesser-Known Victims: Lab Rats"讲到纽约

---

① 赵静：《国外媒体对突发事件的新闻操作——以卡特里娜飓风为例》，《新闻前哨》2006 年第 9 期。

大学用来做癌症、精神失常和心脏病研究的大量小白鼠因为被关在笼子里而淹死。报道描述了它们的惨状,说明小白鼠是在为人类临床试验和科学进步作出牺牲,人可以在灾难来临时逃离,但笼子里的白鼠无法逃离,呼吁公众进行人道主义思考。

在此次飓风报道中,媒体网站对网络地图的使用独具特色。"桑迪"飓风过境期间,谷歌地图(Google Map)推出了危机地图(Crisis Map),将飓风"桑迪"的影响范围、受灾程度、发展态势预测等信息以地图的方式直观地表现了出来。美国媒体的记者也可以通过使用谷歌地图将自己想要表现的部分截取下来发布在新闻报道中。如纽约时报网站在"桑迪"飓风的报道中利用谷歌地图,对受灾地区的死亡人员名单进行了总结和发布。该网站的编辑人员在页面左边将五个受灾地区全部纳入地图覆盖范围,在页面右边列出遇难人员名单,使人名与尸体被发现的位置在地图上一一对应,且标明无法确认身份的遇难人员。以谷歌地图为平台,遇难者名单持续更新,为传播这一信息提供了非常直观和可操作的渠道。

纽约时报网站除利用谷歌地图之外,还利用了著名的图片上传与分享网站Flickr 和视频网站 Youtube 等新媒体的内容;其网站多媒体板块的一个分区就是以 Youtube 用户上传的视频为主要内容。

第三节　地震及地震报道

地震又称地动、地震动,是地壳快速释放能量过程中造成振动、产生地震波的一种自然现象。全球每年发生地震约 550 万次。全世界有三个地震带,分别为环太平洋地震带、欧亚地震带和中洋脊地震带,其中环太平洋地震带集中了全世界 80%以上的地震。我国位于环太平洋地震带与欧亚地震带的交汇部位,因此,我国的地震活动频度高、强度大、震源浅、分布广,是一个震灾严重的国家。根据 20 世纪全球资料统计,在我国占全球陆地面积约 7%的国土上发生过的 7 级以上大陆地震占全球的 35%。我国大陆平均每年发生约 20 次 5 级以上地震。[1] 20 世纪以来,因地震造成死亡的人数占国内所有自然灾害总人数的 54%。

---

[1] 荆涛、钟智东、孙艺、周琳、过建洪、关硕:《论社会恐震心理下地震谣言的形成与防范对策研究》,《防灾减灾学报》2012 年第 28 期。

地震常常造成严重人员伤亡,能引起火灾、水灾、有毒气体泄漏、细菌及放射性物质扩散,还可能造成海啸、滑坡、崩塌、地裂缝等次生灾害。

一般而言,大地震常常会引发一系列的余震,如汶川地震发生后两天内发生余震20多次,2011年12月四川彭州发生的地震仍为汶川地震的余震;更有甚者,2012年5月,唐山地震发生30多年后仍然发生了一次余震。在大地震过后还会出现较大的天气变化,如唐山地震和汶川地震当天暴雨倾盆,玉树地震当天天降大雪,这些恶劣的天气状况使得地震现场地理环境更为复杂,易引发泥石流、堰塞湖、雪崩或冰崩等其他次生灾害[1],还可能引发一些衍生灾害[2]。

与其他自然灾害相比,地震更具特殊性,易形成较强的社会影响力,使媒体从事报道的环境更加复杂。信息源较多,报道持续时间较长,使媒体面对的挑战增多。地震灾害覆盖范围广,兼具毁灭性特点[3],致使群众关注度高、敏感度高,某些地震甚至可以改变当地的自然环境[4]。当前地震灾害预报技术有限,易为谣言提供生存空间,也为地震灾害预警宣传工作带来了更多思考。因此,地震报道对媒体及其从业人员提出了更高的要求。

一、地震报道:从失语到公开

(一)唐山地震之前的报道

20世纪以来我国先后发生过多次地震。1920年12月16日,海原发生大地震,《申报》对这一灾害事件进行了报道。地震发生次日,《申报》报道地震导致天津"杂物微有倾覆,电灯摇动,电话局电扇被震堕地",12月18日报道北京"昨晚八点半地震一分钟止",12月20日报道"西安西北因地震塌毁屋数间",12月22日报道洛阳"地震约有五分钟"。多数报道内容简练,仅用三四十字简单介绍情形,只有对洛阳地震的报道较为具体,刊载了440字,对地震景象和灾害损失进行了详细描述。关于海原地震震中的报道最早见于1920年12月24日《申报》第六版刊登的《甘肃大地震之惨象》,这是《申报》对于该地震最直接、最

---

[1] 指由原生灾害诱导出来的灾害,具有隐蔽性、突发性的特点。
[2] 指由于人们缺乏对原生灾害的了解,或受某些社会因素和心理影响等造成的盲目避灾损失以及人心浮动等一系列社会问题引起的灾害。如大地震的发生使社会秩序混乱,并出现一些犯罪行为等。
[3] 汶川地震发生后除黑龙江、新疆以外其他省区都有不同程度的震感。
[4] 1950年8月西藏墨脱地区发生8.5级强地震,西藏雅鲁藏布江地理环境因大地震而有所改变。2008年5月12日汶川地震改变了四川省的水文及地质环境,其破坏性超过唐山大地震。

详细的报道。此后,《申报》还发表了《陕西凤翔电告地震被灾惨状》《甘肃地震之惨状》《甘肃地震之救济法》《青年会开演甘肃地震影片》《甘肃固原又有猛烈地震讯》等文章,这些文章分别涉及灾害造成的损失、政府的灾害救助举措等内容。① 总体而言,多数媒体对该地震的报道较为笼统,对事实描述相对简单。

地震活动在时间上具有一定的周期性。1966 年至 1976 年,我国大陆发生了 14 次 7 级以上地震,而从 1977 年到 1985 年,大陆只发生过一次 7 级以上地震。② 改革开放前比较著名的地震有河北邢台地震、云南通海地震、辽宁海城地震和河北唐山地震。除云南通海地震外,媒体的报道数量都不算少,但报道重点都是救灾,灾情几乎被一笔带过。

当时地震相关报道须得到政府审批才能发表,且报道内容多数为号召性引语;"财产""伤亡"等都属于新闻敏感词语,须在报道中尽量避讳,因此,对地震现场信息进行封锁和延缓发布地震消息成为常态。1966 年 3 月 8 日邢台发生地震后,3 月 11 日《人民日报》头版发表了题为《河北邢台地区发生强烈地震 党和政府领导人民大力救灾》的报道,简单介绍了震中位置、震级、震中烈度以及党和政府的救助开展情况。

1970 年 1 月 5 日凌晨 1 时 0 分 37 秒,我国云南通海、峨山、建水等地发生 7.8 级地震,受灾面积达 8800 平方公里;地震造成 15621 人死亡、26783 人受伤;震中通海全县死亡 4426 人,占当时总人口的 2.64%;许多自然村庄被夷为平地。

1970 年 1 月 9 日,《人民日报》发表题为《云南部分地区发生强烈地震 毛主席林副主席亲切关怀受灾人民,当地军民信心百倍地进行抗灾斗争 中共中央立即致电慰问受灾群众,并布置抗灾有力措施》的新华社消息,消息全文如下:

> "新华社昆明八日电 一九七〇年一月五日凌晨一时,我国云南省昆明以南地区发生了一次七级地震。受灾地区人民在云南省和当地各级革命委员会的领导下,在人民解放军的帮助下,发扬一不怕苦、二不怕死的革命精神,正在胜利地进行抗灾救灾工作。
>
> 在地震发生后,中共中央立即向受灾地区的人民群众发了慰问电,传达了伟大领袖毛主席和林彪副主席的亲切关怀,并且布置了与

---

① 徐占品、刘艳增、焦贺言:《传统大众媒介时代的灾害报道》,《湖南大众传媒职业技术学院学报》2013 年第 13 期。
② 曹小芹:《政府该如何应对"地震谣言"?》,东方网 2010 年 2 月 28 日。

自然灾害斗争的有力措施。

　　毛主席和党中央的亲切关怀极大地鼓舞了受灾地区的广大共产党员、各族革命群众和人民解放军指战员。他们突出无产阶级政治，活学活用毛主席著作，上下一心，团结一致，信心百倍地迎击地震造成的暂时困难。广大革命群众豪迈地说：'有毛主席的英明领导，我们什么困难都不怕，有毛泽东思想的指引，我们奋发图强，自力更生，艰苦奋斗，一定能够夺得抗灾斗争的彻底胜利！'"

该消息将震级由7.8级下调低为7级，没有公布地震发生的具体地点，对灾情更是只字不提，且以后再也没有登载这次地震的消息。同日，《云南日报》头版头条刊登了标题为《毛主席和林副主席亲切关怀我省灾区人民　中共中央来电亲切慰问地震灾区人民》[①]的新闻报道，同样都是振奋人心的口号。在题为《我省昆明以南地区发生强烈地震　灾区人民一不怕苦二不怕死迎击地震灾害》的报道中，记者饱含热情地写"金家庄公社社员们揣着毛主席的红宝书说，地震震不掉我们贫下中农忠于毛主席的红心"，"千条万条，用战无不胜的毛泽东思想武装灾区革命人民的头脑是第一条。地震发生后，省革命委员会派专车专人，星夜兼程把红色宝书《毛主席语录》、金光闪闪的毛主席画像送到了灾区群众手中……（看到红宝书和画像）灾区群众激动得热泪盈眶"。[②]

　　与报道重点的失衡相比，这几次地震报道中的舆论误导更为明显，也更值得关注。首先是无视事实、盲目乐观的人定胜天精神在报道中的体现，如《人民日报》在邢台地震后的报道中称："夏收时节已到，邢台地震灾区频频传来喜讯。邢台地区有关部门根据小麦长势和收打情况来看，预计灾区的二百多万亩小麦亩产量比去年提高，而且地震灾害越严重的地方，增产的幅度也越大。"[③]其次则是完全与政治斗争挂钩的对抗震救灾胜利归因。邢台地震中，抗震救灾取得胜利的法宝是"活学活用毛泽东思想"，同样是邢台地震后记者的报道："（王洛居）这个在旧社会讨过饭、当过长工的老贫农，热爱毛主席的书，在这几天紧张的救灾活动中，他仍然领导着一个学习小组，坚持学习毛主席著作，用毛泽东思想来鼓舞大家积极参加重建家园的斗争。他说：'毛主席的书，是俺们穷人闹革命的

[①]　《中共中央毛主席和林副主席亲切关怀我省灾区人民》，《云南日报》1970年1月9日，第1版。
[②]　转引自殷红：《通海大地震30年后解密——我们拿什么告慰亡灵》，《中国青年报》2000年1月12日。
[③]　《邢台地震区高举毛泽东思想伟大红旗战胜严重自然灾害夺得了夏季好收成》，《人民日报》1966年6月13日，第2版。

书。有毛泽东思想,俺们什么困难也不怕。'"①

(二)唐山地震发生后的报道

1976年7月28日,河北省唐山丰南一带发生地震(简称"唐山地震")。地震发生次日,《人民日报》头版显著位置即刊发两则报道,两则报道内容如下:

报道1:
河北省唐山、丰南一带发生强烈地震后(肩)
伟大领袖毛主席、党中央极为关怀
中共中央向灾区人民发出慰问电(主)

中央号召灾区人民认真学习毛主席的一系列重要指示,以阶级斗争为纲,深入批邓,团结起来,向严重的自然灾害进行斗争。下定决心,不怕牺牲,排除万难,去争取胜利!(副)

新华社一九七六年七月二十八日讯 河北省唐山、丰南一带发生强烈地震后,伟大领袖毛主席、党中央极为关怀。中共中央向灾区人民发了慰问电。电报全文如下:……

报道2:
河北省唐山、丰南一带发生强烈地震
灾区人民在毛主席革命路线指引下
发扬人定胜天的革命精神抗震救灾

新华社一九七六年七月二十八日讯 我国河北省冀东地区的唐山—丰南一带,七月二十八日三时四十二分发生强烈地震。天津、北京市也有较强震感。据我国地震台网测定,这次地震为七点五级,震中在北纬三十九点四度,东经一百一十八点一度。震中地区遭到不同程度的损失。

伟大领袖毛主席和党中央、国务院对地震灾区人民群众十分关怀。地震发生后,中共河北省委,天津、北京市委和震区各级党组织,已经采取紧急措施,领导群众迅即投入防震抗灾斗争。中共河北省委领导同志已带领有关部门负责人,赶到灾区指挥防震救灾工作。中国

---

① 《邢台灾区群众发扬革命英雄主义精神地震后的抗灾救灾斗争已经取得了重大成就》,《人民日报》1966年3月19日,第1版。

人民解放军和有关省、市卫生系统,已组织大批医疗队赶赴现场。大量医药、食品、衣物、建筑材料等救灾物资正源源运往灾区。国家地震局和河北省地震局已组织专业人员赶赴现场,监视震情。受灾地区人民群众已在当地党组织领导下,迅速组织起来,团结一致,展开抗灾斗争。他们决心在毛主席的革命路线指引下,在批邓、反击右倾翻案风斗争取得伟大胜利的大好形势下,发扬人定胜天的大无畏革命精神,团结起来,奋发图强,夺取这场抗灾斗争的胜利。

地震发生后,虽然《人民日报》《解放日报》《光明日报》等主流媒体都对此次地震进行了不同程度的报道,但基本属于"失语"状态。以《人民日报》的报道为例,虽然该报在次日头版即对此次地震进行了报道,但对灾情的报道十分简略,仅一句"震中地区遭到不同程度的损失"即转入对各级党委救灾措施的报道,且报道主体仅包括灾区民众开展的自救互救情况以及夺取抗灾斗争胜利的决心。在《人民日报》对唐山地震为期 50 天的报道中,对灾害造成的损失的报道始终要么一带而过,要么含糊其辞。在报道期间的 93 篇与灾害相关的文章中,通讯 37 篇、消息 35 篇、评论 13 篇、信函讲话 5 篇、文学作品 2 篇、图片新闻 1 组①,但真正有实质意义的灾难严重程度、灾民财产损失情况等受众关心的有效信息却被轻描淡写,甚至干脆不提,占报道主体的是那些具有主观性和明显宣传色彩的报道。唐山地震的死亡人数和伤员救治情况等信息一直未获披露。

唐山地震后媒体报道的内容集中在两方面:一方面集中于党中央和毛主席对灾区人民的深切关怀。灾区人民自力更生、艰苦奋斗、坚忍不拔、抗震救灾,成效显著。几乎所有的报道都包含"在毛主席党中央的关怀下""人定胜天""连创奇迹""抗震志气刚"等字眼,报道集中于抗震救灾积极、乐观的一方面,豪言壮语成为报道主体。如《人民日报》1976 年 8 月 2 日的头版报道《英雄的人民不可战胜》,文中使用了"发扬人定胜天的革命精神,斗志昂扬,信心百倍""谱写了革命英雄主义的壮丽凯歌""灾区人民豪迈地说'十二级台风刮不倒、七级地震震不垮。不管台风还是地震,胜利都是属于我们'"等,完全漠视受灾群众的疾苦、悲痛,表现出形势一片大好。

另一方面则把"深入批邓"与抗震救灾联系起来,强调抗震救灾的纲领就是"以批邓促抗震""不能以抗震救灾压革命、压批邓",因为有了"批邓"的动力,救

---

① 徐占品、刘艳增、焦贺言:《传统大众传媒时代的灾害报道》,《湖南大众传媒职业技术学院学报》2013 年第 5 期。

灾人员热情高涨。继首日报道中提出"在批邓、反击右倾翻案风斗争取得伟大胜利的大好形势下,发扬人定胜天的大无畏革命精神,团结起来,奋发图强,夺取这场抗灾斗争的胜利"后,该报发表的各类报道中有21篇在标题中指明"批邓",把"深入批邓"与抗震救灾联系起来。据知情者回忆,1976年7月28日,新华社首发河北唐山发生大地震的消息,姚文元一再强调不要报道太多,不要报道太集中,而要关注其他方面如促进生产、"批邓"等内容报道。①

唐山地震报道中表现明显的另一点,就是对"人"的忽视。"文革"末期,针对新闻的封锁可谓登峰造极:先是不准记者进入灾区,之后对进入的记者也严格限制,只准拍物、不得拍人。因此,我们在当年留下的新闻照片中只能看到残垣断壁,很难看到伤者或死者。

客观来讲,唐山地震报道集中于对"精神"的报道,对当时的抗震救灾工作确实提供了一定帮助。其"自力更生"的宣传鼓舞了救灾士气,"人定胜天"的宣传在一定程度上有助于抗震救灾工作的顺利进行,同时加强了民族凝聚力。但唐山地震报道存在的问题也十分明显:地震本身情况报道的不足使得人们很难了解地震现场的相关信息,也缺乏自救与生活指导。唐山地震避而不谈的报道方式,成为改革开放前地震报道发展常态,其固定的报道思路长期影响着我国地震报道的发展。②

唐山地震发生后,由于当时历史原因造成的种种限制,全国各路记者始终没有采访到官方统计的死亡数字,直到唐山大地震抗震救灾工作全部结束,有关部门也没有公布人员死亡情况,唐山地震死亡人数成谜。1979年11月17日至22日,全国地震工作会议暨中国地震学会成立大会在大连市召开。会议最后一天,有关方面领导向与会的地震专家们通报了3年前唐山大地震的死亡人数。新华社记者徐学江出于记者的新闻敏感和责任感撰写了报道《1976年唐山地震死亡24万多人》。作者在送审时提出三条理由:"地震发生已经3年了,伤亡情况应该报道,因为中国广大人民群众始终非常关心,同时外国人也很关心,再不报道我们会更被动;几年来国内外猜测不断,传言很多,对地震死亡人数众说纷纭,如果不在这个召开全国地震会议的时候报道,各种传言会更多;地震是一种自然灾害,与政府行为无关,在这样一个时机进行报道,也很合理。"③1979

---

① 雷颐:《唐山大地震发生后的公开报谱》,《共产党员月刊》2008年第7期。
② 王艳:《新中国地震报道发展历程及现状研究》,北京林业大学硕士学位论文,2012年。
③ 徐学江:《我最先报道唐山大地震真实死亡人数》,《文史博览》2014年第2期。

年11月23日该消息发出后,引起了极大轰动。

(三)汶川地震报道

2008年5月12日14时28分04秒,四川省汶川、北川发生里氏8.0级地震,影响范围包括震中50千米范围内的县城和200千米范围内的大中城市,除黑龙江、吉林和新疆外全国各地均有震感。此次地震造成69227人遇难,374643人受伤,17923人失踪,直接经济损失达8452亿元人民币。

1. 汶川地震的突破

与唐山地震报道相比,汶川地震报道在以下几个方面取得了长足进展:

第一,报道的时效性大为增强。

2008年5月12日14时46分(汶川大地震发生18分钟后),新华社向全球播发英文快讯,其发布速度居全球通讯社之首,比法新社早6分钟,比美联社早8分钟;14时56分(地震发生后28分钟)发布震后第一张图片。15时中央电视台新闻频道播发地震新闻,15时20分正式推出无间断直播特别节目《关注汶川地震》。15时04分,中央人民广播电台"中国之声"播发地震消息,15时30分邀请中国地震局专家介绍汶川地震情况,19时推出直播特别节目《汶川紧急救援》。5月13日《人民日报》头版和报头用醒目的标题刊出《四川省汶川县发生7.8级地震》的报道,将重大灾情及时告知公众。

第二,报道全面、准确。

与媒体在唐山地震发生后一个月对救灾进程进行笼统概括不同,汶川地震发生后,各家媒体都在醒目位置对灾害发生和救援情况进行了全面、真实的报道。以中央电视台为首的多家广播电视媒体对地震报道进行并机直播,多家网站也设置了地震报道专题。

唐山地震发生后,媒体对地震情况的报道一直模糊处理,唯一提及地震震级的《人民日报》报道《十二级台风刮不倒,七级地震震不垮》也有意将地震震级予以下调。而汶川地震发生后的每日灾情预报使受众在第一时间可以获知地震相关信息——伤亡情况、损失情况、是否有余震及其他次生灾害等。

第三,报道坚持以人为本、生命至上。

唐山地震发生后,《人民日报》虽然在第一时间(次日)对地震进行了报道,但头版中央慰问电和新华社消息占据上半版,余下五个版则分别为深入批判邓小平反革命的修正主义路线、知识青年扎根农村、万古沙海变绿洲及两个半版的国际新闻。汶川地震发生后,次日的《人民日报》头版发布了四条与地震相关的消息以及第五版整版的地震相关报道;震后第三天开始,更推出了四个整版的"抗震救灾特刊",并持续多日。与唐山地震报道侧重宣传党的关怀和"批邓"不同,《人民日报》及其他媒体在汶川地震报道中更多强调了"以人为本"和"生命至上"的原则。除党中央和国家领导人对地震的各种批示及现场视察之外,还有各方救援的报道,以及关注灾区群众生活状况的全景式报道。

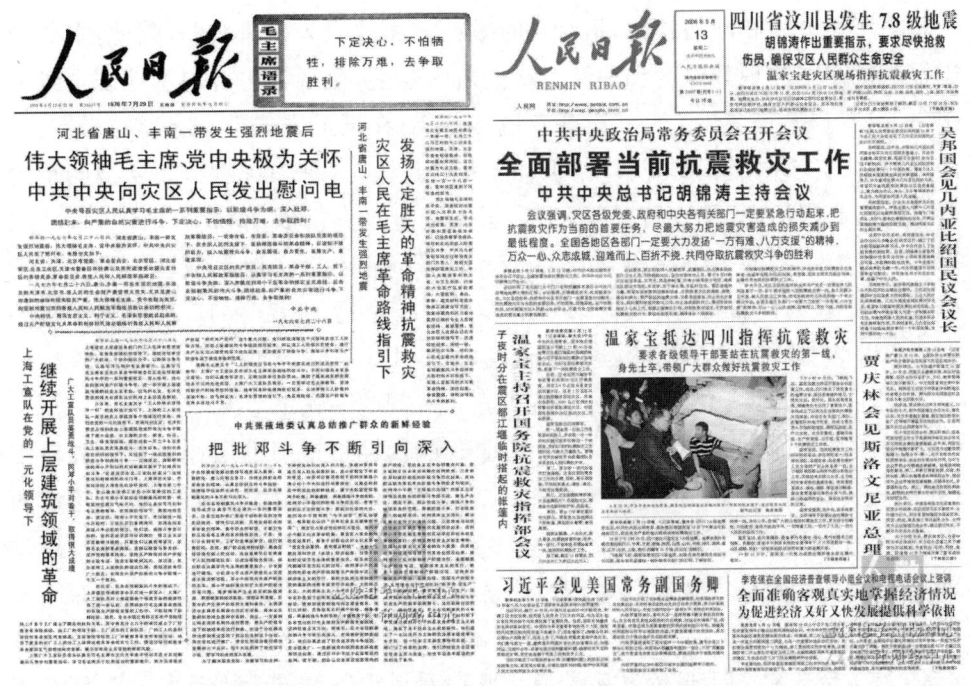

图2-1 《人民日报》关于抗震救灾的报道

第四,报道方式大为丰富。

唐山地震发生后,受当时当地发展状况的影响,当地凭借最简单的通讯工具,用耳听、眼看、头脑分析的方法,成功指挥了来自全国30多个机场、13种飞机、3000多架次救灾飞机起降。媒体在其中能发挥的作用可想而知。汶川地震发生后,各媒体全方位、立体化的报道不但及时向受众传递了相关信息,广播媒体还一度成为灾区与外界联系的唯一通道。

2.汶川地震中各类媒体表现

媒体对汶川地震的报道大体可以分为三个阶段:第一阶段是从5月12日

地震爆发到 5 月 21 日全国哀悼日,报道内容以救援情况为主,对各地灾情、社会各界的赈灾情况也予以及时报道;第二阶段是 5 月下旬至 6 月中旬,报道重点为灾后防疫、伤员救治灾民心理的关注、灾后清理工作的开展等,救援和赈灾情况仍是关注焦点;第三阶段从 6 月中旬开始,报道重点是灾后重建,包括灾民的安置状况、对于一些豆腐渣建筑的问责、灾民心理的重建、灾后重建工作的具体实施进度和监督情况。

(1)报纸

与广播电视和网络相比,报纸在时效性方面的优势相对较弱,因此,多数地震报道侧重于体现其深度和理性。在报道内容上,报纸不但有展示地震全景的报道,也有侧重于个体生存状况的专稿和特稿;在报道方式上,图片被大量运用于报道中,且不同类型的媒体在图片的使用上具有各自的特点,如党报侧重于展示政府高层活动、救援情况等,都市报则侧重于灾情展示和受灾群众生活状态等。各类报纸的头版在相当长的时间内都将重点放在地震报道上。尤为值得一提的是《人民日报》用大篇幅对地震进行报道后,于 5 月 15 日将第 5 版到第 8 版辟为"抗震救灾特刊",这是《人民日报》史上第一次为重大突发事件推出特刊,也在全国报纸中起到了推出抗震救灾特刊的率先垂范作用。

同样是在这次地震报道中,《南方周末》的两期报道引发了业界和学界对于"我们需要什么样的灾难报道"的争论。在 5 月 22 日和 5 月 29 日推出的连续两期《大地震现场报告》和《大地震现场再报告》中,该报使用了 42 个版面、超过 100 篇报道,涉及震灾救援、医疗急救、学校之殇、重建之思等内容。报道对震灾现场人性弱点的真实描述以及坍塌的学校建筑的反思,引发网络激辩。反对者指责《南方周末》"剑走偏锋""戴着有色眼镜看世界";赞同者则反驳,"为什么媒体不能给读者全面视觉"。《南方周末》这两组报道备受指责的三个方面分别是:"关注人性丑恶""揭示灾难问题""语言冷静、中性、原生态描述"。

事实上,无论采用哪一种报道模式,都面临着灾难报道必须回答的最基本的三个问题——在灾难现场,我们站在哪里?我们如何聚焦?我们怎样表达?灾难的残酷还包括灾难面前人性的软弱、利益的冲突,包括恐惧、逃避以及可能出现的渎职、腐败。对于这些非血腥的残酷,我们是否应该选择回避?对于这几个问题,不同市场定位的媒体完全可能有不同的选择。《南方周末》被人诟病,很大程度上并不在于它是否揭露了人性的丑恶和现实的残酷,而在于报道在时机选择上没有完全考虑到受众的心理承受能力和接受能力。如果这组报道中关于人性丑恶的内容刊登得再晚一些,在人们从对灾难的震惊和对受害者的单一同情中恢复过来后,也许就不会有那么强烈的反对声了。

(2)广播

汶川地震发生后,中央人民广播电台第一时间多次中断正在直播的节目,插播关于汶川地震的消息:15时04分,中央人民广播电台接到中国地震局传真后,第一套节目"中国之声"立即中断正在播出的"奥运会火炬传递"厦门站直播节目(正常直播时间为12时40分到18时30分),播音员发布消息,"在我国四川省汶川县发生7.6级地震,全国很多地区有震感";15时25分,直播节目第二次中断,插播了关于地震进一步的消息;15时30分,中国地震局专家林木森、李强华通过"中国之声"最先向全国听众介绍了汶川大地震;15时47分,该频率第三次中断"奥运火炬传递"厦门站直播节目,由主持人连线了中央人民广播电台驻成都记者陈程;15时56分,该频率第四次中断正常节目,通过刚刚赶往国家地震局的记者,连线了国家地震局局长;16时40分,时政记者李涛随温家宝总理登上专机,奔赴灾区⋯⋯此后,"中国之声"每隔15分钟左右就中断一次正常节目,并滚动播出关于地震的最新情况和组织救援工作的报道,先后播出了《胡锦涛对汶川地震作出指示 温家宝正赶赴灾区》《北京地区夜间将再次地震消息不实》《救援部队出发》等新闻,滚动播发抗震小知识;19时18分,随同温家宝总理赶赴地震灾区的中央人民广播电台记者口述了总理在飞机上的指示,以录音报道的形式播发。当天19时,"中国之声"推出特别直播《汶川紧急救援》;中国广播网同步推出音频、图片、文字直播;"经济之声"推出特别直播节目"抗震救灾进行时"。

从最早播出地震相关信息的时间上讲,中央人民广播电台"中国之声"的直播略晚于中央电视台新闻频道,但该台从第一轮直播开始就将主题集中明确地定为"汶川紧急救援",此后若干天的直播中每天都给出当天直播的关键词,以片花的形式出现在直播中,使听众可以在很短时间内把握当天的要点,引导其收听。《汶川紧急救援》在2008年5月12日至6月2日期间,连续全天24小时直播,截至6月2日,共连线前方记者、各部委负责人、专家近3100次,播出录音报道1300余条、消息4000多条。①

省级地方电台对于汶川地震的应急反应同样迅速。5月12日15时30分,即地震发生一小时后,四川人民广播电台新闻频率紧急推出全天24小时滚动直播的《众志成城,抗震救灾》特别节目。5月13日凌晨,新闻频率两位记者发

---

① 《中央人民广播电台抗震救灾简报》第19期。

回了温家宝总理亲临都江堰灾区指挥抗震救灾的省内独家新闻报道《我是温家宝,我来看你们了,请你们一定要坚持住啊!》;就连汶川、北川、青川等通讯、电力、道路均告断绝的"孤岛",也通过电波听到了温总理温暖而坚定的声音。"北川县城灾情十分严重,现在最缺的是药品和帐篷……"四川电台记者曾祥光用小灵通从北川废墟上发回的现场报道《北川灾情触目惊心》是四川省级媒体发布的关于北川灾情的最早报道,为北川抢险救援行动提供了宝贵的信息。

在国家、省、市三级电台中,市级电台的反应最为迅速。在地震发生后27分钟,即14时55分54秒,成都地区通信还基本处于瘫痪状态,其他电台还在播出音乐的时候,成都交通文艺频率节目主持人孙静就在直播间播出了与地震相关的第一句话:"刚才大家都吓着了吧,我也感觉到了摇晃。""我想告诉大家的是,请千万不要害怕,更不要慌张。不管你在哪个区域,千万别把自己暴露在不安全的地方……"尽管当时没有得到官方消息,电台不敢擅自播报地震消息,但主持人的播音在很大程度上稳定了居民的情绪。在获得准确的地震信息后,广播节目中开始出现关于地震防震的小知识。随后直播节目《我们在一起》开播。16时35分,成都人民广播电台4个广播频率打破常规、并机播出。

赛立信媒介研究机构于2008年5月所做的电话调查显示,汶川地震发生后,有68.2%的受访者收听广播,这一比例比2007年全国平均广播接触率59.2%(赛立信公司全国无主调查)高出9个百分点,表明地震以后收听广播的人明显增多。该调查同时显示,广播是人们获知汶川地震相关信息的重要媒介。90%的受访者表示是通过媒体第一时间知道汶川地震的消息的。地震发生以后,电视、广播、报纸三大传统媒体是人们了解地震消息的重要渠道,89.9%的受访者经常通过电视了解抗震救灾情况,50.1%的受访者视广播为重要渠道之一,这一比例略高于报纸,在所有媒体中居第二位。汶川地区发生8.0级特大地震以后,震区一切通讯、交通中断,灾民无法与外界联系,此时广播就成为人们了解外界信息的主要途径。55.9%的受访者认为,在一切通讯被切断时,广播是获取信息的最好渠道,这一比例明显高于其他各类媒体。①

调查同时显示,听众对广播电台关于抗震救灾的报道评价颇高,对其表示"非常满意"和"比较满意"的占到了受访者的84.9%。

无独有偶,根据央视—索福瑞媒介研究有限公司(CSM)在全国19个城市

---

① SMR:《关注抗震救灾,广播收听率骤升——赛立信抗震救灾宣传报道听众收听广播情况调查》,http://www.smr.com.cn/article_view.asp?id=38。

进行的全天 24 小时连续收听率调查结果显示,汶川大地震以后,对比 5 月 1 日至 12 日,在 5 月 13 日至 24 日期间,中央人民广播电台"中国之声"在 19 个城市组的收听率增长了 111.11%,市场份额增长了 106.67%,各城市收听率增长幅度达 26%～230%不等。对比去年同期(2007 年 5 月 13 日至 24 日)连续调查的 13 个城市组,中央人民广播电台"中国之声"收听率增长了 72.41%,市场份额增长了 90.37%。①

在汶川地震报道中,各级电台除第一时间公开报道、掌握话语主动权、引导舆论先机外,还充分发挥自身优势,提供服务信息。由于地震发生后灾区一度停水、停电、通讯中断,只有电台节目还能正常覆盖灾区受众。此时电台节目向灾区人民提供基本的信息,包括地震的规模、波及的范围、造成的损失以及对次生灾害的预警等,同时还推出《寻亲纸条》或类似节目,帮助受灾群众联系失散的家人。不少受灾群众就是在广播节目中获知家属情况或成功找到亲人的。在地震直播中,多点滚动直播彻底颠覆了原有广播的固有概念。前方记者的电话一旦连通,立即切入直播间。现场播报记者的见闻速度快、频率高、现场感强、内容丰富,迅速引起了全国听众和灾区人民的极大关注。广播主持人呼吁本地人民献血、捐钱、捐物等,同样是服务灾区人民的一种表现。

此外,广播的情感抚慰功能的发挥可圈可点:首先,通过广播的即时报道使人们减少了恐慌,产生了心理上的安全感。心理学研究表明,处于紧张状态的人对声音异常敏感,对有吸引力的声音更是极度渴望。成都交通台在地震发生后不到半个小时就恢复了播出,尽管中间两度中断,但《我们和你在一起》一直发挥着特殊时期的独特作用。该节目在震后的最初时间,为市民搭建了一个信息中转和互报平安的平台;随后又从个人寻亲转向成片区域的求助或求救信息,以有限的时间帮助更多的人。②

其次,热点电话、短信互动等方式让人产生集体归属感。地震灾区的通讯、电力设备在不断修复中,但缺口很大,广播成为受灾群众获取信息的唯一渠道。通过广播,他们不但了解了地震的情况,而且通过收听其他地区听众的短信、热线电话等内容,了解和体会了外界对自己的关注,找到了感情依托。美国广播界对"卡特里娜"飓风报道结束后的调查显示,受众选择在飓风中收听广播的原因包括"使我觉得是这个共同体的一部分而且与一些其他的人保持联系""可以

---

① 施莉、周步恒:《中央人民广播电台抗震救灾报道收听调查情况综述》,《中国广播》2008 年第 7 期。
② 朱慧憬:《电台故事:耳边传来的生命信息》,《新周刊》第 276 期。

使你忘却危机恢复常态""让你感到不孤独"等。我国目前还没有这方面的专门调查,但是可以相信,广播除传递信息之外,还让人产生了集体归属感。

最后,邀请心理医生参与节目,对受灾群众进行心理疏导。对于受灾群众的心理疏导,既可以是一对一的疏导,也可以通过媒体来实现一对多的同时疏导。多年来,我国心理工作者一直紧缺。汶川地震后需要直接心理援助的人员大概有60万~100万人,一对一的援助显然是不可能的。

地震发生后,多家广播电台吸取了年初迎战暴风雪直播的经验和教训,与中国心理学会等部门展开积极合作,在直播的夜间时段将医生请到直播间,通过电波把专家们的心理辅导传达给众多的受灾群众,形成一对多辅导,稳定灾区群众情绪,并帮助他们释放恐慌心理,放大心理干预的影响和效果。同时通过电波,号召更多的心理工作者加入援助队伍,并得到了多数人的积极响应,促进了心理救援工作的开展。

总体而言,广播媒体在汶川地震报道中的出色表现,让人们重新认识到广播是"自然灾害报道第一媒体"的作用,并在媒介议程设置方面发挥了重要的作用。据调查,自5月12日到5月29日的17天中,中央人民广播电台共收到听众各种反馈信息420130件(次),其中手机短信402853条,电子邮件7914件,电话、传真4285个,信件、稿件、来访等5078件(次)。与2008年1月至4月份全台每月听众反馈信息量的平均数相比增加了214898.5件(次),约为2.05倍。[①] 可见,广播的汶川地震媒介议程获得了较好的社会动员效果,通过与受众的积极互动影响了受众群体的议程设置。

(3)电视

在汶川地震报道中,电视的反应相当迅速。当天14时50分,中央电视台即以字幕形式进行报道;15时中央电视台新闻频道播出关于汶川地震的口播新闻后,中文国际频道、英语频道、法语频道、西班牙语频道等各档新闻迅速跟进;5分钟后,央视第一次连线重庆台记者报道灾情;15时20分特别直播节目《关注汶川地震》开始播出(次日将直播定名为《抗战救灾 众志成城》);16时中央电视台综合频道与新闻频道并机直播汶川地震报道。截止到次日20时,该频道首播新闻共计200余条次,成为境内外新闻媒体获取地震信息的主要信息源。值得一提的是,中央电视台在当天的报道中,还有意地对之前播出的"北京、上海等地可能发生地震"的消息进行及时辟谣,防止了恐慌情绪的蔓延。

---

① 韩兰兰、丁志雯:《中央人民广播电台抗震救灾报道听众反馈情况综述》,《中国广播》2008年第7期。

电视媒体在汶川地震中的报道侧重增强凝聚力、向心力。随着地震救援的深入,各电视台相继取消了娱乐节目,转而进行地震直播报道,并利用电视晚会积极开展抗震救灾募捐活动,其中,中央电视台的赈灾晚会筹集善款 15.14 亿元人民币。

(4)网站

在汶川地震报道中,网站的表现虽然没有传统媒体尤其是电视媒体的表现抢眼,但也发挥出了其独特的作用。在整个地震报道的过程中,新闻网站基本上都制作了专门的网络专题,对地震报道进行全方位、深度化的关注。

在汶川地震中,网络论坛的作用十分独特。关于地震最早的消息来自百度贴吧的网友分享;天涯社区一个《希望大家顶起来》的帖子也在帮助空军选择汶川县城空降地点的过程中发挥了积极的作用。当时尚属方兴未艾的个人博客也充分利用其独家优势,及时发布各种地震信息,自发组织救援队伍,发起捐赠活动,并帮助寻找失踪人员。

值得一提的还有政府网站,与以往政府网站信息更新相对迟缓不同,汶川地震中政府网站开始意识到网站自身的时效性和权威性优势,积极介入信息发布与辟谣中,尤其是四川省政府网站,不但及时发布新闻发布会的相关信息,还及时进行辟谣、澄清事实、引导舆论。

(四)芦山地震报道

2013 年 4 月 20 日早 8 时 02 分,四川省雅安市芦山县发生 8.0 级地震。芦山地震是在社会化媒体高度普及后发生的第一个举国关注的重大自然灾害。尽管传统媒体对地震的反应和报道速度比汶川地震更快,但仍被社会化媒体抢了风头。由于灾害报道的第一现场渠道发生变化,社会化媒体开始成为自然灾害报道的第一利器。

(1)社交媒体

地震发生后 53 秒,成都高新减灾研究所即发布微博,称"成都提前 28 秒收到四川芦山 8 时 02 分 48 秒 4.3 级地震的预警信息,预计成都烈度为 1.6 度。此预警试验信息也通过计算机、手机、专用预警接收服务器、电视等实时同步发布"。8 时 03 分,中国地震台网官方微博@中国地震台网速报即发布了自动测定消息,测到 8 时 02 分在四川省雅安市雨城区附近发生 5.9 级地震,8 时 14 分正式更正测定结果为 7.0 级。8 时 06 分,成都晚报官方微博发布"地震了?吓死了!",成为第一家非正式发出地震消息的媒体微博。8 时 08 分,新华网官方微博发布四川雅安5.9级地震的消息,成为第一家正式发布地震消息的全国性媒体。随后两个小时,全国多家主流媒体、中国红十字总会、中国国际救援队等官方微博相继发布地震信息。

据新浪微博的统计,截至4月20日下午17时,有关四川雅安7级地震的微博总数达6400万条,芦山地震寻人微博总数达231万条,报平安微博总数达1008万条。

与汶川地震报道相比,广播电视媒体对芦山地震报道的反应速度进一步提高,报道的全面性和服务性亦有所增强。

(2)广播

汶川地震之后,广播作为"自然灾害第一媒体"的地位不断上升。首先,芦山地震发生后,广播媒体快速反应。四川人民广播电台各频率在第一时间开始对地震进行报道:8时03分,经济频率率先播报芦山地震相关消息;8时05分,新闻频率推出《众志成城 抗震救灾——"4·20"芦山地震》特别直播;8时10分,交通频率推出持续72小时的《"4·20"芦山地震》直播节目。同时,四川6个省级频率、成都4个市级频率均关停了原有的节目,共享3个信号源,并机直播地震报道。中央人民广播电台开播《雅安紧急救援》特别直播节目,对抗震救灾的实时情况展开全方位报道,持续播出72小时;考虑到灾区群众的收听需求,节目还特别使用四川方言播送服务信息;全天所有的播送节目都打开窗口,播报有关地震灾区的救援情况,并不断插播前方记者发回的最新消息。

其次,广播报道坚持诉诸理性,积极安抚民心。电台通过及时发布最新权威消息和传递各种寻亲信息,搭建了一个信息中转和互报平安的平台,通过大量的互动性节目消除了听众存在的紧张感,安抚情绪、消除恐慌,同时在节目中普及地震逃生和震后救护的相关知识。

再次,各频率定位清晰,突出服务性。以四川交通频率为例,该频率定位交通,实时播报交通信息,呼吁"让出生命通道",同时定位于为四川省内服务,以维护灾区秩序为主、辐射其他区域为辅。

最后,广播媒体多平台互动。电台节目与官方微博和微信互动,搭建多平台信息传播渠道,服务更多层次的受众。

尤为值得一提的是,4月22日,中央人民广播电台首次以"国家应急广播"为呼号,在突发灾难事件中对灾区民众定向播出临时救灾广播。国家应急广播·芦山抗震救灾应急电台由国家新闻出版广电总局指挥协调,中央人民广播电台、四川广播电视台、雅安人民广播电台、芦山县广播电视台联合开办,全天

24小时滚动播出。芦山应急电台在此次地震的震中重灾区芦山县设立直播间,以政府公告、救援信息、听众热线、专家访谈、记者连线、灾害互助热线等形式,针对身处灾区的民众、救援人员等群体,提供定制化、点对点、全方位的实用信息实时播发,希望为当地提供最权威的信息公告、最可信的行动指导、最实用的科普信息、最快捷的沟通渠道和最具人文关怀的心理抚慰,实现真正的国家应急广播中央、省、市、县四级响应以及互相支撑的应急广播对象化、本土化。此后,应急广播在2014年发生的鲁甸地震和景谷地震中均有上佳表现。

(3)电视

电视报道首先是反应迅速,展开实时滚动直播。芦山地震发生后,从央视到各主要省级卫视都相继中断正常节目报送,开始了震情直播。地震发生后20分钟,东方卫视即开始地震直播。4月20日晚中央电视台《新闻联播》涉及芦山地震的报道达17条,占据当天《新闻联播》报道内容的80%。

其次,电视报道进行焦点解说,提供核心救助知识。地震发生后,央视等媒体暂停娱乐节目,开展特别关注,报道灾情,提供正确的救灾救助知识。

再次,电视报道对地震情况及救援组织进行深度评论,引发观众的理性思考。现场连线和直播带给受众的往往是碎片化的信息,而电视报道除了提供这些快速、直接的散点性报道外,还加强了评论性报道和专题,通过对相关内容的系统梳理,引发受众的理论思考。

最后,电视利用募捐晚会等仪式传播的方式进行全民动员。

(4)报纸

芦山地震发生后,《人民日报》从4月21日起,集中版面大规模展开专题特别报道,在4月21日至5月31日的41天内,有关芦山地震的报道共计154篇,其中消息67篇,占总数的44%;通讯32篇,占总数的21%;评论16篇,约占总数的10%;图片报道28篇,约占总数的18%。此外,其他形式的报道如评论、论坛、述评、纪实等共11篇,约占总数的7%。地震期间,《人民日报(海外版)》有关芦山地震的报道总共89篇,其中消息53篇、通讯30篇、评论6篇。

二、地震报道的问题及应对

(一)地震报道的同质化现象突出

地震报道的内容和形式相对单一。按照新闻发布主体的不同,地震新闻可

以分为地震监测部门发布的新闻和新闻媒体发布的新闻两大类。一些震级很小的地震,对当地居民的生产生活基本上不会产生影响,由地震监测部门发布监测报告即可,媒体完全可以不予报道或转发科技数据即可。当前媒体在对汶川地震、玉树地震、芦山地震、鲁谷地震等破坏性地震报道的历练中已逐步走向成熟,但对那些震级较低的非破坏性地震的报道还有诸多尚待突破之处。

此外,近年来媒体在进行地震报道时形成了"灾情速递—抢险救援—专家解读—精神赞扬—号召捐款—事件总括"的报道模式,很容易使人们对发生在不同时间、不同地点、影响范围及造成损失不同的地震产生似曾相识的感觉,进而对地震报道的反应变得淡漠。

(二)新闻报道二次伤害的问题仍存在

二次伤害是从业人员在新闻传播活动过程中,因报道手段、时机、形式运用不当,或者是其在新闻采集、整理、加工、传播信息过程中因多种原因产生事实偏差或进行了不恰当的主观评论,而使新闻当事人在经济上、精神上遭受一定损失或对当事人产生一定负面影响的行为。

近几次地震报道中,既有对灾难受害者的二次伤害,也有对受众的二次伤害。一方面,记者对采访对象的层层包围和喋喋不休的提问将他们一遍遍带回新闻现场,让他们不断地进行惨痛回忆,对他们造成了难以弥补的心理损伤;另一方面,持续多日的地震直播在受众心目中形成了持续的情绪压抑,一些电视观众和网络用户出现的情绪失衡就是心理伤害的体现。如汶川地震中某地老人因持续观看地震报道而要求儿女为地震捐款就是一种因新闻接收受到的伤害。

(三)追求新闻"精彩"却影响救援行动

汶川地震以来,每有重大自然灾生,都有大量记者进入灾区进行采访。以芦山地震为例,仅新华社在地震发生次日就集结文字记者72人、摄影记者31人、音频记者21人、技术人员6名、司机5人奔赴灾区。据报道称:到4月24日,在芦山县登记过的媒体记者已有上千人,汽车三四百辆,其中包括境外媒体记者一百多人,没有登记过的无法估算。与大量记者涌往灾区相对的,则是成都通往雅安的道路被短时间内涌入的大量车辆所堵塞,导致救援物资和专业救援队被堵在路上无法进入灾区。由此可见,记者到灾区的采访往往成了"添乱"。

在汶川地震报道时就出现过记者采访极度虚弱的获救者、正在抢运的重伤人员、遇难者家属,闯入手术室采访病人和医生,反复采访同一个获救的未成年人,以强光拍摄刚刚获救的幸存者等给救援"添乱"的现象。芦山地震还有个别记者要求救援人员暂停搬运伤员,目的就是为了拍一张照片。以上种种因报道影响救援的情况都是新闻专业化还不够深入的表现。

记者在报道灾难新闻时,必须遵守保护生命优先和紧急状态优先的原则。当有两种同样重要的责任(职业责任和关怀责任)需要记者履行,而记者又不能同时履行时,如果错过了这一时机(救援生命)就会造成无法弥补的损失,记者须无条件地以保护生命为先。

(四)地震假新闻问题迟迟得不到解决

在近年来几次地震报道中,假新闻的问题一直未能得到有效解决,时时有各种类型的假新闻出现。

在汶川地震中因奋力保护学生而牺牲的绵阳东汽中学教师谭千秋的事迹,经中央电视台报道后,给亿万观众留下了深刻的印象,与同样在地震中"一举成名"的"范跑跑"成为地震中教师形象的两极。事后,一篇题为《英雄谭千秋救人事迹涉嫌造假》的帖子在网上流传。据《南方周末》记者核实,谭老师在地震发生时当场遇难,所谓"张开双臂保护学生"的说法完全是某些媒体根据谭老师遇难时的姿势所进行的"合理想象"。报道中提到的谭老师牺牲前所救的四名学生中有三名根本不存在,唯一真实存在的刘姓学生"当时坐在第二排,谭老师根本不可能有时间冲过来",东汽中学校长也承认:"当时的那个情况之下,需要这样的一个人,一个英雄的事迹给当时的人们一个启迪,一个思想上的依靠,至于实际的情况,不好讲,也不能讲。"[①]这实际上承认了谭老师的新闻是虚假报道。这种假新闻的产生与我国媒体多年存在的灾难报道中的"英雄"情节与"英雄塑造"不无关系。

而另一则被全国多家媒体广泛转载的"母爱短信",竟出自一则疑点多多、无新闻来源的网络消息。5月15日,百度贴吧(18时47分)和豆瓣网(19时07分)发布这条消息;5月16日,21CN(12时15分)、浙江在线(12时44分)、互联星空(13时)开始以网页形式发布此事;5月17日,一家权威机关报和两家知名报业集团主办的都市报都不加核实地转载,使其影响迅速扩大;5月18日,中央

---

① "汶川地震'烈士教师'谭千秋救人事迹被指造假",http://www.infzm.com/content/51703。

电视台赈灾晚会上主持人现场播报了这条新闻;中央电视台其他频道、全国多家卫视和电台也多次报道,一些视频网站还据此制作了视频节目……

2013年芦山地震发生后,许多记者和研究人员对媒体的汶川地震报道和芦山地震报道进行了对比,有人将两次报道的差异归纳为"悲情的汶川,理性的芦山"[①]。的确,芦山地震报道中反思性报道从时间上看比以往有所提前,从数量上看也大为增加,但芦山地震报道中仍然有"十大假新闻"之类的现象发生。可见,地震报道的客观、理性之路仍很漫长。

(五)地震报道对象的均衡性仍待提高

在汶川地震中,媒体的目光高度集中于北川、汶川、绵阳、都江堰等地,而其他同样有很多伤亡的灾区却"几乎被遗忘"。《南方周末》5月29日报道:"一些记者在甘肃陇南市武都区看到这一幕,当地房子基本都塌了,村民没地方住,帐篷不够,食品也不够,灾民看到拿着照相机的人就不停地说:'拍拍我们,报道一下我们吧。'陕西略阳县委官员也向记者诉苦:'从数字上看我们没有汶川灾情严重,但我们是欠发达地区,恢复重建的资金要20亿,而我们县一年的财政收入才7650万。'"

2010年玉树地震发生后,《中国青年报》在4月15日至30日为期16天的时间里共刊发了128篇报道,其中104篇是关于国家领导人对灾区工作的指示以及关注,还有救援队伍的救援工作。关于玉树受难者情况以及灾民震后生活及心理状态的报道仅24篇,且篇幅短小。在这24篇报道中,有11篇是对玉树伤亡数字的通报,能直观地反映灾民情况的报道屈指可数。[②]

(六)科学素养缺失导致科普概念失实

2008年以来,我国发生了多起规模不等的地震,媒体和公众对地震及地震报道都十分重视。但由于地震发生后影响到诸多领域,从事震后报道的记者也不全是从事科技报道的记者。因此,出现了一些因为缺乏科学常识而发生的误导。

如2010年智利发生8.8级地震,仅数百人死亡,一些媒体开始讨论"为什么汶川地震震级没有智利地震大,死亡人数却高达数万"。有的媒体出现了这

[①] 张洪波:《悲情的汶川,理性的芦山》,《青年记者》2013年第16期。
[②] 杨丹丹:《新闻专业主义视域下的我国灾难报道研究》,西南政法大学硕士学位论文,2011年。

样《智利强震低死亡率原因揭秘 所有建筑抗9级地震》的"揭秘"报道,将地震造成死伤的直接原因归于建筑物质量,而很少有媒体能从科学角度对两次地震进行对比。事实上,决定地震破坏力的是烈度而非震级。有的地震震级并不高,因为烈度大,造成的损失也很严重。震级由每次地震活动释放出来的能量多少来决定。地震愈大,震级的数字愈大;震级每差一级,通过地震被释放的能量约差32倍。震级代表地震本身的强弱,只同震源发出的地震波能量有关;烈度则表示同一次地震在地震波及的各个地点所造成的影响程度,与震源深度、震中距、方位角、地质构造以及土壤性质等许多因素有关。与震级相比,烈度更能表示地震破坏性的大小。汶川地震震源深度为15公里,智利地震震源深度为35公里,二者的烈度差别可见一斑。因此,媒体报道只关注震级而忽视烈度,既不全面和科学,也容易对受众造成误导。

在预警和预报方面,媒体报道也存在偏差。2008年6月14日,日本岩手、宫城发生里氏7.2级地震,并未造成太大损害。当日,我国媒体出现《日本气象厅提前10秒预报地震》的消息。2011年3月11日,日本9级地震后,媒体又报道《日本推出地震预警服务 手机可预报地震》。这样的报道让许多受众强化了日本的地震预报能力和地震科学水平高于中国的错误判断。事实上,目前世界上任何国家都没有准确预报地震的能力,日本比中国先进的只是速报或者说是预警。预警发生在震后,预报需要在震前。地震会产生p波和s波,一般来说,p波会先于s波被检测到,这是一个时间差;检测到后,将此信息通过电磁波发送出去,是第二个时间差。日本的相关机构正是通过这两个时间差,对公众进行预警;再加上日本人从小进行的防灾教育,使得他们在接到预警的同时能够迅速作出反应,从而减少了人员伤亡。

与之相关的还有"地震活跃期"和"地震平静期",地震的发生是一个能量积累的过程,积累到一定程度自然会爆发,随后进入相对平静的状态。地震活跃期并不意味着天天有地震,平静期也并非不会发生地震,而是往往会有一些中等级别的地震发生。

三、日本的地震报道

日本位于亚洲东部,处于环太平洋地震带范围内,多山地,地热资源丰富。由于地理条件和气候因素,日本是全球自然灾害多发的国家。据统计,全球每年10%的地震、20%6.0级以上的地震发生在日本。日本内阁府资料显示,在

1994~2003年世界发生的960次6.0级以上地震中,发生在日本的有220次,占22.9%;日本有108座活火山,占全球数量的10%;台风和季节性暴雨也经常光顾日本,因此,每年都有洪水和泥石流灾害发生。近年来比较著名的地震有1995年的阪神地震、2008年的岩手宫城地震、2011年的东日本大地震等。其中,2011年3月11日当地时间14时46分,日本东北部海域发生里氏9.0级地震并引发海啸,造成重大人员伤亡和财产损失。地震造成日本福岛第一核电站1~4号机组发生核泄漏事故。4月1日,日本内阁会议决定将此次地震称为"东日本大地震"。该地震为日本有地震记录以来发生的最强烈地震,15843人死亡,3469人失踪。该次地震是集地震、海啸、核泄露于一身的三重灾难,或称复合灾难,不但引起了日本媒体的重视,也是当年世界各国媒体报道的重点事件之一。

1961年11月15日,日本政府制定并颁布实施了《日本灾害对策基本法》,将灾害定义为因暴风、暴雨、大雪、洪水、满潮、地震、海啸、火山喷发等异常自然现象或大规模的火灾、爆炸及其他在破坏程度上与上述情况类似的由政令规定的原因所造成的破坏,并且规定日本广播公司(NHK)是国家唯一指定的公共新闻机构,有义务向全国民众传达国家气象局、政府内阁以及各市、县、镇的医疗单位、电、煤气、水等有关生活信息。日本《广播法》第六条第二项同时规定:日本的商业电台在暴风、暴雨、洪水、地震和大规模火灾等灾害发生时,必须进行有用、有效的防灾救灾广播,作为当地政府指定的"地方公共机构"。这些法律规定赋予了公共媒体和私营媒体在灾害新闻播报中义不容辞的责任和义务。

(一)与政府部门密切配合

日本广播公司与日本气象厅紧密合作,第一时间通过广播、电视向公众发布地震预警信息。

日本气象厅把全国分为152个区域,规定震度在3度[①]以上的地震要在地震发生后2分钟内播报;如果地震引发海啸,则将预计海啸到达的时间、区域、强度等信息在地震发生后3分钟内公布;在地震发生后5分钟内发布全国300处以上地震观测点观测到的各地震度。

[①] 震度是地震的烈度,与震级有关,也与震源深度、震中距离及地震波通过的介质等多种因素有关。震度为3度时,少数人有感觉,仪器能记录到;震度为4~5度时,睡觉的人会惊醒,吊灯会摇摆;震度为6度时,器皿倾倒,房屋轻微损坏;震度为7~8度时,房屋被破坏,地震裂缝;震度为9~10度时,桥梁、水坝被损坏,房屋倒塌,地面破坏严重;震度为12度时,发生毁灭性的破坏。

按照法律规定,地震发生后由日本广播公司对外公布信息。地震震度越大,日本广播公司播报的力度和范围也就越大:当震度小于3度时,日本广播公司地方分支机构作出反应,电视综合频道将在节目进行过程中打出地震报道的字幕,广播第一套将在节目中插播地震消息;震度大于3度时,日本广播公司在全国范围内作出反应,电视综合频道及卫星电视第一、第二频道进行实时字幕播报;当震度达到6度以上时,日本广播公司综合频道、教育频道、卫星第一频道、第二频道、高清频道以及广播第一套节目、第二套节目、调频广播等所有广播电视频道都会中断日常节目,插播地震的临时新闻。

为更准确、及时地向公众发出灾害预警信息,日本广播公司开发了一套发送气象厅发布的地震警报的系统,并于2007年10月1日投入运行。当地震发生时,该系统可以通过日本广播公司的12个无线电广播和电视频道向全国范围内发出警报。日本广播公司在全国72个场所设置了震度计和电脑系统,地震发生1分钟后地震信息就可以通过网络传回东京总部。总部在接到信息后立刻安排相关人员进行地震速报;地震发生2分钟后,气象厅的"紧急震度"传到广播公司时,地震播报人员已经做好准备。电视节目中播出地震字幕消息的同时还会播出显示震度分布的"紧急震度地图"。地震发生3分钟后,当海啸警报送达后,日本广播公司会根据海啸发生地域、强度、登陆时间等信息,制作视频画面加入到灾害播报内容中。地震发生5分钟后,广播公司播报各地震度和海啸第一波的观测结果等信息。由于电视台的地震速报几乎和气象厅传来的情报同时播出,所以播音员必须在地震信息播报后立即进行适当的评论。为此,日本广播公司开发了将气象厅传送来的消息自动转换为播报员演播稿的系统。利用该系统,气象厅的消息在10秒钟左右将会自动转换为演播稿。

随着时间的推移,来自政府临时成立的消防本部的信息——地震受灾市民的死亡、失踪、受困、灾情等信息——全部汇集到电视台,并在第一时间获得播出,"东京一所学校发生人员伤亡,当时校内正举行毕业典礼";"地震造成地面出现巨大裂口";"地震引起炼油场爆炸起火";"海啸吞没海边住宅区、淹没机场";"日本东北地区受地震影响大范围停电";"日本横须贺基地所有自卫队舰艇受命驰援震区"……这与政府和媒体之间畅通的信息沟通渠道直接相关。

商业广播电视公司虽然没有日本广播公司那样覆盖全国的完备体系,但也会充分利用自身的区域传媒优势,播出为地方公众服务的信息和节目。

(二)建立快速反应机制

日本各媒体都设立有自己的灾害防治体系,新闻制作、传输及报道、后勤保障等有着明确的分工,遇到紧急情况时各部门能迅速组织起来开展工作。

日本广播公司制订了《日本广播公司防灾业务计划》,就灾害报道的诸多事宜制定了周密的实施细则,包括"特殊运作"和"节目编成"两大部分。所谓"特殊运作"指以日本广播公司总裁为首设立的灾害对策总部,采取紧急措施(制作播出设备的调配、通信系统保障等)、恢复制作和收看常态等;"节目编成"指发出紧急预报信息、制作播出相关新闻、解析防灾政策、安定民心教育和娱乐节目制作等。

为更准确、及时地进行灾害报道,日本广播公司将11架安装有高清数字摄像设备的直升机分散在日本境内的9个基地。在东京和大阪的基地,机师、摄像师以及设备操作人员实行24小时待机制度。公司自主研制开发的"skip back recorder"录像装置可以将地震发生全过程记录下来,即使在断电的情况下也能正常工作。1995年阪神大地震的图像就是由这一装置记录的。此外,该公司还在日本400多处场所安装了24小时自动监控摄像机,各个地方支局可以遥控。这样,无论何地发生重大灾害,日本广播公司都可以获得第一手图像资料。

东京的几家大广播电台也制定了一系列危机管理措施:一旦演播室里的地震仪显示震级为3级或4级以上,则立刻在广播中播送地震信息,之后,迅速电话采访气象局、交通部门、警察局等部门。为了在紧急事件播报中不慌乱,日常就要准备好届时需要的若干采访部门、负责人的电话,建立灾情报道和防灾减灾网络。有的电台与社会上的服务机构联手,力求在第一时间获取灾害事件信息及后续报道信息;为建立灾情信息收集系统,有的电台建立了"出租车防灾报告人制度"和"美容美发店防灾联络制度";有的电台在一些单位和学校建立安全信息服务系统,并通过移动通信运营商提供"灾害专用留言板服务"等方式及时播放灾情信息。①

2011年东日本地震发生时,日本广播公司正在转播国会参议院决算委员会会议,突然警报响起,随后主播进行地震预警播报。两次紧急预警播报后,电视

---

① 张彩、曹璐:《重大灾难事件中的日本广播——从"广播救了灾难大国日本"谈起》,《现代传播》2008年第2期。

主播进行了更为详细的地震报道。除日本广播公司外,其他电视机构也都在地震发生5分钟内作出了及时反应,各媒体播报地震与地震发生的时间差分别为:日本广播公司54秒、NTV2分30秒、TBS2分30秒、朝日电视台3分01秒、テレ东3分17秒、富士电视台4分58秒。

此外,为了更好地完成灾害报道,日本广播公司还通过对新闻和技术部门工作人员甚至管理层和销售人员的培训,提升员工的防灾意识。该公司的所有员工都要参加年度地震训练或其他类似训练,以便在有大灾难发生时,每个人都能支持灾害新闻报道。日本广播公司报道局特意安排近300名记者、编辑居住在距离日本广播公司放送中心方圆5公里范围内;这些人员还要定期进行徒步到达日本广播公司放送中心的"非常时刻训练",以此保证上述人员能够迅速到达电视台,随时奔赴新闻现场。事实上,当日本阪神大地震爆发时,日本广播公司的许多员工就是在他们家中或上班途中向公司发布报道的。

发生一般灾害时,日本广播公司下属的9个电视频道、3个广播频道进行播报;发生大灾害时,公司下属所有电视台和电台不停地进行连续报道。灾情发生时,节目制作都是在具有防震构造的建筑物内进行的,并配有e-mail信息确认系统,以便及时掌握单位内各部门、各位员工是否安全;反复试拨灾害时通话号码"171",以备紧急状态下通话畅通;同时补给燃料、储备供7天用的食品及饮用水,以防万一。完备的预警系统,配合业已形成的强烈防灾意识和有保障的先进技术,使日本的电视地震报道已经由传统的"灾后结果型"过渡到现代化的"灾害预报型"。①

无独有偶,日本静冈新闻社每年3月和9月,都会针对假想发生的"东海地震"在全社内部进行训练,检验e-mail信息确认系统的安全性,进行紧急地震速报系统的使用以及基于直升机与渔船运送报纸的捆包运送训练。静冈新闻社、静冈广播电视公司建立的地震应对制度实行"四本部制",即以社长统筹负责的地震应对室为指挥核心,领导情报统计汇总部门及报社分支机构,下设报纸本部(由编辑部、制作技术局、印刷局、销售部等部门具体支持)、发行本部(由发行销售部门、新闻传输部门、事业局等部门具体支持)、广播电视本部(由报道制作局、电视局、广播局等部门具体支持)、支援本部(由社长室、总务局等部门具体支持)四个本部,分工配合进行地震时期的新闻报道。②

---

① 王欢:《日本"3·11"强震电视报道解析》,《当代电视》2011年第6期。
② 张光辉:《日本的灾害防治机制与应急新闻报道及对我国的启示》,《河南社会科学》2009年第11期。

(三)报道追求全面、客观

灾害发生后,外界很难在第一时间了解受灾严重地区的情况,受灾较轻的地区因为采访便利更容易进入公众的视野。另外,灾害发生初期各相关部门提供的数据信息也很难确保完整、准确。这种情况下,关键不是等待公布正确的受灾数字,而应搜集受灾地区的详细状况,发布给公众,以点滴来逐渐拼凑完整的受灾图景。为此,日本电视媒体提出"鸟之目,虫之目"①的采访方式。"鸟之目"是指利用直升机俯瞰受灾地区的整体状况。新潟中越地震时,直升机俯拍直播了各町村遭受地震重创的情形、坍塌的墙壁、损毁的道路等情况,将受灾的整体面貌呈现出来。同时,电视机构向受灾地区派出现地记者,从微观层面搜集受灾地区的所见所闻进行报道,这就是所谓的"虫之目"。

日本媒体还将灾害发生后的情况分为不同阶段,针对每个阶段的不同特点,确定报道的内容和重点。以地震报道为例(见下表):

表2—1　日本媒体灾害报道分阶段报道

时期	特征	报道重点
突发期	剧烈摇动引起人们恐慌,人们急于知道发生了什么,怎么办才好。	＊进行地震消息速报:地震的规模、震源、是否会引发海啸、各地的震级、余震消息等。 ＊播报行动指示信息:提醒居民"先把煤气关上!""慌张地跑出去很危险,请冷静地行动!",引导民众沉着、冷静地应对灾难。
扩大期	建筑物损坏,火灾发生,受灾程度加大,出现人员伤亡。	＊及时播报余震的消息。 ＊呼吁受灾群众采取措施防止次生灾害发生。 ＊随时播报获知的各地灾情、人员伤亡情况以及市政设施破坏情况。
救援期	救援活动展开,受害者被紧急疏散。	＊播报警察、消防、自卫队等的救援活动。 ＊播报关于基础设施损害与修复的消息。 ＊播报与受灾群众息息相关的各种信息,如水和食物配给信息。 ＊如果通信设施中断,还要播出亲人是否平安的信息等。
修复期	受灾地区开始正式进入重建,受灾群众也开始恢复日常生活。	＊报道政府的重建政策及行动。 ＊监督重建过程中的问题,反映民众需求。 ＊引导民众健康、正常地生活。 ＊对灾害防治和救援进行反思等。

---

① 〔日〕小田贞夫:《紧急灾害报道》载于《现场放送学》,学文社1996年版,第27页,转引自于沛然:《日本电视媒体地震灾害新闻报道研究》,中国传媒大学硕士学位论文,2009年。

(四)报道体现人文关怀

日本媒体认为,灾害报道是为受灾者服务的报道,报道的初衷是为了保护受灾者的生命和财产安全。因此,在灾害发生时,要把公共利益放在第一位,所有的报道都要在不影响救灾的情况下,以保护国民生命、财产安全为重点。

在灾害发生前,尽快播出警报,提醒民众做好防护,呼吁老年人、残疾人等避难;灾害发生后,及时播报受灾情况、开展救援活动的内容;救灾过程中,注重向受灾者提供有用的避难、生活信息,向社会各界提供紧缺物资信息,促进救援和重建工作的开展。其灾害报道主要围绕三方面的信息展开:受灾情况、平安消息和生活信息。其中生活信息指水、电、气、通讯等基础设施的损害和修复状况;医院、学校、商店的情况;交通的运行、道路的畅通等受灾者急需了解的各种情况。为避免国民的不安情绪扩大,日本媒体向来重视在报道重大灾难时尽量克制、理性地进行报道,也就是所谓的"安心报道"。

在2011年3月11日东日本地震发生后,我们在电视直播中看到头戴安全帽的NHK新闻主播在进行播报时,一直保持平和的语气及镇静的神态,没有紧张或是其他感性的表现。为了安抚民众情绪,播音员信息播报的语速也比平时每分钟慢了100字左右。现场报道的记者虽然声音颤抖、急促,但仍尽力保持冷静,且会不时提醒民众"请确认您所在的位置是否安全、是否结实"等。

与之相应,记者没有刻意报道灾区的惨状,而是反复播报与当地民众有关的有用信息(如天气预报、震级震源情报、避难所内水和食物的储备情况、灾区紧急通讯方式等)和灾民死亡人数及安置状况、房屋财产损失的具体数字等内容。核电厂爆炸之后,日本媒体着重报道的是受灾民众的镇定有序、坚强隐忍、互助自救、共克时艰的积极态度,如按序排队几小时报平安的民众、各取所需紧俏的免费食品、废墟中寻亲的老人、丧失家园父子的背影、严寒中搜索的救援者、避难所优先照顾的老人孩子、失散重逢相拥而泣的亲人等。

与我国某些媒体的报道不同,日本媒体在地震之后较少采访救援人员(为了不干扰救援)和受害者家属(为了不给他们徒增悲伤),更不采访募捐活动(认为这是企业的社会责任或企业宣传,不应当占用新闻时段)。东日本地震后,虽然日本五大电视网全线出击,但电视上未出现任何死者画面;玩具般漂在海水中的大量汽车里也都是空的;偶尔有逃生民众被水冲倒的时候,镜头会马上移开;一旦发现尸体,救援人员会用蓝色塑料布把尸体周围围起来,不让媒体拍到。

正如一位日本广播公司新闻制作人在接受《南方周末》记者采访时所说的那样，作为公共媒体，"最重要的是向收视者提供他们最需要的信息，比如哪些人还没有转移到安全的地方，哪些地区需要注意余震的出现，核电站周围放射性物质的具体数值是多少"[①]。为方便在日外国人能够更好地了解地震信息，日本广播公司的广播使用日语、英语、汉语、韩语和葡萄牙语五种语言对地震相关信息进行播报。

---

① 姜弘：《NHK这样报道大地震——专访NHK综合台新闻制作人》，《南方周末》2011年3月30日。

第三章 事故灾难报道

按照《国家突发公共事件总体应急预案》的规定,事故灾难是指在工厂、矿产、商品贸易、交通运输、建筑等领域突然发生的,造成或者可能造成重大人员伤亡、财产损失、生态环境破坏、严重社会危害以及危及公共安全的紧急事件,主要包括工矿商贸等企业的各类安全事故、交通运输事故、公共设施和设备事故、环境污染和生态破坏事件等。

在美国,事故灾难被称为紧急事件,是指由总统决定的,有需要联邦救援或以增强州和地方的能力来挽救生命,保护财产、公众健康和安全,或者转轻或转移来自合众国任何地方的灾害威胁等情况的任何场合或事件。

事故灾难具有以下几方面的特点:

1. 人为性

事故灾难比自然灾害更强调人的能动性,其产生往往是由人类活动造成的。海恩法则指出,每一起重大的飞行安全事故背后有 29 个事故征兆,每个征兆背后有 300 个事故苗头,每个苗头背后有 1000 个事故隐患。简单讲就是"事故背后有征兆,征兆背后有苗头"。

2. 偶然性

人们常说,"天有不测风云,人有旦夕祸福",就是强调事故灾难高度的危险性、突发性和偶然性特征。一般来说,事故灾难具有不确定性,发生的时间、地点、程度等具有不可预测性,事态变化、发展趋势、影响也难以预测。

3. 关联性

危机事件各要素之间存在相互依存、互为因果的关系。对某一个事件的报道往往会影响到多个相关领域,一次事件往往可能因多米诺骨牌效应引起巨大的连锁反应。例如在一些地方,煤炭资源的过度开采、无序开采导致矿难频发,煤矿超产—发生事故—停产整顿—进一步超产—再次发生事故,进入一种恶性循环的怪圈,这种恶性循环也在一定程度上影响了中国矿产资源的可持续发展。

事故灾难的划分可以有多种方式,中央财经大学中国发展和改革研究院案例与调查评价中心按照事故造成的死亡人数将事故灾难等级划分为一般事故(一次死亡1~2人)、重大事故(一次死亡3~9人)、特大事故(一次死亡10~29人)和特别重大事故(一次死亡30人以上)四类;也有根据事故灾难发生的行业领域将其划分为工矿商贸事故、火灾事故、道路交通事故、水上交通事故、铁路交通事故、民航飞行事故和其他事故。

经济和社会转型期是安全事故的高发期。近年来我国每年发生的各类事故在100万起左右,死亡人数达14万人,造成的经济损失每年约在1500亿元人民币以上,约占GDP的2%,其中以交通事故和矿难最具"中国特色"。我国一年中发生的各类事故所导致的死亡人数,除道路交通事故外,工矿企业事故所占比例最大。在工矿企业中,煤矿占53%,非煤矿山占15%[①],其他占32%。

第一节 事故灾难报道的发展

一、事故灾难报道的历程

新中国成立初期,经由媒体报道的大型事故灾难十分罕见,国家对各种灾难性事件具有很强的控制力。

事故灾难报道突出救灾,极力塑造典型人物与先进事迹。50年代后报道的重点在于事故发生后人的表现,宣传在事故中为保护国家和集体财产不怕牺牲的英雄。在这一阶段的媒体报道中,事故报道约等于讲英雄故事,从而涌现出大量的事故英雄。

1975年8月,河南省驻马店地区数十座水库因为洪水而垮塌,"造成23万多人死亡,其中10多万人因事故直接死亡,后续因缺粮、感染、传染引起的死亡

---

① 郑杭生主编:《中国人民大学中国社会发展研究报告2004 走向更加安全的社会》,中国人民大学出版社2004年版,第153页。

达 13 万。1100 万亩农田受到毁灭性的灾害,1015 万人受灾,经济损失近百亿元"①,该事故被美国探索频道(Discovery)评为世界历史上人为技术错误造成的灾害 TOP1,其惨烈程度甚至超过了前苏联的切尔诺贝利核电站爆炸事件和印度的化工厂泄毒事件。② 但该事件的相关消息一直被封锁,处于绝密状态,直到 2005 年相关文件解密后才被世人所知。

  1980 年,媒体对"渤海二号"沉船事故的报道是对此类事件报道的一个重要突破,打破了以往事故灾难"报喜不报忧、事故出英雄的"坚冰。1979 年 11 月 24 日,我国石油部海洋石油勘探局"渤海二号"钻井船按作业计划驶向新的产油区,因遭遇强台风,11 月 25 日"渤海二号"沉入海底,船上 74 人全部落水,死亡 72 人,总计损失高达 3700 万元人民币。事故发生后,由于中央领导对该次事故迟迟没有表态,尽管《天津日报》的记者已经完成了采访,但报社领导仍决定不对外报道;《工人日报》记者采访之初,相关责任者将事故原因和性质总结为"气象突变,突遇大风,事故不可抗拒""指挥无误""抢救英勇",随后则拒绝接受采访,反对公开报道。其后,该局不但未对该事故原因进行深入反省,反而把"丧事当作喜事办",搞起了"大总结,大评比,大宣传,大表彰",隆重召开遇难同志追悼大会,提出追认英雄、烈士,并命名"渤海二号"钻井队为"英雄钻井队",以掩盖自己的错误。新华社天津分社记者就此事撰写了 30 多条内参。直到 1980 年 7 月,媒体才打破了此前"重大事故不见报"的禁令;新华社记者与《人民日报》记者合作,写出披露"渤海二号"沉船事件的第一篇公开报道。该报道于 7 月 21 日发稿,次日见报,题为《石油部海洋石油勘探局忽视安全工作 违章指挥蛮干造成"渤海二号"钻井船翻沉重大事故》。③ 在媒体一系列关于"渤海二号"沉船事故的报道中,《工人日报》的《渤 2 钻井翻沉事故说明了什么》最为深刻、详尽地报道了悲剧的真正原因,提出这次事故绝不是偶然的,而是领导长期不重视安全生产、不尊重科学、不严格执行规章制度的必然结果,因而在相关报道中最具影响力。

  1980 年第 10 期《新闻战线》刊登了《要有向群众讲真话的勇气》等三篇文章,认为"渤海二号"沉船事故的报道"首先是突破了长期以来重大事故不见报的条条框框,在报纸上比较详细地揭露了这起大事故的真相。其次是突破了报

---

① 《75 年河南水灾:滔天人祸令十万人葬身鱼腹》,http://news.ifeng.com/history/1/midang/200808/0810_2664_710030.shtml。
② 工人日报"渤海 2 号"事故报道组:《要有向群众讲真话的勇气》,《新闻战线》1980 年第 10 期。
③ 刘宪阁:《新华社最早内参急报渤海二号沉船事件》,《青年记者》2013 年第 16 期。

刊批评只'打苍蝇,不打老虎'的状况。三是找出了工业战线'左倾'流毒的典型,通过揭示'渤2'事故深刻的根源,把阻碍四化建设的重大问题鲜明地提到广大读者面前"①。

  1987年5月6日,黑龙江省大兴安岭地区的几处林场同时起火,成为新中国成立以来毁林面积最大、伤亡人员最多、损失最为惨重的一次灾难。《中国青年报》派出的记者组虽然不是最早到达火灾现场的,但坚持到了最后。该报记者经过历时30多天的艰苦采访后,于6月24日至7月4日刊发了三篇整版的调查性报道《红色的警告》《黑色的咏叹》《绿色的悲哀》。其中,《红色的警告》记录了灾难中人与社会的关系,写了在熊熊大火中仍然热衷于开会、讨论、扯皮的官僚主义者们,写了"大火不报、支持不要"的那个泼辣果敢却又缺乏科学知识的女县长,写了废墟中如耻辱柱一般矗立的县长家的红瓦房;《黑色的咏叹》叙述了火灾背景下的人物命运和人在极端场合下的表现;《绿色的悲哀》则前瞻性地探讨了人与自然的关系,揭示了这场灾难的生态原因。这一组报道获得了当年的"全国好新闻"特别奖。《中国青年报》针对大兴安岭火灾的"三色报道"开了以大特写、深度报道、连续报道的方式干预生活、对灾害奋不顾身作本质反映的先河。此后,媒体对事故灾难的反思性报道开始增加。

  目前,国家安全生产监督管理总局根据中央要求形成了三个层次的信息披露机制:一是每个季度定期举办国务院新闻发布会,公布全国安全生产形势;二是国家安全生产监督管理总局调度中心接一次死亡30人以上的特别重大事故快报后,通知该局新闻处,组织中央媒体采访;三是国家安全生产监督管理总局参与调查的事故,将组织事故现场新闻发布会,及时披露事故救援进展等信息,并常设新闻发布会的披露机制,指定专门的新闻发言人,定期发布安全生产状况和形势。此外,还有一些地方部门也分别出台建筑等领域的"安全曝光台""安全阳光台"等。

  各级各类媒体也逐渐形成了事故灾难报道的简洁规范模式:先报道事故的基本新闻要素——地点、事故、调查后的死伤人数等,然后是各级领导紧急奔赴事故现场指挥抢救、看望伤员及家属以表示深切关怀,再报道中央就此次事故作出的重要批示,要求全力抢救伤员、安抚家属、维护稳定、查清原因、追究相关人员的责任。这种模式的优点是报道按照公众对信息的需求程度和事件的处理进展逐步深入,层次清晰,可操作性强;缺点则是报道的模式化严重,如果替

---

① 刘宪阁:《新华社最早内参急报渤海二号沉船事件》,《青年记者》2013年第16期。

换一些相关人名、地名和事故原因,呈现出来的报道主体差异不大;记者在用局外人的眼光看待悲剧的受害者,人文关怀体现不足。

二、事故灾难报道的突破

在所有新闻报道中,事故灾难报道是情感最丰富的报道之一,它几乎包含了人类所有最基本的情感。① 从目前对事故灾难的报道的内容上看,大多为预防和减少事故取得的成绩、积极处理事故的举措和典型人物的事迹;报道方式上,则以正面报道和典型报道为主。②

(一)及时报道安全事故最新动态

近年来,媒体对事故灾难报道的速度大为提升。以 2010 年上海"11·15"特大火灾报道为例,据事后官方发布的起火时间不到 5 分钟(14 时 20 分),网友"蔡强尼"就在新浪微博发布消息:"隔壁的隔壁失火了,我已经先报警了!"14 时 30 分,上海本地媒体新民网进行了第一条独家报道:"静安区胶州路 728 号一栋 28 层楼高的高层居民住宅发生火灾。"14 时 47 分,新浪微博"头条新闻"根据新民网消息整合发布"上海余姚路胶州路一栋高层住宅脚手架起火"。其后,传统纸媒的新媒体迅速跟进。15 时 12 分《东方早报》微博发布来自"头条新闻"的消息;15 时 17 分《新闻晨报》发布了来自新民网的消息。

15 时 33 分上海广播电视台第一财经频道在正在播出的节目中滚动播出报道,随后在《市场零距离》中播出口播新闻,并与记者电话连线。新闻频道则于 16 时的《新闻快报》首次对火灾救援进行播报,38 分钟后,推出《上海胶州路高层住宅火灾直播报道》;同时连线前方记者同步报道火灾现场救援情况、采访伤员救治情况、联系上海警务航空队相关负责人解读救援措施等,直播持续到 18 时。SMG 电视新闻中心出动了三批记者、三辆卫星直播车,甚至动用了直升机进行航拍。

次日,上海《新闻晨报》推出包括头版在内的 9 个版的专题报道;《东方早报》推出包括头版在内的 12 个版;《青年报》推出包括头版在内的 7 个版,以醒目的照片、形象的图标再现火灾现场,详尽叙述了火灾的背景、经过、救援等,生动讲述了市民逃生自救的故事,并根据网上帖子推出寻求失踪者的信息。

---

① 宋雯:《略论灾难报道中的情感把握》,《报刊之友》2000 年第 4 期。
② 夏长勇:《我国四类公共危机传播现状与发展态势》,《新闻与写作》2009 年第 11 期。

由此可见,新闻媒体借助新媒体的优势,对事故类突发事件的反应速度已经大为提升,如火灾发生一小时后,经过微博获知火灾相关信息的受众已有数万人。

(二)关注受害者、关注生命

以往相关报道关注的对象主要是政府的救援行为以及对责任者的追究和惩罚,受害者及其家属作为救援对象往往被客体化、对象化。近年来,媒体报道的重点逐渐转向受害者。媒介通过文字、图片或画面表现生存者的惊恐和遇害者家属的悲恸,及时地将受众关注的焦点转移到受害者、幸存者身上,大大激发了全社会的人道主义情感。

2004年河南郑煤集团太平矿瓦斯爆炸事故发生后,《新京报》在10月22日发表了题为《获救矿工讲述逃生过程:8分钟才爬到几米远井口》的新闻,通过采访5名幸存矿工,以他们的口吻和视角为读者展现出一幅艰难的逃生图。2010年上海"11·15"特大火灾发生后,上海《东方早报》和《新闻晨报》于11月17日以庄重、素净的版面,刊登了来自灾民安置点公告栏的部分遇难者和失踪者名单。网友对这两家媒体的举动表示充分的肯定,认为此举动直接体现了对平民生命的尊重。

(三)强化舆论监督

广西南丹矿难发生后,人民日报社广西记者站的记者们第一时间以"任桂瞻"("人民日报驻广西记者站"简称谐音)的集体笔名,在人民网刊发第一篇原创报道《广西南丹矿区事故扑朔迷离》,并将内参通过总社以《人民日报》标有"特急"字样的"信息专报"送达中央,之后国务院总理朱镕基作出了明确而严厉的批示。已被当地掩盖了17天的重大事故终于被揭了盖子。《人民日报》及《人民日报·华南新闻》连续不断地刊出了20多篇消息和通讯,特别是人民网,先后刊发了100多篇报道和10篇述评,时任总理朱镕基曾多次指出"没有记者来揭露这件事,就冤沉水底了"。国家安全生产监督管理局负责人证实,《人民日报》记者揭露的南丹特大矿难,是我国第一例首先由新闻记者揭露的重大灾难事故。以往的重大事故都是中央国家机关既已获悉,而后,新闻界再作深入采访报道,而南丹矿难由于地方官员与矿难老板相互勾结和恶意隐瞒,使中央在长达半个多月中无法知情,在《人民日报》记者冲破铁幕写出内参和报道后,事情才败露并受到严肃查处。① 这次舆论监督促进了中国的立法特别是国家安全生产法的立法进程,半年之后颁布的《中华人民共和国安全生产法》中的很多条款吸取了南丹矿难的教训。

(四)增强对灾难的深度反思

上海"11·15"特大火灾发生后,《三联生活周刊》刊发了主题为《58个生命警示了什么:谁的城市?》的封面故事。《"意外"火灾与灭火极限之痛》《一位建筑师眼中的胶州路大火》《一座城市如何长大?》等深度报道,反思了在这样一起付出了沉重生命代价的悲剧发生后,我们该从中获得什么,对火灾的直接原因进行了深度透视,对城市管理者眼中的盲点提出了质疑。报道认为如何保障人居住的安全、如何使城市更有居住的温暖与舒适,应该成为我们谋求发展最重要的前提。

三、事故灾难报道的策略

(一)提升几种意识

首先,要有责任意识,在事故发生后进行迅速、及时的报道,减少谣言传播的机会和可能。

其次,要有人文意识,关注事故的受害者。在事故灾难报道中,媒体报道所关注的重点在一定程度上应该与公众关注的重点相契合,以体现媒体的人文关怀。"悲悯性是悲剧报道(包括事故报道在内)中最普遍的特征,是指由报道对象的悲剧所产生的悲泣与怜悯之情带来的一种审美情感",通常是"由于看到灾祸降临到不应遭受的人头上而引起人们的怜悯和同情"②。

再次,要有科学意识,在报道灾情进展和善后工作的同时,不应只停留在简单呈现客观事实的层面,还应该对灾难产生的原因作出科学的解释,并把预防措施和脱离险境的办法告诉受众。

最后,要有反思意识,防灾减灾,重点在防。无论灾后救援如何及时,造成的人员伤亡、财产损失都是难以挽回的。媒体应不断提醒受众预防为先,防患

---

① 郑盛丰:《南丹矿难的成功揭露留给人们的启示》,《新闻战线》2003年第9期。
② 邓利平:《审美视野中的新闻传播》,新华出版社2002年版,第129、355页。

于未然。如新华社记者在新华网发表的《对生产事故频发的再思考 无法省却的安全成本》对造成我国生产事故频发的因素既进行了科学分析,又对从根本上解决这些问题进行了科学阐述。文章在谈到事故预防时,提出了一个科学的公式:1元事前预防＝5元事后投资。文章最后引用专家建议:近期加大安全生产投资力度,进而逐步使安全生产投资达到国民收入的1.5%左右(20世纪末中等发达国家水平),同时改进安全生产资金的管理方式。只有企业自身重视安全生产,加大安全投入,才能形成长久的安全机制。这就给社会提出了一个解决事故问题的重大方法:预防事故,绝对不能节省安全成本。

(二)理性深入新闻现场

一般来说,一次事故发生后,大家最关心的是这是一次什么样的事故,有多少人在事故中遇难或失踪,伤亡多少。因此,记者要告诉受众三个方面的信息:一是事故抢险、救援进展情况;二是事故原因的调查情况;三是事故善后处理情况。

记者在赶赴现场采访之前,一般先要做些案头工作,首先弄清事故发生的不同原因及特征,如对各类矿难要分清什么是瓦斯事故,什么是透水事故,什么是冒顶事故,然后再选择最快的方式到达事故现场。

到达现场后应当着力了解并向受众呈现以下基本信息:(1)事故伤亡人数确定没有,会不会有变化?(2)抢险最高指挥是哪一级?重大事故、特大事故、特别重大事故现场指挥的领导级别会有所不同。(3)抢险方案大体怎样?可能会持续多长时间?(4)能不能掌握抢险进展最新情况?(5)会不会有人被救?

记者深入灾难发生的现场后,要用心、用情亲身体验和感受灾难带来的不幸,密切关注事故死者身份的确定和家属安抚工作的进展以及伤员的脱险情况,同时注意新闻的情感和客观事实的平衡性,尽量避免将自己的主观态度和情感强加于受众,用新闻事件、新闻事件中所涉及的人物本身体现的情感因素以及对客观事件的叙述和表现来承载媒体对事故的看法和情感关注,而不是去直接抒发情感。

需要着重强调的是:无论记者的采访报道多么重要,都不能干扰当地政府的事故抢险和事故调查工作。

(三)从"报警"到"预警"

对有危险的风险的"感知"决定了人的思想和行为。对已经确定的风险的定义就像是一支魔棒，在一个对自身造成威胁的迟钝的社会，它可以激活政治中心。从这个意义上说，公众(大众传媒)对风险的揭示就成为流行的思想狭隘的"更多同样的事"这一态度的解药。① 新闻媒体最终需要解决两个问题：一是深挖解决类似事故发生的"隐患"，二是消除事故发生后人们心中产生并遗留下来的"隐忧"。因此，媒体报道应客观呈现风险，提醒相关人员加强重视，旨在解决社会问题，促进社会发展的长远目标的实现。

第二节　矿难报道

中国是一个产煤大国，也是一个能源严重依赖煤炭的国家。国家统计局的数据显示，煤炭占我国能源生产总量的比重一直保持在70%左右。与此同时，中国的矿难发生率也较高。从2001年到2004年，我国发生一次性死亡10人以上的特大煤矿事故188起，平均4～7天一起。2003年，我国煤炭产量16.7亿吨，占全世界的35%，矿难死亡人数却占全世界的80%，是矿难死亡人数比例最高的国家。2000年，我国煤矿每百万吨死亡率为5.68，是美国(0.039)的145.6倍，是印度(0.42)的13.42倍。② 其后，我国煤矿每百万吨死亡率有所下降，2002年为5.0，2003年为4.17，但这仍是美国等发达国家的数十倍，也是印度等发展中国家的数倍。③ 我国煤矿生产每年平均死亡人数约6000人，是全球其他产煤国家死亡人数总和的3倍。

矿难也可称矿井事故，是事故灾难的一个子类型，一般指采矿中因为瓦斯和煤尘的爆炸、矿井透水、井下火灾、矿井塌方、顶板塌方等原因而发生的安全事故。在各种矿难中，煤矿安全事故的发生频率最高。从1990～2005年，在死亡超百人的全国重特大安全事故中，矿难就占了40%。从2000～2010年，我国发生死亡10人以上的特大煤矿事故306起，平均每11.9天一起。仅2011年，全国煤矿共发生事故1200余起，死亡近2000人。

多年来，矿难因其自身的敏感性、特殊性和价值性，逐渐成为媒体报道的热点和焦点。但什么是矿难报道，目前学界尚无统一的解释。2005年，《财经》杂

---

① 〔德〕乌尔里希·贝克、郗卫东：《风险社会再思考》，《马克思主义与现实》(双月刊)2002年第4期。
② 程亮亮：《矿难报道的若干问题探讨》，复旦大学硕士学位论文，2008年。
③ 郑杭生主编：《中国人民大学中国社会发展研究报告2004走向更加安全的社会》，中国人民大学出版社2004年版，第153页。

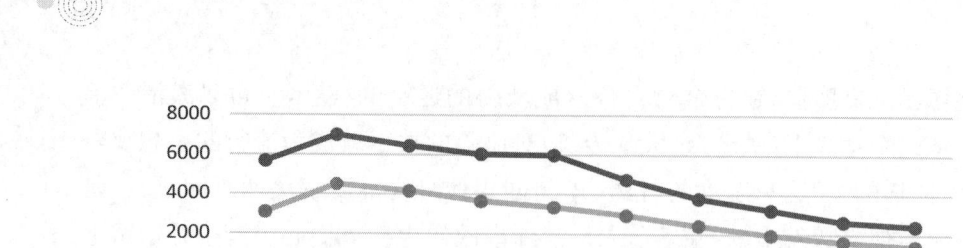

图 3—1　2001～2010 年煤矿安全生产事故数量与死亡人数

志曾将矿难列为年度话题。但事实上,大量矿难被媒体或受众有意无意地忽视了。有研究者发现,从 2000 年 1 月 1 日至 2010 年 3 月 31 日,山西省总共发生了 95 起矿难,真正引起媒体关注并进行大规模报道的只有几个专题,其他的大多数都是新华社发的短讯。人民网在这 95 起矿难中只报道了七起专题,《华商报》只报道了山西繁峙矿难、山西洪洞矿难以及王家岭矿难。①

有研究者认为,矿难报道有广义和狭义之分,狭义的矿难报道就是对某个单独矿难事件本身的报道。诸如某地发生矿难,媒体对该矿难进行报道,内容为伤亡人数、矿难发生原因调查以及赔偿安抚等。广义上的矿难报道,除了对矿难事件本身的报道之外,还包括对整个煤矿产业安全生产、对安全生产煤矿的经验传播以及相关法制建设进程等内容的报道。② 本书以广义上的矿难报道为研究对象。

一、矿难报道的发展阶段

目前我国媒体关于矿难的报道在时效性、信息公开程度、人文关怀等方面已取得了较大进步。与其他类型危机事件的报道一样,对矿难的报道同样可以分为三个阶段③:

(一)改革开放前

这一时期报纸刊登的矿难报道以救灾报道为主,刻意淡化对矿难事件本身

---

① 蒋凌昊:《中国新闻专业主义语境下的矿难报道研究》,陕西师范大学硕士学位论文,2010 年。
② 程亮亮:《矿难报道的若干问题探讨》,复旦大学硕士学位论文,2008 年。
③ 前两个面的分析对象为《人民日报》相关报道。

的报道,多选择对整体矿业的报道。占据头版的报道多是国家关于煤矿生产的会议、相关规定等内容。矿难报道总体时效性较差。如《人民日报》1949年10月27日刊登的报道《两私营煤窑违犯禁令 煤窑塌陷成灾 死伤工人三十四名 两窑负责人员送法院处办》就是对当年10月份发生在京郊的两起煤窑塌陷事故的综合报道。从该报道我们可以看出,矿难报道的模式在这一时期已经基本形成,即先简单介绍矿难的基本情况,再描述矿难发生的原因,最后是政府态度和对相关事件的处理。

50年代中后期以后,矿难报道通过典型报道实现"负面新闻正面做",内容多为救难抗难以及矿难发生后相关单位的改正和改进工作,如《人民日报》1954年2月26日刊登的《开滦煤矿总管理处已设法堵住"两不管的缺口"》等。1959年,《人民日报》甚至全年都未出现一篇关于矿难的报道。

(二) 1979~1999年

这一时期,出现在《人民日报》头版的矿难报道开始增加,如《抓紧扑灭大同煤矿地下火》(1979年3月29日)、《采取有效措施治服超级瓦斯灾害,重庆中梁山煤矿安全生产18年》(1980年8月26日)、《煤炭部召开部分煤矿安全生产会议,强调振奋精神保证安全搞好生产》(1980年9月27日)、《把安全生产放在首位 煤炭部召开煤矿安全电话会》(1983年4月16日)等。头版报道的对象也从各类相关会议扩展到对英雄事迹的报道,如《面对煤井严重透水事故不顾个人安危 张自方抢救二十七名矿工弟兄》(1981年4月30日)等。

总体而言,20世纪80年代前后,我国媒体对灾难事件的报道采取特别严谨的态度,再加上矿主、地方势力和有关官员的竭力隐瞒,媒体关于矿难的报道数量不多,报道力度也不大。但媒体矿难报道的时效性相较于改革开放前大为提高,一些规模大的矿难甚至可以做到次日见报。

我们认为,危机报道的最终目标是为了减少危机的发生。媒体在相对安全的时期对危机、灾害的预防、警醒以及对安全生产的经验的报道有助于实现媒体与社会的良性互动。这一时期,媒体对政府相关部门对煤矿业的警醒和检查、会议等内容的报道呈现较为明显的上升趋势。研究者发现,这一时期在《人民日报》的相关报道中,几乎每一次相对较大的矿难事件被报道之后,都会跟进一篇关于煤炭部电话会议、政府相关部门对已发生矿难事件的关注等内容的报道。①

此外,《人民日报》的相关报道中还增加了一些评论性的报道,以对矿难进行反思,如《安太堡的困惑》(1988年5月17日)、《谁是五阳煤矿渗水淹井责任者》(1989年1月9日)等。

但在这一阶段,矿难报道中对人的关注仍有待提升。矿难事件经常伴随着个体生命和权利的被漠视,反映在矿难报道中就是大力宣传如何为了保护国家资财而不惜牺牲生命、国家资财的价值高于生命价值。

(三)新世纪以来

新世纪以来,《人民日报》等主流媒体对矿难事故的反应速度不断加快,从事故发生到媒体介入报道的时间差不断缩短。1998年1月24日,辽宁阜新煤矿发生特大瓦斯爆炸事件,很多媒体都没有报道,即使进行了报道的媒体也大多只发了一篇消息。如《中国青年报》在事发12天后发表了题为《阜新一煤矿发生特大瓦斯爆炸 78人死亡 事故原因正在调查中》的综合消息。但在新世纪以来,尤其是2002年以后,矿难报道的时效性加强。2002年11月1日颁布和实施的《安全生产法》第67条规定:"新闻、出版、广播、电影、电视等单位有进行安全生产宣传教育的义务,有对违反安全生产法律、法规的行为进行舆论监督的权利。"各类煤矿安全事故发生后相关信息很快就能出现在媒体网站上或广播电视报道中;报纸由于出刊时间的原因一般次日也可以见报。2004年11月29日,美国《基督教科学箴言报》以《中国灾难事故中新的开放》为题,报道了11月28日发生的陕西铜川煤矿瓦斯爆炸事故,并评论说,上午7时10分,铜川瓦斯爆炸,刚过10点,这一事件就成了世界新闻。"对于中国的灾难报道来说,3个小时简直就是闪电般的速度。"②

这一时期的矿难报道具有以下特点:

1. 报道的数量不断增加

一是参与矿难报道的媒体越来越多,二是矿难报道的篇幅增加、稿件数量增多,对事件的关注时间长,后续报道及时且详细。如在2004年11月28日陕西铜川陈家山煤矿发生特大瓦斯爆炸事件中,矿难发生后新浪网开设专题进行报道。从事故发生当天一直到2005年5月12日矿难调查结束,新浪网按事件

---

① 程亮亮:《矿难报道的若干问题探讨》,复旦大学硕士学位论文,2008年。
② 余琴:《〈中国青年报〉近十年来矿难报道研究》,《写作》2006年第9期。

发展进程共转载了 120 多篇新闻,并转载新闻图片 20 多幅;《人民日报》则从次日头版的《胡锦涛温家宝等要求尽最大努力抢救陕西铜川陈家山煤矿瓦斯爆炸井下被困人》和视点版的《陕西铜川陈家山煤矿发生特大瓦斯爆炸》开始,到 2006 年 11 月 30 日的《陕西铜川陈家山、新疆享康神龙矿难 两起重大安全责任事故犯罪案件公开宣判》为止,先后持续了两年时间,刊发了 13 篇报道。

2.报道的内容不断丰富

从早期侧重于关注矿难发生的时间、地点、伤亡情况等危机事件基本信息要素以及对政府救灾和对相关责任人的处理,发展到对政府组织相关调查小组、救援工作的实时进展、对矿工救治情况的关注、对矿难善后工作的跟进、对煤矿安全的反思等,同时增加了对矿井介绍等背景资料的报道,在报道内容不断丰富的同时报道视野也在不断拓宽。

3.报道的形式更加多样

传统的矿难报道多为简讯,且一般以使用新华社通稿为主。进入 21 世纪后,媒体对矿难的报道品种、组合报道的运用手段日益丰富,开始注重全方位、立体化的新闻表达。同时,媒体在矿难报道中图片的使用明显增加;对矿区全景、救灾图片、矿区简笔示意图等的运用使报道更加丰富和全面。

4.报道的舆论监督功能进一步得到发挥

媒体不仅要及时、客观地报道事件的进展,而且还要对矿难事件进行深入调查,并追查矿难背后存在的腐败、渎职乃至制度问题。由于矿难通常牵涉煤矿安全隐患和官煤勾结的现象,因此,在新闻媒体的舆论监督中,政府部门和矿主成为监督的重要对象。2001 年 8 月,《人民日报》对南丹"7·17"事件进行了报道,揭露了被当地政府隐瞒长达 17 天的特大矿难,成为新中国成立以来由记者首先揭露报道的重大生产安全事故。《人民日报》对该起矿难的报道打破了我国新闻界"政府先查处,媒体再报道"的惯例,堪称舆论监督的成功案例。

同时,记者报道越来越直面事故的真相,从"我在现场"向"我在调查"不断深化。媒体的矿难报道已经不再局限于对矿难事件本身的报道和分析,而是开始深入探讨整个煤炭产业背后不合理的政策、政治体制,矿主过分追求经济利益等更为深入的根源。正像有的研究者总结的那样,近年的事故报道体现出"事件—伤亡—善后—预防—问责—制度—立法"的变化轨迹,从最早的关注矿难发生时间、地点等消息,到伤亡情况,到集中报道救援情况,到报道矿难的善后工作,到煤矿安全的思考,到制度层面的探索。①

5. 报道的人文关怀得以加强

2003年之前,媒体和记者在进行矿难报道时主要关注政府的救援活动,作为救援对象的被困矿工及其家属却被客体化或群体化,难以成为报道的主体。即便是以人文关怀著称的《南方周末》也是如此。该报2001年的一篇矿难报道《山西有关部门采取措施处理矿井瓦斯爆炸事故》在最后提到"至17时15分抢救工作已经结束,获救矿工34名,23人死亡。事故发生时井下矿工为湖南、四川、湖北等地的民工"。2003年开始,《人民日报》等媒体在报道矿难时,开始把更多的笔墨和篇幅投注到矿工身上,但起初也只是将其作为一个群体来报道,关注其共性,大多是关于如何被救以及救治情况的信息。《南方周末》相关报道中的矿工形象逐渐发生由群体到个体的转变。该报2003年一篇题为《死亡的代价》的报道,以记者与一名少女矿工对话的形式介绍了矿工危险的工作:"记者问一个女孩:'昨天又死了一个人,知不知道?'女孩表示知道,在这里死个矿工很正常。记者深深感到女孩把危险置之度外背后的悲伤。"

在其后的报道中,媒体报道逐渐关注矿难中普通人的生活状况、被困或死难矿工家属的情况等,将普通人的生命和对生命的尊重作为报道的基调,建构了一种人性话语。如2004年河南郑煤集团太平矿瓦斯爆炸发生后,《新京报》发表题为《获救矿工讲述逃生过程:8分钟才爬到几米远井口》的新闻。通过采访5名幸存的矿工,以他们的口吻和视角为读者展示了一幅艰难逃生图;在王家岭矿难后,《中国青年报》刊出了《为遇难矿工开个追悼会》,《人民日报》刊出了《"我很好",你和孩子还好吗?》等报道。媒体通过文字、图片或画面表现生存者的惊恐和遇害者家属的悲恸,及时把受众关注的焦点从矿难本身转移到矿难受害者、幸存者身上,大大激发了全社会的人道主义情感。

我国的矿难报道从矿难发生地的经济、政治、文化等多个层面对矿难发生的原因进行深层次的分析,将矿难背后的问题一一揭露出来。如2004年《瞭望东方周刊》在报道河南郑煤集团太平矿瓦斯爆炸的原因时,发现"超负荷生产增加了事故隐患",并得出"太平煤矿事故不断与郑煤集团管理不无关系"及"企业的生产安全和工人安全意识薄弱是事故频发背后的主要原因"的结论。

值得一提的是,媒体在进行舆论监督时,没有放弃对媒介自身和媒介行业

---

① 陈世华:《试析国内矿难报道的演变轨迹》,《传媒观察》2011年第1期。

的反省和监督。如繁峙矿难中部分媒体记者"有偿不闻"的报道即是媒体在对矿难事故救灾问责的同时,对矿难中记者职业道德问题的深刻反思。2002年6月22日14时30分左右,山西省繁峙县义兴寨金矿孙涧沟矿井内违规储存的炸药发生爆炸,造成37人死亡。矿难发生后,矿主一方面在向上级汇报时隐瞒事故真相,一方面开始秘密转移遇难矿工的遗体。只有《华商报》和《中国青年报》的少数记者对此事进行了持续挖掘。6月25日,《中国青年报》接到举报电话,随后派出记者赴山西采访。6月28日,《华商报》独家刊发了《山西金矿爆炸数十人遇难》的报道,之后新浪及几家门户网站和国内多家报纸进行了转载。当天上午,繁峙县委县政府开始主动联系记者,并在五台山宾馆召开首次新闻发布会,在场的只有《华商报》和《中国青年报》两家媒体的5名记者。6月29日,《中国青年报》推出记者刘畅、柴继军的系列报道首篇报道《惨剧真相扑朔迷离——聚焦山西繁峙金矿爆炸案》,一步步揭开了矿难真相。随后在山西电视台和中央电视台等媒体参与下,矿难黑幕被层层揭开。2003年9月15日,新华社发布消息:"11名新闻记者在采访山西繁峙矿难过程中,收受当地有关负责人及非法矿主赠送的现金、金元宝,存在严重的经济违纪行为。"这11名记者虽然在《中国青年报》等媒体之前赶到了现场,但选择了"有偿不闻",放弃了记者的职责。《中国青年报》及时、详尽的报道,为案件突破提供了宝贵线索。

但总体来讲,这些媒体关于矿工情况、对矿难发生的制度性缺陷、官员渎职、矿难涉及的官商勾结等的反思性报道的比例相对较少,媒体报道主题的框架选择呈现出来的仍然是"低度的灾害叙述"+"高度的救灾叙述"+"积极的救灾结果"。

二、典型矿难报道

(一)南丹矿难

2001年的南丹矿难经国家安全生产监督管理局负责人证实,是新中国成立以来第一个由媒体揭发出来的矿难。媒体对该矿难的报道导致了广西壮族自治区南丹县从县委县政府到国土资源管理部门128名涉案人员被查处,并促进了中国的立法特别是国家安全生产法的进程。半年之后,社会期盼多年的《中华人民共和国安全生产法》颁布。

2001年7月17日凌晨,广西南丹龙泉矿业总厂所属拉甲坡矿发生了特大透水事故，大量涌入的水瞬间淹没了相邻7个矿井和正在工作面上采矿的81名矿工。事件发生后，由于矿主与南丹县委及县政府主要负责人达成攻守同盟，竭力隐瞒消息，支付所有矿难死难家属高额的"经济补偿"封口。7月31日，人民网刊出了人民日报广西记者站集中署名的报道《广西南丹矿区事故扑朔迷离》。在次日广西壮族自治区书记曹伯纯亲自带队深入到南丹传闻发生矿难的矿井调查时，当地仍死死咬定没有发生任何事故，整个矿井也看不到一丝曾经发生矿难的痕迹。一次特大事故眼看就要沉入水底。8月2日下午，人民日报广西分社记者撰写的内参稿件通过人民日报社总社的《人民日报信息专报》（第66期）[①]送达中央。朱镕基总理作出严厉批示[②]后，由国家经贸委主任李荣融率领的中央调查组一行6人抵达广西南宁，对矿难再次进行深入调查。8月4日，《人民日报》在第二版发表《广西南丹矿区发生重大灌水事故》，该篇报道为主流媒体对南丹矿难最早的公开报道。8月13日，朱镕基总理在贵阳考察时谈到南丹事件说："没有记者来揭露这件事，就冤沉水底了。"（人民日报广西记者站记者先后三次到南丹，累计投入20多人次，耗费100多个工作日。）在整个南丹矿难报道阶段，《人民日报》和《人民日报·华南新闻》先后刊发了20多篇报道，人民网则刊发了150多篇报道和10篇互有关联的述评。

在其他中央媒体的报道中，8月8日，中央电视台记者随事故调查组赶赴广西南丹，并在9月1日的《焦点访谈》中播出了对南丹矿难的相关报道；12月8日深度调查《南丹矿难内幕》在《新闻调查》节目中播出，媒体关于南丹矿难的报道告一段落。

以下为关于广西南丹矿难的第一篇报道和第一篇传统媒体的报道，分别于2001年7月31日和2001年8月4日由人民网和《人民日报》首报。

[①] 《信息专报》是由人民日报内参部主编、2000年10月创刊（2005年3月前由人民日报总编室主编），只通过保密传真、专传中央办公厅和国务院办公厅的机密级刊物，其报道内容主要在第一时间上报，可能影响全局、影响稳定的政治、经济、社会、外交等重大问题，特别是一些重大突发事件、安全隐患等。

[②] 朱镕基总理批示："请邦国、罗干同志批示，并报锦涛、健行、岚清同志。看来可信。如此重大事故必须查个水落石出，严厉打击黑恶势力勾结官员，草菅人命。当前首先要排除一切阻力，查明遇难人员。请经贸委、公安部牵头组织力量坚决贯彻落实。（此事外国媒体广泛报道，并附有照片。）抄送曹伯纯、李兆焯同志。"（见《朱镕基讲话实录》第四卷第224页）

广西南丹矿区事故扑朔迷离

人民网 2001 年 7 月 31 日

网上已经传播得沸沸扬扬的广西南丹县矿区发生事故造成约 200 人生死不明一事，因媒体记者无法进入事故地点采访，至今很难获得准确信息，社会对此的说法也差异很大。

记者通过"民间"渠道，包括向当地与这一事故无关的其他矿老板、在南丹县及管辖南丹县的河池地区工作过的有关人士及熟知当地的有关媒体同行了解这一情况，得到的回答都认定这次事故死亡人数可能不少于 100 人。但记者向南丹县、河池地区和广西壮族自治区有关方面询问时，均表示不知道此事，或者说不可能死亡那么多人，顶多是死亡三五人。

与此相关的另一个情况很令人费解。这一事故发生于 7 月 26 日凌晨，27 日即有媒体派出记者赶赴事故现场，其后广西首府南宁的数家媒体包括广西电视台也派出记者前往南丹县，但这些记者均无法进入事故地点，他们有的被跟踪，有的被阻拦于矿区以外。广西电视台的记者于昨日（30 日）不得不返回南宁。

据熟知南丹矿区情况的人士说，南丹作为广西有色金属的富矿区，出于巨额利润的驱动，一些矿老板长期进行不规范的开采，使得事故时有发生。这些矿老板为了掩饰问题和回避责任，每当出了事故，就尽其所能暗中进行"私了"。因矿下作业非常危险，矿老板们雇用的矿工，大多从外地、外省分散招聘，且事先都签订"生死协议"，一旦发生死亡，只是赔付若干万元了事。南丹的矿老板对处理重大事故已积累了一整套经验，他们可以在事故发生后严密封锁消息，并在不长的时间就把事故悄无声息地"消解"掉。

由于南丹县的财政来源很大一部分是来自这些矿老板，甚至南丹县的很多公益事业也是来自这些矿老板的捐助，发生重大事故后，当地政府机关也不希望和不愿意把"丑闻"公开传扬出去，对新闻记者的采访，一般不会表现出支持和欢迎态度。

关于南丹这次重大事故，当地传得较多的一种说法是，矿区当时发生透水事故时，有 5 个民工组，每组 40 人，还有 10 名管理员、安全员在矿井下工作。事故原因是当时矿工在井下作业时，打通了原灌满水的废旧矿井（废旧矿井通常灌满水，以防地层下陷），造成大量水迅速涌入。有消息说,事故后矿区组织10多台抽水机抽水,已打捞出来30多具尸体。

广西南丹矿区发生重大灌水事故
初步认定70多人死亡①

本报南宁8月3日电 记者郑盛丰、庞革平、罗昌爱报道:广西南丹县大厂镇龙泉矿冶总厂下属拉甲坡锡矿厂于7月17日发生一起矿井灌水特大事故,初步认定死亡70多人。为迅速查清事件真相,由国家经贸委主任李荣融率领的中央调查组一行6人今日飞抵广西。

事故原因是矿工作业时打穿了一个灌满水以防塌陷的废矿井,导致作业矿井灌透。瞬间,涌灌的废水使作业的民工和管理人员无法外逃,酿成特大事故。

事故发生10天后,南宁有关媒体接到举报,事件开始暴露。7月27日,广西多家媒体记者赶赴调查采访,其间受到盯梢、跟踪和阻挠,有关责任人试图隐藏真相。

为查清事件真相,自治区党委书记曹伯纯于8月1日率领有关部门负责人赶到现场调查,当天组成由王汉民任组长的调查组,展开全面调查。今天上午,曹伯纯在通报这一事件时说,事件一定要查个水落石出。同时,事故发生了这么长时间,竟然一直捂住不报,必须严肃追究知情不报者的责任。据悉,作为这起事故重要责任人的矿厂老板黎东明等已被监控。

链接:假如媒体缺席……②

七月以来,广西、陕西、上海、江苏等地频频发生重特大事故,消息随着电视、报纸、网络迅速传开。特别是南丹特大事故,通过新闻记者的努力,被某些人极力掩盖的铁幕才撕开了一角,引起党中央和国务院的高度重视,使事故的调查处理步入正常轨道。

与此同时,对于媒体曝光的利弊也引起了不同看法。有人认为,事故曝光多,会影响当地社会的稳定,影响党和政府的威信。因而往往阻挠媒体对事故现象的采访。

---

① 该报道刊载于《人民日报》2001年8月4日第二版左下角。
② 裴智勇:《假如媒体缺席……》,人民网,2001年8月27日。

面对事故,假如媒体缺席呢?应该说,媒体保持沉默,正是肇事者、犯罪者所企盼的。在悄无声息处理事故时,无人监督,无人深究,肇事者可以和稀泥,可以推卸责任。明明是安全设备不过关、制度不合理,明明是非法作业、违法开采,肇事者可以说成是不可抗力,说成是自然灾害,甚至可以将责任推到死难者身上。即使是上级政府前来处理,如果没有媒体及大众舆论的监督,他也许可以千方百计"摆平"一些官员。

让媒体走远点,或许也是个别官员所企盼的。他们或许是事故发生地的行政首长,或许是分管事故发生行业的官员。事故一曝光,他们的政绩就要打折扣,乌纱帽也受到威胁。他们当然希望知道事故内情的人越少越好,最好是不让上面知道,以便大事化小、小事化无。当然,实在无法躲避媒体的时候,也许技高一筹的人会经过严格筛选,布置某些媒体采访,使之按照他们的需要发出不真实的声音。这也是一种"缺席"。这和媒体沉默一样,是肇事者和某些居心不正的官员所欢迎的。

假如媒体缺席,上级领导机关处理事故的方针、政策可能在某些人手里走样,人民群众的利益可能得不到足够的保护。受害者默默地深埋于荒山,家属拿到一点微薄的赔偿,事故原因和责任或许不再深究。更可怕的是,产生事故的隐患并没有排除,玩忽职守、蔑视法律的肇事者可能再次肇事,不称职的官员还有可能进一步高升,拥有更大的权力。

相反,正是由于媒体的作用,使事故的真相大白于天下。该吸取的教训认真吸取,该完善的制度认真完善,该追究的责任严肃追究。事故隐患因此减少,党和政府的威信因此提高,人民群众对党和政府的信任程度因此增强。

当然,由于媒体的大胆和勇气,出现在公众眼前的事故明显多了。或许有人认为"社会越来越乱了"。但这种观点的市场并不大,更理性的认识已逐渐为更多的人所接受。不可否认,事故本身已说明出事的单位和地方秩序混乱。但就此断定整个社会秩序混乱,却是十分偏颇的。事情恰好相反,距出事地点千里之外的人们能感知到这个事故,很大程度上是因为有了一种让媒体公正介入的秩序,一种让公众了解社会真相的秩序。这个秩序让社会具有更完善的自我修复机制,表明公民的知情权已受到重视,这无疑意味着社会进步。

如今,我们为今天中国的新闻媒体能直面事故感到欣慰。因为,我们的党和政府是广大人民根本利益的真正代表,面对灾难和事故,党和政府首先想到的是人民群众的安危和利益,想到的是举一反三,吸取教训,最大限度地杜绝和减少灾难、事故的发生。媒体作为党和人民的喉舌,当然有责任有义务也有权利将事故的真相及时告诉人民群众,使人们从不愿看到的事故中引出正面的积极的结果。

(二)王家岭矿难

2010年3月28日14时30分,王家岭煤矿矿难发生。17时40分,新华网刊出快讯《山西一煤矿发生透水事故致数十人被困》;1分钟后,中央电视台播出新华社消息,并在当晚19时的《新闻联播》中播出对该次矿难的确认性报道;9分钟后,凤凰网转载新华网消息;……;当天18时48分,人民网发出较为详细的消息《山西王家岭煤矿发生透水事故152人被困井下》,此消息不但附有相关背景资料,对矿难的受困人数也进一步予以了确认。次日,多家纸质媒体对该次矿难予以重点版面报道。事故发生第7天,新华社对事故原因进行分析并附图表。

中央电视台在王家岭矿难报道期间总共有29天在播出相关报道,前18天为持续报道,连线报道为主体,大量使用字幕新闻,以特写、专题、评论为辅,旨在传递最新事实的动态消息。其报道的最高峰出现在4月5日。这一天,王家岭透水事故救援取得了重大进展,115人成功获救。从0时35分第一个被困人员被抬出井下的那一刻开始,中央电视台对救援的最新进展都进行了现场直播,当日的《新闻联播》中播出了16分钟的相关报道。4月6日后,由于救援工作基本结束,对相关事件的报道逐渐减少。

中央人民广播电台驻山西记者站记者于当天23时30分到达王家岭矿事故现场。在当晚长达3个小时的采访中,有透水事故的详细介绍、矿井背景、相关负责人等大量现场音响。随后,该台组成"3·28"前方报道组,报道组成员不断充实。其中4名驻站记者坚守8天8夜,不休不眠、分工配合,确保重要信息及时播出。尤其是在救援进入攻坚阶段后,一名记者负责总指挥抢险救援指挥中心、一名记者负责井口附近等待工人升井、一名记者在井口外围,还有一名记者负责在工人升井后跟随救护车前往医院采访。由于分工明确,记者能够随时发回最新情况。在北京总部,"中国之声"打破原有的节目安排,随时配合前方报道组,插播、直播现场救援情况。整个救援期间,中央人民广播电台播出录音、综合、特写、专题、连线等各种形式的广播稿件数百篇。

在王家岭矿难报道的过程中,绝大部分媒体没有把报道的重点放在某些过激行为的报道中,而是着重报道了政府部门对这一事件的高度关注和推出的一系列妥善处置措施,让那些被困矿工者家属的情绪稳定了下来。

三、矿难报道的问题

(一)报道模式化、煽情化严重

多年来,尽管媒体对矿难非常关注,每次有重大矿难发生都会有大量记者赶赴一线进行报道,但报道的同质化现象依然非常突出,矿难报道的内容主要集中在以下五个方面:(1)矿难中伤亡人数、获救或脱险人数、受伤情况、伤者的救治、遇难者的处理;(2)各级领导现场指挥抢救、看望伤员及安抚家属;(3)上级领导和部门作出重要批示,要求全力抢救伤员、安抚家属、维护稳定、查清原因、追究相关人员的责任;(4)矿难造成多大的经济损失,对社会造成多大的破坏;(5)矿难的原因、调查结果。面对可以说是千篇一律的"安全责任不落实、安全措施不完善、安全管理不到位"等事故归因,受众对报道的关注度在不断降低。

当前不少媒体形成了矿难的模式化报道方式,并进行煽情化的表达——搜寻看起来最有新闻价值、最能吸引眼球和获得点击率的"卖点",通过"技巧"包装展示:或配以耸人听闻、极具"震撼力"的标题;或通过煽情化图片的版面安排,在报道规模上的小题大做;或运用文学色彩较浓的语句和夸张的修辞手法来描写矿难中最"动人"的细节;或将矿难的负面影响人为地夸大或渲染……以至于有人提出"不要把矿难报道搞成'天气预报'"。

由此,受众对矿难报道的关注度正在逐渐降低,对矿难报道的数量以及报道模式产生了厌倦,对矿难及矿难报道的反应也越来越淡漠和麻木,形成"审丑疲劳"。正如《中国青年报》的一名记者在其采访札记中所说,"当矿难已不再是新闻,真正的新闻就是不再发生矿难时才会成为新闻"。

(二)报道人文关怀的错位与缺乏

我们过多地关注了新闻价值,而未关注道德价值。因此,在报道的过程中依然存在消费弱势群体和缺乏心理关怀的问题。

在报道过程中,有的媒体记者热衷于采访矿难经历者刻意回避的痛苦经历,也不考虑家属们正在经历着什么样的痛苦,一味根据自己的需要和采访喜好"消费"采访对象,如热衷于将摄像机、照相机的镜头对准哭哭啼啼的矿工家属,让失去丈夫的遇难矿工家属抱着襁褓中的婴儿"谈一谈",或者让失去儿子的古稀老人在镜头面前"说一说"。

事实上,以上做法对灾害经历者、受害者家属以及受众会造成心理失衡和极度恐惧,从而产生社会心理学上所说的"群体极化现象"。一个人的某种情绪或思维倾向在集体环境的传递中被放大,即个体恐惧心理在人际传播过程中会被无限放大,从而演变成群体的集体恐慌氛围。此时,通过媒体来完成的"社会心理支持"是帮助这些群体克服恐慌心理的非常有效的方法,但我们的媒体及记者却往往忽视了对受众的心理社会支持。

(三)缺乏对事故的预警及反思

矿难是社会转型期政治权力和经济利益博弈、制度不完善的产物,矿难的本质体现了转型期利益重新分配时各阶层的利益要求冲突,也体现了社会保障制度对现实的滞后性。对于矿难报道这样的题材来说,媒体既需要深挖解决类似事故发生的"隐患",又需要消除事故发生后人们心中产生并遗留下来的"隐忧"。因此,需要媒体能够从社会发展和经济等方面剖析事故背后的深层次原因,并从科学的角度为日后的煤矿业安全生产提供可以借鉴的方法,进而形成公众、媒介和政府相关机构的良性互动,对矿难发生的根源进行深刻挖掘,提出防治类似事件一再发生的可操作性防治措施,提升新闻报道的信息价值和社会价值。

但就媒体目前的报道而言,尽管从 2005 年开始了大规模的反思性报道,但在危机预警方面的作用还相对缺失。有研究者发现,人民网及其他媒体几乎都没有对矿难预警的报道,报道更多地把视角放在政府抗灾救灾的过程中以及如何塑造政府的正面形象上[①],对新闻的追求和表达有所弱化。这样的状况本身就值得媒体去反思。

---

① 蒋凌昊:《中国新闻专业主义语境下的矿难报道研究》,陕西师范大学硕士学位论文,2010 年。

四、美国的矿难报道

美国媒体对矿难的报道同样经历了一个发展的过程。20世纪初,美国煤矿安全问题也非常严重,矿难死亡率高。1900年,犹他州发生的煤矿爆炸事故,造成两百多名矿工丧生;1907年,西弗吉尼亚州煤矿爆炸造成362人死亡;1909年,伊利诺伊州梅镇259名矿工在一次煤矿大火中丧生……在每年矿难死亡超过两千人的状况持续了十年后,国会终于在1910年立法设立了内务部矿山局,再加上其他种种因素,近几十年美国的煤矿安全事故的发生率和死亡人数大为减少。但尽管如此,矿难还是难免会发生。

2006年1月2日,美国西弗吉尼亚州萨戈煤矿发生特大矿难。次日,《纽约时报》即刊发题为《西弗吉尼亚矿难13人被困井下》《营救工作受空气质量影响受阻》的报道,文章第一时间对矿难情况进行介绍,并采访当地政府、救援人员、被困矿工家属等,既告诉公众矿难的营救困难和营救措施,又反映民众对救援工作的急切心情。文章还通过对矿难发生地当地居民、以前矿难的幸存者的采访,对该次矿难进行了另一个角度的报道。美国各大媒体都对该矿难进行跟进报道,但由于过分在意抢发新闻,出现了新闻"乌龙"。因为沟通不畅,一起12人罹难、一人幸存的矿难被多数媒体报道为一人罹难、12人幸存,并配发了受困矿工亲人庆祝的图片。由于发现错误时报纸已经付印,无法回收,《纽约时报》等媒体只能第一时间在网络上更正失误。

2010年4月5日,美国西弗吉尼亚梅西能源公司上大支脉煤矿发生爆炸事故,导致29名矿工遇难、2名矿工受伤入院。该矿难被美国媒体称为自1968年以来最为严重的矿难事故。[①] 矿难发生后,美国各大媒体纷纷对其进行报道。据不完全统计,从4月5日矿难发生到4月末,美国三大报纸媒体中《华尔街日报》刊发报道12篇,《纽约时报》刊发报道24篇,《华盛顿邮报》刊发报道13篇。

三家媒体的报道围绕"致命矿难""联邦对采矿行业监管力度亟待加强""40年来最严重矿难""人为造成通风不畅""祈祷奇迹"等内容展开报道。

其中《纽约时报》在多年报道经验的积累过程中已经形成了针对矿难问题的相对科学、完整的报道思路与体系,注重找出解决问题的根源,以帮助社会消除事故再次发生的"隐患"与"隐忧"为己任,找到了一种更加适应受众需求和受

---

① MV Mine Disasters 1884 to Present,http://www.wvminesafety.org/disaster.htm.

众更加关注的报道方式,并对社会问题的解决提出一定见解,及时给予受众和社会相对全面的信息。

《纽约时报》以煤矿企业为对象的报道主要关注以下内容:梅西公司的安全问题;梅西公司的危机公关;梅西公司的相关背景资料;政府对事故企业进行制裁之后,企业情况的后续报道。尽管该报强调对公众的"正义",但也注意了用大量的事实报道给予即使处于事件"被告"一方的企业以发言与辩驳的机会。

链接:美国新闻界在矿难新闻中报道什么?

就矿难新闻报道来讲,新闻业通常要传达以下六项主要内容,[①](在同一则报道中经常会有同时存在或交叉出现):

1. 事发信息:新闻媒体可以向社会提供及时、公正、全面的信息,有助于他们对事件作出合理的判断。

2. 调查报告:新闻媒体可以对事件进行调查,寻找事件背后的新闻,尤其是对政府权力、企业法人和社会机构的监督。

3. 分析评论:新闻媒体可以提供对事件连贯的阐释性分析评论,从而帮助受众更深入地理解他们所面对的复杂世界。

4. 社会同情:新闻可以告诉人们他人的状况,以此来达到对他人生存状态以及人生观念的正确评价和鉴别,尤其是对那些情况不如自己的人,以形成一定统一的社会价值评判标准。

5. 公共论坛:新闻媒体可以是为公民提供对话的论坛,表达自己对事件的看法并使论坛能够促进社会中不同团体之间思想观念的碰撞、交流与沟通。

6. 社会动员:新闻媒体可以为特定的政治方案以及政治观念宣扬鼓吹,并借此动员人们以行动来支持这些方案。

第三节 交通事故

从全球的情况看,每年有100万人在道路交通事故中遇难。年龄在5岁至29岁的人口当中,道路交通所导致的伤残已成为第二大致死原因。我国的交通

---

① 〔美〕迈克尔·舒德森:《为什么民主需要不可爱的新闻界》,贺文发译,华夏出版社2010年版,第23页。

安全水平与发达国家有巨大差距,万车死亡率超出发达国家 2～3 倍。

联合国"2011—2020 国际道路安全十年行动"项目宣言提出要在十年间将全球道路交通事故死亡人数削减 50%。

2012 年,公安部在《公安部关于修订道路交通事故等级划分标准的通知》中,将交通事故分为轻微事故、一般事故、重大事故和特大事故四类。重大事故,是指一次造成死亡 1 至 2 人,或者重伤 3 人以上 10 人以下,或者财产损失 3 万元以上不足 6 万元的事故;特大事故,是指一次造成死亡 3 人以上,或者重伤 11 人以上,或者死亡 1 人,同时重伤 8 人以上,或者死亡 2 人,同时重伤 5 人以上,或者财产损失 6 万元以上的事故。①

一、交通事故报道的发展

(一)改革开放以前:报道失语期

新中国成立初期,我国媒体对交通事故的报道存在着晚报、瞒报甚至不报的传统。在为数不多的相关报道中还有大部分是关于其他国家交通事故的报道。如《人民日报》刊发的《整理交通收效交通事故减少》(1949 年 9 月 21 日)、《西德去年交通事故超过一百万起》(1963 年 3 月 18 日)、《美头三季三万多人死于交通事故》(1963 年 10 月 30 日)等。

(二)20 世纪 80～90 年代:报道萌芽期

20 世纪 80 年代,各种交通事故出现在媒体报道视野中,当时的报道在信息来源方面,主要采用新华社报道,媒体自采的相对较少;报道的体裁较为单一,以消息为主,大多较为简短,如在进行空难报道时,主体往往是"具体航班＋失事时间＋失事地点＋遇难者人数",最后都会强调"有关部门正在处理善后工作""某某领导正赶赴现场,对这一事件进行调查和处理善后""以某某领导为首的事故调查组已在今天赶赴现场,目前正在调查事故发生的原因和处理善后工作"等。与之相应,报道采用的新闻修辞也以直接描写事件进程、运用精确数据和引用权威证词三种为主;报道的消息来源主要倚重官方的说法,缺乏中立方

---

① 公安部:《公安部关于修订道路交通事故等级划分标准的通知》(2012－10－02),http://baike.baidu.com/view/5120052.htm。

专家以及救援人员、死伤者家属等普通个人的声音;尚欠缺人文关怀意识,死伤人员反映在报道中只是一组冰冷的数字;舆论监督意识也较不足,问责由官方进行,官方责任认定结果出来后再由媒体公布;报纸报道在版面安排上多在极为不显著的位置。总体而言,报道止步于简单的信息公开。

进入90年代后,交通事故报道的体裁走向多样,虽然仍然以消息为主,但通讯开始出现在媒体报道中;报道的新闻修辞日趋多样化,出现了议论、抒情等多种表达方式;对主题较单纯的事故报道有所拓展,出现了侧面报道和后续报道,介绍救援和善后的情况;报道的消息来源依然以官方为主,但开始出现遇难者亲友、司机、医护人员等普通个人的声音;事故伤亡人员不再是冰冷的数字,出现了关注伤亡人员个人故事的后续报道及反映医护人员救援情况的报道,彰显人间大爱的主题渐渐凸显;报道中舆论监督依然较为欠缺,报道中的评论文字以提醒注意交通安全为主。总之,这一时期的报道开始呈现多样化、人性化的趋势。

(三)21世纪以来:报道发展期

21世纪以来,各类媒体上重、特大交通事故的报道数量呈现激增的态势;报道体裁日益多样化,出现了深度报道、新闻评论等;报道主题涵盖了事故情况介绍、救援、善后、赔偿、追责等各个方面,较前一时期有了很大拓展;消息来源更加多样化,既有官方消息来源,也有专家学者的话语,更有普通个人的声音;事故报道中对人的关怀日益凸显,舆论监督也开始初露锋芒。本时期是事故报道大发展的时期。

二、交通事故报道的对策(以空难报道为例)

(一)主动介入而非被动应付

早期的空难报道,很明显的一个特征就是报纸被动报道,而非积极主动采集。基本上只有一条简短的新华社专电,没有任何相关的采访,也没有任何记者的现场观察,更不用说挖掘空难事件的原因和处理相关责任人了。这种被动发布消息的报道形式,早已无法满足现如今的灾难报道现状。

媒体应主动介入,组织采访人员在第一时间进入事发现场,采访官方权威人员,率先掌握整个事件发生的全部材料,积极努力挖掘空难背后的真相,将事实的经过和后续处理结果告知广大受众。

(二)防止媒介"二次伤害"

空难报道中的"二次伤害"也值得关注。这在 2014 年的马航 MH370 事件的报道中表现得尤为突出。媒体记者围堵家属,将镜头、话筒对准悲伤的亲属,将他们哭泣、愤怒、伤痛欲绝的状态展现得一览无余。有些媒体记者完全不顾及家属们的心情,为了采集到所谓的第一手新闻,一直向家属们提问,导致现场秩序混乱、冲突不断。

灾难新闻的报道涉及媒介"二次伤害"的案例不胜枚举。这种对灾难的无情消费,是新闻记者职业素养低下的表现。主流媒体应该起到带头人的作用,无论是空难、车祸还是其他灾难事件,都应用自己权威、准确、严肃的报道,既要避免对新闻当事人及家属的"二次伤害",又要发挥舆论引导的作用。

(三)杜绝谣言传播的可能

重大灾难事件往往是谣言传播的温床。每当灾难爆发的时候,信息的不完整和不确定性导致各种猜测、流言四起,最后让谣言得以扩散传播。

谣言的传播会带来很多的社会危害,譬如扰乱社会公共安全、干扰民心、破坏市场经济秩序等。因此,要加大信息的公开透明,保证事实的准确权威,以此杜绝谣言传播的可能。

网络是谣言的集散地和源头。很多传统媒体对网络新闻来源不加核实,就直接拿来传播,导致报道失实。对于空难报道来说,因其事件本身的特殊性,所以有关空难的谣言必然带来巨大的不安定。主流媒体作为党的喉舌和舆论尖兵,应该注重核实新闻来源,谨慎对待网络来源,不给谣言传播的机会。

(四)提高空难预警意识

改革开放以来,各媒体在空难等灾难事件的报道方面积累了一定的报道经验和应对突发事件的处理经验。新闻媒体可以根据不同性质的灾难事件,拿出预警方案。空难虽然具有极大的突发性和偶然性,但一定程度的预警报道也会起到良好的保护作用。如媒体可以注意以下几点:

(1)航空公司方面。如何更好地确保飞行安全;飞机的例行检查和维修;飞行员的培养;空乘人员的选拔标准;出现危情的时候,如何最大限度地减少负面后果。

(2)乘客方面。乘客要提高安全意识,譬如如何选择合适的时间出行;什么样的天气应该避免乘坐飞机;在乘坐飞机时,应该避免携带的东西;在飞机上应该避免的行为;出现险情时,如何自我保护、购买航空保险。

(3)保险公司的经济赔付。保险公司一方如何在事故发生后做到及时理赔;保险理赔有什么样的程序和步骤;哪些保险公司比较可靠。

第四章　公共卫生事件报道

瘟疫、战争、饥荒,被称为人类历史悲剧的"三剑客"。它们不仅会带给人类痛苦和恐慌,也会导致整个社会的衰退,甚至是国家的消亡。回顾传染病的历史,可以发现,由传染病给人类带来的死亡或者创伤,比战争的总和还要大。从某种意义上讲,人类发展的历史也是一部抗击疫病的历史。在我国,据不完全统计,秦汉至清,共发生大的疫病254起。其中,秦汉至南北朝47起,隋唐五代17起,宋元明清190起。[①] 1918年流行性感冒"西班牙女士"肆虐全球,造成至少2000万人死亡,死亡人数甚至超过第一次世界大战。据文献记载,在20世纪影响较大的200起突发公共卫生危机中,核泄漏与核辐射10起,食品中毒32起,药物中毒7起,化学品泄漏、污染42起,毒气泄漏及煤矿瓦斯爆炸60起,有毒生物引发的29起,利用毒雾制造恐怖事件8起,邪教利用毒物自杀或施放毒气伤害他人的8起。[②]

公共卫生的概念最早是由耶鲁大学公共卫生学教授C. E. A. Winslow在1920年提出的,该概念在1952年被世界卫生组织(WHO)采纳。公共卫生是通过有组织的社会努力来预防疾病、延长寿命、促进健康的科学和艺术。这里提到的社会努力包括改善环境卫生、控制传染病、提供个人健康教育、组织医护人员提供疾病的早期诊断和治疗服务,建立社会体制,保证社区中每个人都能维持健康的生活标准,实现其生来就有的健康和长寿的权利。

中国疾病预防控制中心按照健康问题和主题将公共卫生划分为12个主题,分别是传染病、突发公共卫生事件、慢性非传染病和伤害、营养和食品卫生、环境卫生、职业卫生与中毒控制、辐射卫生、妇幼保健、疫苗与接种、健康促进、

---

① 张自力:《健康传播与社会:百年中国疫病防治话语的变迁》,北京大学医学出版社2008年版,第4页。
② 滕仁明:《公共卫生突发事件的现状与警备》,《科学中国人》2004年第2期。

生物安全以及少儿与学校卫生。中国疾病预防控制中心研究员、流行病学首席专家曾光在《中国公共卫生与健康新思维》一书中,通过对世界卫生组织和我国卫生部关于公共卫生的概念进行分析认为,公共卫生有十大内涵,而"应对疾病暴发流行和突发公共卫生事件"[①]只是其中的一种,除此以外,还有监测人群健康状况、鉴别卫生问题、开展健康教育等多方面,任何一个方面的危机都可能对社会群体的健康产生威胁,都可以被称作公共卫生危机。也就是说,公共卫生危机的概念实际上大于公共卫生事件。

广义的突发公共卫生事件则指突如其来的、对人类身体健康和生活产生巨大威胁并间接影响国家和社会的经济进步和局势稳定的自然和人为危害。对公众造成威胁的突发公共卫生事件在人类社会早期多表现为自然灾害,如洪水、地震、龙卷风、森林火灾、海啸、雪崩、火山爆发等。随着人类文明的不断进步和对自然界认识程度、改造程度的不断加深,自然灾害能越来越早地被预测和防备,因自然条件造成的公共卫生事件对人类的毁坏程度也因此不断降低。然而,人类社会因为自身发展而带来的大量人为突发公共卫生事件逐渐凸显出来,而且其伤害程度逐渐大于自然灾害。社会发展到今天,突发公共卫生事件除去原有的自然灾害事件之外,更多的是人为灾难。人为灾难是指传染病的爆发和流行、放射性物质泄漏事件、不明原因的群体性疾病、毒种丢失、发生或者可能发生的重大食物和职业中毒事件以及其他严重影响公众健康的事件。[②] 依照2003年国务院公布的《突发公共卫生事件应急条例》,公共卫生事件指突然发生,造成或者可能造成社会公众健康严重损害的重大传染病疫情、群体性不明原因疾病、重大食物和职业中毒以及其他严重影响公众健康的事件。

对公共卫生事件的分类方法可以有多种,如可以根据引发公共卫生危机的原因将其分为重大传染病疫情型、群体性不明原因疾病型、重大食物中毒型、职业中毒型和其他严重影响公众健康事件型。[③] 根据引发公共卫生危机事件的性质、危害程度和涉及范围将其分为特别重大(Ⅰ级)、重大(Ⅱ级)、较大(Ⅲ级)和一般(Ⅳ级)。其中,特别重大突发公共卫生事件主要包括:(1)肺鼠疫、肺炭疽在大、中城市发生并有扩散趋势,或肺鼠疫、肺炭疽疫情波及2个以上的省份,并有进一步扩散的趋势。(2)发生传染性非典型肺炎、人感染高致病性禽流感,

---

① 曾光主编:《中国公共卫生与健康新思维》,人民出版社2006年版,第68页。
② 杨开忠、陆军:《国外公共卫生突发事件管理要览》,中国城市出版社2003年版,第3页。
③ 胡俊峰、侯培森主编:《当代健康教育与健康促进》,人民卫生出版社2005年版,第389—390页。

并有扩散趋势。(3)涉及多个省份的群体性不明原因疾病,并有扩散趋势。(4)发生新传染病、我国尚未发现的传染病发生或传入,并有扩散趋势,或发现我国已消灭的传染病重新流行。(5)发生烈性病菌株、毒株、致病因子等丢失事件。(6)周边以及与我国通航的国家和地区发生特大传染病疫情,并出现输入性病例,严重危及我国公共卫生安全的事件。(7)国务院卫生行政部门认定的其他特别重大突发公共卫生事件。[①] 近年来多次出现的人感染高致病性禽流感就是典型的特别重大突发公共卫生事件。一般来说,严重、危急的突发公共卫生事件大多持续时间较长,并伴有较大范围的公众心理危机和一定程度的社会恐慌的出现;程度缓和、影响较小的突发公共卫生事件则持续时间较短,较少伴有公众心理危机和社会恐慌的出现。

公共卫生事件持续时间长、社会影响大、传播速度快,是媒体关注和报道的重点。与其他公共危机相比,具有以下特点:

(1)突如其来,不易预测

公共卫生危机产生和发展的不确定性较强,有时连医学专家也不一定能在第一时间对其产生的原因和可能的发展路径予以正确判断。如2009年流行的H1N1禽流感最初被认为是"猪流感"。

(2)传播速度快、传播途径多、波及范围广

公共卫生危机一般在很短的时间内就能影响到一个或多个群体。它可能在某个或者某些相对固定的区域内发生,也可能波及更多地区甚至成为全球性的公共卫生危机。如截至2003年5月20日,"非典"已经蔓延到包括香港和台湾在内的全国20余个省市自治区,并影响到包括加拿大、美国和欧洲各国在内的全球近30个国家,全球感染人数达8000例(不包括近2000例疑似病人),其中中国内地感染人数为5248人,死亡294人。再如自2014年2月西非爆发大规模"埃博拉"疫情后,截至2014年12月17日,世界卫生组织发布的数据显示"埃博拉"出血热疫情肆虐的利比里亚、塞拉利昂和几内亚西非三国的感染病例(包括疑似病例)已达19031人,死亡人数达到7373人。

(3)对社会公众健康造成或可能造成严重损害

公共卫生危机除了对人群的健康和生命造成威胁外,还可能引起经济危机、政治危机、社会危机等。如2003年的"非典"使亚洲国民生产总值损失了180亿美元,其中中国内地损失61亿美元,占中国内地当年GDP总量

---

① 《国家突发公共卫生事件应急预案》,http://www.gov.cn/gzdt/2006-02/28/content_213129.htm。

的0.5%。

当前我国具有公共卫生事件频发的现实土壤,生态环境的污染破坏、社会群体的地域流动以及城市化、国际化发展带来的一系列问题,都容易导致重大公共卫生事件的发生。公共卫生事件值得关注的特点包括:(1)鼠疫、霍乱、人禽流感等急性传染病仍构成重大威胁;(2)中毒、核和辐射损伤等突发性公共卫生事件呈波动趋势;(3)发生恐怖事件的威胁因素存在;(4)自然灾害产生的公共卫生问题负担加重;(5)其他突发事件衍生的公共卫生事件增多;(6)"非典"、人感染高致病性禽流感等新发传染病仍是关注焦点;(7)国内突发公共卫生事件国际化;(8)境外传染病传入形势严峻;(9)社会各界十分敏感地关注公共卫生事件和应急机制建设。

第一节 公共卫生事件报道历程

国外多项研究发现,利用媒体进行健康/卫生教育倡导活动,确能促使健康行为的改变,进而减低社会疾病风险、罹患率与死亡率。① 对疾病尤其是新发传染病而言,虽然与公众切身利益直接相关但公众对其缺乏一定的了解,因此公众对媒体相关报道的需求量非常大。但由于媒体报道的一些天性,如果处理不好,媒体报道反而会增加公众对疾病的恐惧或者对其产生误导。

一、公共卫生事件报道的进程

(一)改革开放以前

从1942年"延安时期"到新中国成立,在共产党政权控制的一些地区,突发公共卫生事件的新闻报道以正面报道为主的特征就有初步体现。但在强调正面报道为主的同时,也给客观报道留下了一定生存空间。1942年8月29日,《解放日报》第二版刊登了《定边疫病流行(主)防疫队赶往救治》一文,详细地介绍了发生传染病的区域、死亡人数以及目前疫病的蔓延情况等。1944年5月12日,《解放日报》在报道延安疫情时,对疫病区域、死亡情况、蔓延趋势以及一

---

① 徐美苓、黄淑贞:《艾滋病新闻报导内容之分析》,《新闻学研究》第56期。

些防疫卫生常识等同样作了详细、准确的报道。

但在新中国成立后,由于相关管理部门对公共卫生事件的危害程度、损失情况"保密",公共卫生事件逐渐成了报道"禁区"。1956年以前,媒体仅对少量疫情给予了较为及时的报道。如对1950年8月北京流行性脑炎的报道以及1952年2月25日《人民日报》第三版对"河北定县专区、察哈尔、平原滑县等地发生严重流行性传染病"的报道等。这些为数寥寥的报道也只是将报道的视角和重点放在突出社会主义的优越性上,较少或基本不关注疫病流行本身。如1949年沈阳的流行性脊髓脑膜炎,前后蔓延了两个月,遍及全市各区,但《人民日报》仅在1949年12月1日的一篇报道《防鼠疫须早下手东北疫情全部解除注射三百八十万人扑鼠千五百万只》的最后一句话中提到该疫情,并未对其进行具体报道。同年发生的张北鼠疫因为毗邻京津,才被给予较多篇幅的报道。

1953年以后,由于将"各地自然灾害的详细情况和反革命分子活动情况"列入了内参的报道范围,各类关于疫情的报道很少再出现。在随后的"大跃进"中,"谎报""瞒报""报喜不报忧"毫无例外地出现在媒体报道中。在饥荒盛行的年代,食不果腹的人们纷纷寻找替代性食品,食物中毒事件大量发生,因食物中毒而死亡的人数以万计。如湖北省应山县1960年发生1200多人误食苍耳饼中毒事件,造成多人死亡;1960年广东化州县发生食木薯中毒事件,有5099人中毒,166人死亡;甘肃仅在1960年1月至4月,就发生76起食物中毒事件,造成2697人中毒,175人死亡……饥荒还加剧了传染病、流行病的爆发,造成大量人口死亡。1958年湖南省衡阳地区麻疹、痢疾等疫病流行,造成7000人死亡;1959年河南省淮滨县麻疹爆发,患者1.3万人,165人死亡……[①]但出现在媒体报道中的,却是截然不同的景象。在20世纪60年代,曾发生过《健康报》因详细报道广东一些地方出现的霍乱疫情而不得不把印出的报纸全部收回、编辑部为此向卫生部作专门检讨的事情。

(二)改革开放后至20世纪末

即便在改革开放后,相关部门仍然对突发公共卫生事件的报道控制得很严格。由于公共卫生事件信息不透明,在一些公共卫生事件出现时媒体未能及时进行报道,造成对公众预警的缺乏,从而导致一些类似的事件一再发生。如1988年,上海发生了史上罕见的因食用毛蚶引起的甲肝大流行,这一事件造成

---

① 田中初:《新闻实践与新闻控制》,山东人民出版社2005年版,第116页。

31 万人被感染、47 人死亡。事实上,在上海甲肝疫情爆发前十年,我国已多次出现因食用泥蚶而引起甲肝流行的事件,如 1978 年我国因食用泥蚶引起甲肝流行,1979 年上海居民因食用醉蟹引起甲肝爆发,1983 年上海居民因食用泥蚶引起甲肝流行,2 万人未能幸免。所有这些都未得到媒体的报道,人们也没能因此提高警惕,以致 1988 年上海甲肝爆发时,错过了最好的防治时机。同样是关于上海甲肝疫情爆发事件,《中国日报》1988 年 1 月 26 日抢先向国外报道了这一疫情,并公布了发病人数,引发美国、日本、加拿大等国的新闻记者相继来沪采访。这在当时被认为"造成了不良的国际影响"。2 月 5 日,上海发现了第一例甲肝死亡病例,媒体没有告诉市民。出于种种考虑,有的报社总编不得不"枪毙"所有相关报道。媒体闪烁其词的报道为流言乃至谣言的产生创造了条件。关于上海爆发鼠疫、霍乱甚至细菌泄露的谣言一度甚嚣尘上。

  1989 年 9 月实施的《中华人民共和国传染病防治法》第 23 条规定:"卫生行政部门应当及时地如实通报和公布疫情,并可授权省、自治区、直辖市政府卫生行政部门及时地如实通报和公布本行政区域的疫情。"同年发布的《卫生部关于授权公布传染病疫情的通知》规定:"发生鼠疫、霍乱、病毒性肝炎、流行性出血热暴发性大流行的疫情,以及艾滋病、性病(淋病、梅毒)病例,在对外通报和公布前须征得卫生部的同意,除被授权的卫生单位,任何其他单位和个人未经批准,不准对外通报、公布和引用发表未经公布的传染病疫情。"[1]但在同时,1989 年 1 月公布的《关于改进突发事件报道工作的通知》规定:"包括疫情在内的重大突发事件的报道,要请示国务院领导,一般由中央新闻单位报道,必要时新华社统一发布消息。"1992 年 10 月 1 日实施的《新闻出版保密规定》第 7 条规定:"新闻出版单位和提供信息的单位,对拟公开出版、报道的信息,应当按照有关的保密规定进行自审;对是否涉及国家秘密界限不清的信息,应当送交关主管部门或其上级机关、单位审定。"这些规定在一定程度上限制了媒体发布相关信息的权利。因此,在此类事件发生后,媒体在接到上级部门通知之前不敢轻易发布相关信息,往往要在接到通知统一口径后才敢进行报道,以致常常错失报道良机。

  (三)新世纪以来

  2002 年 9 月 14 日上午,南京汤山发生一起特大投毒案。陈正平因生意纠

---

[1] 聂祎:《信息公开与灾难报道变革》,《新闻前哨》2008 年第 12 期。

纷将剧毒鼠药"毒鼠强"投放到了一家面食店的食品原料内,造成 395 人因食用有毒食品而中毒、42 人死亡,这起食物中毒事件造成的危害极大。当天,南京本地一家电视台在节目中以字幕的形式发出通报,称"根据警方的统计,截至今天中午,中毒死亡人数已达 77 名。下午,这一数字又有所增长,已超过百人。南京市十字岗殡仪馆已接收死者超过 50 人"①。新华社在当晚曾发稿称已证实 41 人死亡,但没过多久就又收回,以通稿"200 人中毒,多人不治"代之。而香港《大公报》则在新华社发布通稿之前就在报道中称"中毒一千余人,死亡人数已约百人"。二者报道数字出入颇大。第二天,南京当地的报纸虽然对此事进行了报道,但都采用的是新华社通稿,除导语部分介绍了死亡人数及原因等内容外,正文全部用于介绍领导如何指示、安排工作,而事件的后续发展、事故责任等都没能得到报道。除媒体报道一律要采用新华社稿件外,进入汤山镇的主要路口也被封锁,非指定媒体记者一概不许入内。汤山投毒案以及次年发生的海城豆奶案,都成了公共突发卫生事件应对及报道的负面案例。

2003 年 3 月 19 日,辽宁省海城市 8 所小学的学生和教师因为饮用豆奶引发集体中毒,导致 3000 多名学生入院治疗,一名 13 岁的女学生死亡。中毒事件过去 20 多天,海城市有关单位一直没有对此事予以正面答复,几乎没有本地媒体披露此事。海城电视台在事发第二天即称"学生一个都不少地上学去了",且辽宁当地众多家媒体沿用传统的官本位报道模式,对涉及豆奶中毒事件的报道也很少,报道内容也都是领导如何积极召开会议商量对策、深入学生家里探访等正面消息,甚至在公诉开庭之日,受害学生家长、大部分曾关注此事的媒体都不知道开庭消息,而《鞍山日报》仅有百余字报道。

2003 年"非典"报道是我国公共卫生危机报道的一个里程碑。媒体从"失语"到"失真",再到"失度"的报道,暴露出我国媒体在突发公共卫生事件报道中存在着诸多问题。

2003 年 5 月 9 日,我国公布实施的《突发公共卫生事件应急条例》为媒体报道突发公共卫生事件提供了法规依据。该条例将突发公共卫生事件分为三类:(1)重大传染病疫情和群体性不明原因疫病;(2)重大食物中毒和职业中毒;(3)其他严重影响公众健康的事件。该《条例》规定:"任何单位和个人对突发公共卫生事件,不得隐瞒、缓报、谎报或者授意他人隐瞒、缓报、谎报。"该《条例》还规定:"县级以上地方人民政府及其卫生行政主管部门未按照条例的规定履行报

---

① 赵士林:《突发事件与媒体报道》,复旦大学出版社 2006 年版,第 271 页。

告职责,对突发公共卫生事件隐瞒、缓报、谎报或者授意他人隐瞒、缓报、谎报的,对政府主要领导人及其卫生行政主管部门主要负责人,依法给予降级或者撤职的行政处分;造成传染病传播、流行或者对社会公众健康造成其他严重危害后果的,依法给予开除的行政处分;构成犯罪的,依法追究刑事责任。"

2003年年底,安徽阜阳农村地区相继出现婴幼儿头部肿大、体重减轻、低烧不退的怪现象,根据医院的诊断,是蛋白质等营养元素指标严重低于国家标准的劣质婴儿奶粉夺走了12名婴儿的生命,并致使229名婴儿因为营养不良成了"大头娃娃"。这场由劣质奶粉造成的阜阳"大头娃娃"事件,引发了全国范围内对奶粉乃至整个食品安全问题的空前关注。温家宝总理亲笔批示,国务院迅速派出调查组赶赴阜阳。继而,一场全国性的奶粉质量检查开始,一个地方性的事件迅速转化为全国性事件。各家媒体纷纷拿出重点版面对奶粉质量问题进行相关报道。

据悉,这一事件最初由新华社报道。2004年3月29日,一条新华社消息称:"鲜花般娇嫩的幼小生命,刚来到世间几个月就枯萎、凋谢,罪魁祸首竟是本应为他们提供充足'养料'的奶粉。一度泛滥安徽省阜阳农村市场、由全国各地无良商人制造的'无营养'劣质婴儿奶粉,竟残害婴儿六七十名,至少已造成8名婴儿死亡,给贫困的农民家庭以无情的打击。"①但真正引发关注的是4月16日上海《东方早报》的《阜阳"空壳奶粉"之祸》和4月17日《新民周刊》的《安徽阜阳假奶粉调查:谁谋杀了这些婴儿?》这两篇报道。这两篇报道通过翔实的第一手材料,揭开了阜阳劣质奶粉销售黑幕的一角,也引发了全国媒体同行的转载,并引起政府高层的关注及相关部门的整顿。2004年4月下旬至5月中旬,有关奶粉的报道成了全国各地媒体最热门的报道,"奶粉"成了最热门的词汇。

在2005年"安徽泗县疫苗事件"中,《焦点访谈》栏目组在接到线索的当天就赶到了安徽泗县,成为第一个到达现场的中央媒体,并对疫情进行了深入调查,从而确保了6月26日当其他媒体对该事件报道还"语焉不详"的时候,率先播出了深入剖析事件原因的《泗县疫苗事件调查》节目,及时引领了舆论。

2008年发生的三聚氰胺事件作为一次波及全国的食品安全危机,被称为是中国食品行业的"9·11"。9月9日,《兰州晨报》刊登《14名婴儿同患"肾结石"》的报道。9月11日《东方早报》发表《甘肃14名婴儿疑喝"三鹿"奶粉致肾病》报道,将问题矛头直指河北三鹿集团。9月12日晚,中央电视台《新闻联播》

---

① 齐远:《是谁将劣质奶粉妖魔化?——阜阳劣质奶粉事件报道的反向思考》,《今传媒》2004年第3期。

报道该事件,并怀疑三鹿奶粉受到三聚氰胺污染。此后,报纸、广播、电视、网络各媒体开始了对三鹿奶粉轰轰烈烈的大规模轰炸式声讨。媒体对此次事件的报道直接促成了 2009 年《食品安全法》的出台。其后,食品安全问题成了社会公众关注的话题,也成了公共卫生事件报道的重要内容之一。

总体而言,自 2003 年"非典"以来,国内媒体在公共卫生事件报道上取得了不少进步。首先,报道的公开透明得以体现。由于突发公共卫生事件对公众的生命健康安全具有影响,与公众的切身利益密切相关,并且公众迫切希望了解事件的发展情况,因此,保护公众的知情权,通过快速、准确的报道让公众了解公共卫生事件发生、发展的全过程和全部真相就显得尤其重要。新闻媒体要"先下手为强",在第一时间介入报道。从保护受众知情权的角度来讲,媒体也有让公众了解公共卫生事件发生、发展全过程和全部真相的责任和义务。对于公共卫生事件,媒体要及时报道事件的性质、产生的原因、可以采取何种预防措施等,既有助于防止疾病蔓延,又有利于减少社会恐慌。由于公共卫生事件往往具有突发性,媒体不可能在第一时间完全了解疫情产生的原因、危害及其影响程度等,在具体的新闻操作中,可以抓住突发事件每一个阶段的变化,及时追踪报道。我国媒体从 2003 年"非典"报道的失语转向失控,再到 2004 年以后历次禽流感报道明显进步,体现在对公共卫生突发事件报道的快速及时与公开透明上。

其次,媒体介入公共卫生事件报道的速度不断提升。通过媒体报道及时告知疾病性质、产生原因、预防措施,有助于防止疾病蔓延。如对于 2005 年安徽的"泗县疫苗事件"和四川"怪病"(人—猪链球菌疫病事件)、2009 年的"甲流"、2013 年到 2014 年的 H7N9 禽流感,媒体都能在第一时间主动介入事件报道,最大限度地降低流言传播的空间和可能。

最后,媒体在公共卫生事件报道中的舆论监督作用日益明显,尤其是对一些食品安全事件的报道,充分发挥了媒体社会公器的作用。但由于种种原因,媒体报道也引发了不少人为的"公共卫生事件",如 2005 年的高露洁致癌事件;或者是缺乏报道的科学性,如在"非典"报道中关于 2 个小时就能测出"非典"病例的报道以及"非典"后期能够建立人群免疫屏障的报道等,在公众中引发了因风险放大而带来的恐慌和不安全感。

但是,媒体报道突发公共卫生事件在获得大多数好评的同时,也暴露出"报道形式较为单一""脱敏现象和同质化"①"报道体裁分布与公众信息需求错位"②"消息来源比例失衡""过度强调政治话语导致民生话语式微"③等弊端。媒体需要在今后的新闻实践中不断改进报道理念、优化报道方式、提升报道能力。

二、公共卫生事件报道存在的问题

（一）模式化报道

"非典"以后，政府相关部门日益重视对公共卫生信息的发布，在经过几次传染病肆虐的考验后，媒体逐渐形成了一定的信息传播的规律性做法，或者说出现了一些模板。如"甲流"报道最常见的固定格式报道如下：

××地区报告第×例甲型H1N1流感确诊病例

××地区卫生局通报，×月×日于某地，发现××名人员咽拭子标本甲型H1N1流感病毒核酸阳性，并出现流感样症状，×月×日收入×地进行医学隔离治疗。

经××专家根据患者的临床表现、流行病学调查和实验室检测结果，按照卫生部制定的诊疗方案，判定该两例病例为甲型H1N1流感确诊病例。该×例病例为第×例甲型H1N1流感确诊病例。

目前，患者体温正常，病情稳定，生命体征平稳。××地区卫生部门已查找密切接触者并送至指定地点进行隔离医学观察。接到报告后，卫生部高度重视，有关情况已通报世界卫生组织、有关国家和地区。

这样的报道信息传递得固然相对准确，但可读性差，难以引起受众的兴趣，传播效果不佳。

（二）煽情、夸张化报道

新闻常常需要表现事件的冲突性以增加新闻价值，因此，一些媒体就采用

---

① 陈辉：《略论中国食品安全报道的问题及对策》，《国际新闻界》2011年第1期。
② 刘春娟：《上海主流报纸突发公共卫生事件报道的描述性分析》，《新闻与传播研究》2011年第7期。
③ 王宇：《食品安全事件的媒体呈现：现状、问题及对策》，《现代传播》2010年第4期。

煽情式报道和夸张性的语言来吸引受众的"眼球",于是就出现了《秋季是流感高发季节 一口痰增加5000万个病菌》等类似的报道;有的媒体动辄使用"有毒""致癌""致畸"等惊悚的新闻标题作为吸引受众的手段,结果是不但未能对相关概念或事件进行科学释疑,反而在公众中散发了恐惧信息;还有的媒体断章取义情况严重。如关于"毒胶囊"的报道中,不少媒体都引用了卫生部全国合理用药专家孙忠实的"一天吃6个含铬胶囊没事"一语。专家的本意是为了告知公众服用胶囊类药品是安全的,不必恐慌,且这里的"铬"是铬元素,而非"六价铬"。但媒体在使用专家的话时并未告知公众"铬"与"六价铬"的差别,结果非但没有缓解公众恐慌,反而激起了公众对专家的不满。

公共卫生事件报道,不但要准确,还要适度。"非典"后期,媒体的相关报道过分渲染和煽情,随便打开电视或一张报纸,"应急保卫战""舍生忘死筑起铜墙铁壁""勇闯非典病区""火线入党"等随处可见。这样的报道过多、过滥,一方面让受众产生逆反心理,使正面报道失去原本的激励作用;另一方面将疫情与"舍生忘死"的过度挂钩让公众产生死亡率过高的恐慌,也使得医护人员在进行救治时有一种"慷慨赴死"的悲壮感。

(三)报道的术语化现象严重

对报道中涉及的医学术语不加解释直接使用,会令受众不知所云。如在对"甲流"疫苗的报道中写道:"此次接受审评的疫苗为裂解型疫苗,即'裂解型灭活疫苗',为流感病毒在经过灭活等一系列处理后,再进行'裂解',去除大分子蛋白和病毒核酸。当前中国使用的季节性流感疫苗主要是这种类型。但是,由于裂解型疫苗的免疫效果相对较弱,对于甲型H1N1流感这种相对'新颖'、人群缺少免疫基础的病毒,可能需要较大剂量的接种,才能产生足够的保护效果。"[①]许多受众对其中的"灭活疫苗"也不一定熟悉,更不用说"裂解式灭活疫苗"了,而且较大剂量的"较大"如何界定报道中也未提及。这样的报道,只能给受众带来更多的不确定性。

(四)报道的均衡性不足

当前公共卫生报道一般涵盖疫情情况、政府行为、疾病知识、综述评论和其

---

① 《首批甲型H1N1流感疫苗通过专家评审》,http://www.caijing.com.cn/2009-08-31/110235422.html。

他几个方面,多数报道的重点在疫情情况和政府行为方面,如国家领导人的讲话、指示、行动以及政府及各职能部门召开的会议、出台的相关政策规定等公告性信息,而关于专家、医院等权威个人或机构给予社会大众科学的指导与防控信息的知识传播性内容相对较少。

在报道的消息来源方面也存在失衡状况。一般来说,公共卫生事件的消息来源包括政府部门、相关组织、专家、患者、医护人员、社会公众、其他媒体等,但当前公共卫生报道的主要信息源是政府组织,一旦官方信息源不够通畅,就容易引发迟报、漏报等现象。而且社会公众作为公共卫生事件的直接受影响者,其观点、意见、态度、困惑等都应当成为报道呈现的内容之一,而当前多数报道中普通公众甚至患者都存在一定程度的被"失语"。有研究者对"非典"报道的文本进行分析发现:信息源主要来自于政府相关单位及官员,其中"会议"这一信息源基本上跟政府部门相关。政府单位及官员这一信源在《广州日报》和《羊城晚报》中所占比重分别为60.8%和51.2%。而在禽流感报道中,《人民日报》在信息源上,政府相关单位及官员占了62.5%,《新疆日报》《四川日报》也占了近50%。① 在稿源上,媒体也较依赖官方的新华社稿件。

从报道体裁来看,多数公共卫生事件报道以消息为主,主要是疫情发展、疾病防控等方面的报道,对事件进行深入分析的报道数量较少,仍然停留在告知阶段,因此,媒体报道需要进一步拓展其深度,以帮助公众建立正确的公共卫生观念。

(五)某些事件报道不及时

政府作为突发公共卫生事件的重要信息源,一直以来对信息的发布实行严格的控制。而媒体对突发公共卫生事件的报道,主要依赖政府提供的信息。在安徽阜阳手足口病事件中,3月上旬阜阳市一些医院收治手足口患儿,到4月23日确认感染肠道病毒EV71,相隔近两个月的时间。在疫情发生后,当地政府采取沉默甚至是撒谎等方式来掩盖疫情。疫情信息公布不及时、不透明,不但使得谣言泛滥,更导致病毒在大范围内传播,最终造成了789名儿童感染了肠道病毒EV71、19人死亡的恶果,且这一疫情在其他各省也开始出现并蔓延。

---

① 聂靓:《禽流感媒体报道内容分析,以健康传播学的视角》,西北大学硕士学位论文,2006年。

三、公共卫生事件报道的策略

虽然被统一冠名为公共卫生事件,事实上,根据公共卫生事件的发生原因可将其分为责任事故型和突发事件型两种。前者是由于相关部门、相关人员的过失、失职甚至是违法引发的突发公共卫生事件;而后者则主要是由于一些不可抗力(如气候、自然环境、病菌的变异等),或者一些不科学的传统习俗、生活习惯等引发的突发公共卫生事件。[①]

安徽泗县甲肝疫苗事件、阜阳手足口事件等属于责任事故型公共卫生事件,媒体的报道重点应以挖掘事件背后的原因和问责为主;"非典"和禽流感等则属于突发事件型公共卫生事件,媒体的报道重点应以展示事件发展和应急处理的过程为主。如果媒体报道未能把握其差别,则很容易聚焦失当,使报道偏离重心,而不能产生良好的报道效果。

媒体在做相关报道时,不同时期的侧重点应有所不同:在危机初发期,应该迅速对事件做出报道;在危机持续期,要全面、客观、准确、科学、适度地报道事件过程;在危机消退期,要加强长效预警报道和对危机影响后期的报道。媒体应该深入报道危机产生的原因、过程、目前的态势、可能会造成的危害以及由危机引发或者产生的其他问题等内容。

(一)报道要全面、客观

媒体要以一种理性的态度对待危机,以记录者的角色向受众呈现现实的情况,而不进行任何的渲染和炒作。在做各类突发传染病报道时,媒体可以采用"动态消息+解释性报道+言论"的方式,将每日疫情报道作为常态信息发布,同时辅以解释性报道、分析性报道以及科普性报道,在及时告知受众动态变化的同时,提升他们的防范意识、丰富其对疾病的防范能力,通过受众的自我防护尽量减慢疾病传播的速度。

在进行涉及药品安全的报道时,受药品安全知识专业性和复杂性的限制,媒体往往会出现偏差,存在专业概念误读的情况。而这些错误消息一经曝出,就很容易引发公众恐慌。2012年的"毒胶囊"事件便是如此。"毒胶囊"事件曝光后,公众对胶囊剂药品产生了极大的抵触情绪,排斥购买胶囊类药品,甚至在

[①] 张自力:《突发公共卫生事件报道中的媒体策略》,《中国记者》2005年第10期。

网上也开始流传如何从胶囊中取出药剂直接服用的方法等。此类报道不但影响了正规厂商合格胶囊类药品的销售,更不利于公众的健康。因此,传媒人员对涉及食品药品安全的报道应谨慎为先,务求客观,避免以偏概全,减少误导公众的可能。

(二)报道要准确、科学

在以往大量的新闻报道中,突发公共卫生事件常被当作一般的突发事件、灾难事件等来对待。实际上,突发公共卫生事件有其自身的特殊性,属于医疗卫生专业领域,涉及传染病学、卫生学、预防医学等专业知识。① 因此,科学性是公共卫生危机报道最基础的要求之一。

但对普通的公众来说,突发公共卫生事件涉及的医学知识是比较专业的。近年来历次重大突发事件,往往会涉及一些专业名词,比如非典型性肺炎、H5N1型禽流感病毒、猪链球菌病、手足口病、三聚氰胺等。这些名词一般比较生僻,让人难以理解,需要媒体在报道时进行适当的"翻译"。

在"非典"、禽流感、手足口病等传染性疫情发生时,媒体通过采访医疗方面的专家对这些疾病的特点、症状、传播途径、对人体的危害程度等加以说明和解释,并及时告知人们在日常生活中应如何预防,从而指导人们采取更科学的方法来处理和应对,如应如何使用消毒剂、戴什么样的口罩预防效果更好、服用中药应注意哪些事项等。再如《健康报》在2004年禽流感流行的时候用通俗的语言回答和解释了"人禽流感是一种新传染病""禽流感的传播特点""通过什么途径传染给人类""羽绒制品是否有传染性"等问题,并从医学视角发表《我国人禽流感缘何高散发高病死》的报道,从"大规模禽类免疫使人间疫情高度散发,高病死率与三个因素相关,降低患者的发病率比降低病死率更重要"三个角度来展开专业而详细的论述。通过新闻报道普及医药知识、传播健康理念,可以避免因相关领域知识的缺乏而对危机产生的过度恐慌和焦虑,进而减少公共突发事件对公众造成的直接或间接伤害。

(三)报道要适度平衡

报道不是越多越好,应该适度,做到信息均衡。2003年"非典"危机初期,媒体权威资讯缺失导致公众极度恐慌;"4·20"之后,媒体泄洪式的报道不但没有

---

① 张自力:《突发公共卫生事件报道中的媒体策略》,《中国记者》2005年第10期。

缓解公众的恐慌情绪,反而将公众从一种恐慌带入了另外一种恐慌中。

(四)报道要有价值导向

疾病不仅是医学病,而且是社会病,与此相关的公众对患者的态度、对政府的防控评价、对健康观念的理解以及涉及政治、法律、道德、文化等议题应该被媒体报道,而且应该被广泛报道。[①] 目前,媒体的公共卫生事件报道多数还停留在事实告知的层面,在报道中除涉及相关疾病的发病病理、主要症状、易感人群、传播途径、感染率与病死率、药物研发、公众日常的预防措施等疾病知识外,还应当通过报道增强公众对疾病的防范意识和防范能力,提高其健康素养,使其对公共卫生相关问题有相对科学和理性的态度及行为。

第二节 疫病报道

自从人类出现,传染病便如影随形。古往今来,天花、霍乱、麻风病、鼠疫等传染病曾给人类造成毁灭性的灾难,且目前依然是引发突发公共卫生事件次数最多、涉及面最广、后患也最为严重的问题之一。世界卫生组织前总干事在《1996年世界卫生报告》中曾发出告诫:"我们目前已处在一切传染病危机的边缘,没有哪一个国家可以幸免,也没有哪一个国家可以对此高枕无忧。"[②]十年后,世界卫生组织发布的《2007年世界卫生报告》中再次提出本世纪卫生工作的重点是"预防世界性传染病的爆发"。近年来,各种新型传染病不断出现,"非典"(SARS)、禽流感、登革热、埃博拉、MERS等层出不穷,传染病过去是而且以后也一定是影响人类历史的一个最基础的决定性因素。因此,应对传染病疫情任重道远。

传染病,一般是指由一种特异传染病原体或它们的毒性产物所致的疾病,并且这种病原体及其毒素是通过感染的人、动物或储存宿主以直接或间接方式,经由作为中介的植物宿主、动物宿主、昆虫或其他环境因素传染给易感宿主或易感人群的。传染病可分为急性传染病、慢性传染病和新发传染病,其中急性传染病

---

① 黄彪文、董晨宇:《媒体对新发突发传染病的报道图景——以甲型H1N1流感为例》,《新闻大学》2010年第4期。
② 世界卫生组织编:《1996年世界卫生报告:抵御疾病促进发展》,丁冠群等译,人民卫生出版社1997年版,第20页。

通称为疫病。传染病疫情具有传染性、突发性、风险性和灾难性的特点。

从 2003 年的"非典"到 2009 年的"甲流",再到 2013 年的 H7N9 禽流感,媒体在信息发布机制的灵敏性和舆论引导能力方面取得了明显进步,但也出现了一哄而上的信息开放会不会因信息混乱而造成新的信息不透明的诘问。因此,我们就通过梳理近年来几次主要的疫病报道来探索公共卫生突发事件的报道及优化路径。

一、"非典"

根据《中国卫生年鉴》的定义,非典型性肺炎(SARS)又称严重急性呼吸综合征,简称"非典",是一种因感染 SARS 相关冠状病毒而导致的以发热、干咳、胸闷为主要症状,严重者出现快速进展的呼吸系统衰竭的新型呼吸道传染病,具有极强的传染性。该病作为人类健康的共同疫魔,具有爆发急、传播快、范围广、影响大的特点,在经济全球化的作用下迅速成为影响重大的全球性公共卫生危机。2002 年 11 月 16 日,"非典"在我国广东首先爆发,300 人被感染,5 人死亡;随后该病在全国范围内迅速扩散,并扩散到五大洲的 19 个国家(地区),占全球 206 个国家(地区)的 9.2%。据世界卫生组织统计,截至 2003 年 8 月 7 日,全球累计"非典"病例 8422 例,死亡人数 919 人。

作为一次大型的公共卫生事件,"非典"不仅影响了中国公共卫生事业的整体进程,也在很大程度上对中国媒体公共卫生危机的报道进程产生了影响。媒体的"非典"报道第一次让公众理解了什么是"公共卫生事件",听说了什么是"食源性疾病",还让公众见证了我国媒体公共卫生事件报道乃至整个危机报道从幼稚到成熟的过程。复旦大学的李良荣教授曾将我国媒体在"非典"报道中的表现高度概括为:失败的前期瞭望功能(即疫情发展的前期提供预警的失误)和成功的后期动员功能并存。[①] 这说明,我国媒体早期对本土疫情的报道存在着严重的"缺位"现象,只是在政府正式承认没及时、准确发布疫情后才逐渐"复位"。

(一)媒体报道呈现明显的阶段性特征

2002 年 11 月 16 日,广东佛山出现了一例后来被认定为"非典"的病例。12

---

① 陈建云、陈颖:《一次反思自我引发改革的机会——"重大突发事件与新闻传播学术研讨会"综述》,《新闻记者》2003 年第 6 期。

月 15 日,河源市紫金县两人因相同病症住进了河源市人民医院。其后,河源有 7 名医务人员被感染。当地媒体对疫情有所报道,但都尽量轻描淡写。在最早发生疫情的河源市,当地报纸 1 月 3 日刊登了当地卫生局的声明:"河源没有流行病在传播……类似咳嗽、发烧等症状是由于天气相对较冷造成的。"这是中国媒体有关"非典"的首次报道。

1. 媒体报道早期:媒体"失语"

"非典"时期,疫情信息受政府的控制而得不到及时公布,即使公布也是将疫病弱化。2003 年 1 月 5 日,广东的《新快报》在题为《河源风传不明病毒实是非典型肺炎》的报道中明确写道:"这种病也没有传染性,市民完全无须恐慌。"2003 年 1 月下旬,受到传染的城市之一的中山市的一份报纸刊登了来自政府的一条简短消息:"这一病毒已经在广州出现一个多月,这类传染病已经受到了有效的治疗和控制,群众没有必要惊慌。"这一阶段,虽然广东当地主流媒体《羊城晚报》《新快报》《南方都市报》等都对疫情进行了报道,但是报道篇幅和数量都较少,未能引起受众的足够重视。2 月 11 日,广州市政府召开新闻发布会,向公众介绍了非典型性肺炎的具体情况,公布了"非典"疫情的患者人数和死亡人数等消息。之后一周,广东媒体对疫情的报道开始增加。此时疫情已经开始蔓延,各类谣言四起,板蓝根、鱼腥草等中草药价格迅速上涨。2 月 23 日,广东省宣传部门称太多批评会影响社会稳定,规定"从即日起所有'非典'的报道决定权在我部,未经我部同意一律不得报道信息公开"。此后,广州新闻媒体报道的数量迅速减少,即使是此前最积极的《南方都市报》,3 月份总共也才发稿 4 条。

从 2002 年 11 月 16 日到 4 月 2 日,中央和其他地方的媒体也对"非典"疫情进行了相关报道,但报道数量寥寥无几:《人民日报》2003 年 2 月 12 日头版刊登题为《广东省部分地区出现非典型性肺炎》的消息后,相继刊登了《首都中医专家关注非典型肺炎告诫大众:板蓝根勿滥服》(2 月 13 日)、《广东非典型性肺炎得到有效控制——大部分病人痊愈出院》(2 月 15 日)、《广东非典型肺炎病因基本确定——采用针对性强的抗生素治疗非常有效》(2 月 19 日)等报道,3 月未刊登任何报道;《中国青年报》2 月刊登 7 篇报道后,整个 3 月未刊登任何相关报道;《中国日报》刊登了 6 篇报道;中央电视台 4 月 1 日前未对"非典"进行报道;地方媒体中,《北京日报》报道 3 次,《解放日报》报道 6 次,《天津日报》报道 2

次,《新华日报》报道8次。① 以上报道对疫情的具体情况、如何发生、传播速度、病因、感染人数等均作淡化处理,强调"SARS具有传染性,但可以预防""广大受众切勿恐慌""非典型性肺炎已得到控制""发病情况也日益稳定""非典并不可怕""非典型性肺炎的病原体已经查出""SARS是病毒,但病毒不可怕,可以治愈""肺部感染的不一定是非典型性肺炎""患者人数日益减少"等。

总体而言,这一阶段各媒体沿袭了以往"报喜不报忧"的报道理念,普遍采用了避讳或者缄默的态度,对真实疫情有所隐瞒。

2.媒体报道中期:众声喧哗

2003年4月3日,国务院新闻办举行中外记者招待会,当时的卫生部长张文康在发布会上称"截至3月31日,北京发现'非典'12例,死亡3例,我在这儿以部长的名义说,中国局部地区已经有效地控制了非典型肺炎的疫情……在中国,中国人民包括广东人民的生活、生产的秩序是正常的。因此,到中国来工作、旅游、开会等等也是安全的"②。但据解放军301医院的退休医生蒋彦永披露,仅在解放军309医院就已收治60例"非典"病人,截至2003年4月3日,已有6人死亡。这种官方信息和民间信息极端不吻合的现象进一步加剧了谣言的传播,引发了新一轮恐慌和抢购风潮。在媒体的遮遮掩掩下,本来是地区性的"非典"迅速波及全国25个省份,引起了社会不同程度的恐慌。

这一阶段,各媒体开始对"非典"进行大量密集的报道。2003年4月2日至4月20日期间,《人民日报》共报道与"非典"有关的新闻125篇;不少报纸还开辟了"非典"专版或专栏。

但在2003年4月3日至20日期间,媒体的报道过于"乐观",强调"非典"是一种可防可控的疾病,然而其关于"非典型性肺炎得到有效控制""在中国旅游是安全的""各地迎来旅游旺季"等报道内容和观点在下一阶段的报道中被推翻。

2003年4月20日以后,媒体的报道开始基本回归理性和客观,在正面宣传和客观报道间基本实现了平衡。

2003年4月20日,时任国家主席胡锦涛在中央政治局常委会议上强调:

---

① 吕剑光:《从SARS事件看政府形象与大众传媒的关系》,清华大学硕士学位论文,2005年。
② 《国务院新闻办举行防治非典型性肺炎记者招待会(新华网直播全文)》,http://health.enorth.com.cn/system/2003/04/04/000538599.shtml。

"党政主要领导要亲自抓、负总责;要准确掌握疫情,如实报告并定期对社会公布,不得缓报、瞒报。"①当天下午,国务院新闻办召开新闻发布会,如实通报了中国内地"非典"的最新疫情情况。此后,媒体开始了对"非典"的大规模报道。各家媒体对"非典"疫情和国内抗击"非典"的形势进行了较为全面、客观的报道。

这一阶段的报道用"铺天盖地"来形容毫不为过。有研究者对《中国青年报》《北京日报》《新民晚报》《文汇报》《南方日报》《南方都市报》和《羊城晚报》几家媒体2003年4月21日到5月10日关于"非典"的报道数量进行统计后发现,这一阶段报道数量大幅上升,其中《中国青年报》的发稿量最大,高达921条,平均每天发稿多达40.05条,发稿量最小的《羊城晚报》也有376条,平均每天发稿18.8条。② 同期《人民日报》共发表相关报道355篇,平均每天17.75篇。中央电视台一套、二套、国际频道的《新闻联播》《新闻30分》《整点新闻》等栏目,对每日疫情最新情况进行客观、真实的报道;新闻频道还对"非典"进行了多次直播。

值得一提的是,这一时期绝大部分报道是关于每日疫情、宣传科学防范知识、公布政府决策、塑造典型人物等内容的,但"非典肆虐""没有硝烟的战场""一场突如其来的重大灾难"等词语被频繁使用。一些媒体对参与一线救治的医护人员"火线入党""病房中的婚礼"等的报道有一种"壮士一去兮,不复返"的悲壮感,虽然初衷是对医护人员的正面宣传,实际报道效果却远远超出了对医生这一职业所具风险的预期心理承受能力。这种悲情渲染式的报道,在一定程度上给受众造成了"形势陡然严峻"的错觉,社会情绪因此陷入恐慌、不安。正如传播学者保罗·拉扎斯菲尔德曾经指出的,如果媒介过度强调危险和威胁,便可能导致社会恐慌。而个人如果长期接受了过多的此类信息,便可能陷入一种对信息漠不关心或消极被动的状态,媒介的这一功能被称为麻醉功能,被视为媒介的负功能之一。"非典"时期这种激情盖过理性的赞美诗般的报道,反而加剧了公众对"非典"疫情的非理智认知。

---

① 《中央政治局常委会召开会议要求进一步加强"非典"防治工作》,http://old.jfdaily.com/gb/node2/node17/node167/node10867/node10869/userobject1ai142240.html。
② 刘茜:《对中国媒体公信力与话语权的思考——以非典报道和H7N9禽流感事件报道为例》,湖南师范大学硕士学位论文,2013年。

3. 媒体报道后期：五线并举，有主有次

《人民日报》"非典"报道组总结"非典"报道时指出，2003年5月关于"非典"事件的报道坚持了"五线并举，有主有次"的原则，收到了良好的效果。五线分别是：(1)中央的声音，包括中央召开的有关会议和领导视察、讲话等消息；(2)医疗部门救治病人的消息；(3)各地政府组织抗"非典"和各行业支援抗"非典"的工作信息；(4)言论；(5)相关的防病抗病知识和法律知识。其中中央的声音是主线，其余按医疗、外围、言论、知识，顺序而下。①

（二）媒体新闻报道与疫情扩散具有同步性

在"非典"危机由潜伏转化为爆发的关键时期，也是"非典"防治的关键时期，新闻媒体的报道却寥寥无几，媒体总体上功能缺位。由于媒体的危机信息预警功能缺失，媒体的负外部性非常明显。从2002年11月16日"非典"疫情首次出现到2003年2月10日广东电视台、《羊城晚报》、南方网首次报道，时间间隔87天。在这87天中，主要媒体没有作任何直接的报道。

在疫情由爆发期转向高峰期时，媒体才开始大量集中报道。媒体由缺位到归位，在危机管理中的作用由负外部性转变为正外部性。

疫情进入高峰期后，媒体及时、准确通报各地疫情，传达中央和地方党委、政府的政策措施，广泛宣传防治科学知识，对树立党和政府良好形象、有效控制疫情发展起到了重要作用。

媒体对疫情信息的充分披露和全面报道，赢得了群众广泛的支持和高度评价，对动员公众防治"非典"起到重要作用。

2003年6月24日，世界卫生组织的官员指出，在"非典"疫情爆发早期，中国提供的信息不够透明，也不够及时。但自4月中旬以来，中国政府在防治"非典"方面的承诺是非常坚定和强有力的，出台的各种防控措施是非常有效的，提供的信息是透明和及时的，群防群控也具有强有力的群众基础。当日，世卫组织官员宣布：从即日起解除对北京的旅行警告，并将北京从"非典"疫区名单中删除。

---

① 人民日报抗击"非典"报道组：《在打硬仗打大仗中发挥舆论示范作用——人民日报抗击"非典"报道工作综述》，《新闻战线》2003年第8期。

表 4—1 疫情发展与媒体报道对照表

	2002.11.16— 2003.1.31	2003.2	2003.3	2003.4	2003.5
疫情发展情况	每日有少量发病病例,集中在广东地区。	2月中旬有一次发病高峰,最高每日发病人数达50人左右,集中在广东地区。	每日发病数量比2月份有所减少,3月中旬有一次小的发病高潮,最高发病人数达20多人,开始向其他地区扩散。	每日发病人数急剧增加,最高时达203例,在全国其他地区迅速蔓延,北京成为新的重灾区。	5月上旬每日发病数量仍保持很高水平,中旬开始下降,下旬已降到较低水平。
疫情发展阶段	潜伏期	爆发期	蔓延期	蔓延期	蔓延期至痊愈期
媒体报道数量	没有任何报道	2月中旬广东的地方媒体进行了一定数量的报道,2月下旬只有很少的报道。中央媒体和北京等其他地方媒体少量报道。	中央媒体、广东和北京及其他地方媒体只有很少量的报道,报道数量比2月份还少。	中央媒体、地方媒体开始进行大量连续报道。4月20日前,报道内容过于乐观,许多观点在以后的报道中被推翻。	中央媒体、地方媒体持续进行大量连续报道。报道内容基本做到客观、准确、及时、全面。
媒体报道阶段	零报道	零星报道	零星报道	片面性密集报道	客观性密集报道

二、禽流感

禽流感也被称为真性鸡瘟或者欧洲鸡瘟,是一种主要流行于鸡群中的烈性传染病,一旦爆发会造成家禽大量死亡。很长一段时间以来,这种疾病的传染范围仅局限在家禽中,但近年来却跨越原先范围开始侵袭人类。

自 2004 年以来,已先后有 H5N1、H1N1、H7N9 等几种类型的禽流感或流感在我国境内流行。其中出现于 2010 年的甲型 H1N1 禽流感(简称"甲流")是近 40 年来爆发的首次大规模流行性流感。

(一)H5N1 禽流感

2003 年 12 月 15 日,在韩国中部地区首次确认发现传染性极强的禽流感病例。当天,《中国日报》网站将这一消息公之于众。2004 年 1 月 19 日,农业部向各地发出紧急通知,要求对高致病性禽流感实行疫情每日报告制度,并要求各地精心组织,确保各项防疫措施落实到位,防止疫情发生和蔓延。

2004年1月23日,广西隆安县丁当镇发现第一例疑似禽流感病例;1月26日,湖北武穴、湖南武岗分别发生疑似禽流感病例。随后,安徽、上海等地也出现相同病例。与"非典"时期媒体的集体"沉默"相比,这一次媒体在第一时间对发生在我国的禽流感进行了报道。2014年1月27日,国家禽流感参考实验室对广西疑似禽流感病例进行确诊后,媒体立即进行了报道,对湖北、湖南、安徽、上海等地的疑似禽流感病例也在第一时间进行了报道。2014年1月29日,温家宝总理主持召开国务院常务会议,研究部署禽流感防治工作。1月30日,全国防治高致病性禽流感指挥部正式成立。2014年2月5日,国务院新闻办举行了新闻发布会,农业部副部长刘坚介绍了中国高致病性禽流感的防治工作并答记者问,100多家新闻单位的记者参加了新闻发布会。2014年2月9日起,农业部在其官方网站公布每日疫情后,媒体每天转载疫情向社会公布,并配上感染地区的分布图和动态图,各种数据翔实、可靠。

在该次禽流感报道中,媒体除积极报道疫情外,还就禽流感的基本知识及其预防、政府部门的措施、国外疫情及其防治经验等进行了报道,并组织专家发表文章,回答一些公众关心的问题,如鸡鸭感冒怎样传染人、人与人之间会传播病毒吗、吃鸡鸭肉会被感染吗、穿羽绒服盖鸭绒被会被感染吗等问题。媒体充分、及时的报道使公众对禽流感这一传染病有了充分的了解,知道如何预防、现在疫情发展到什么程度、自己如何避免感染等,避免了不必要的恐慌。

负面信息疏导理念认为,受众是具有理性精神和心理承受能力的,负面信息的传播并非一定会引起社会的混乱和恐慌。只要及时、全面、充分地传达信息,并加以疏导,就会最大限度地减少其对社会的危害。在负面信息疏导理念指导下,媒体应充分尊重公众知情权,将各个方面的信息及时、准确、全面地报道出来,达到以下效果:

(1)有效地杜绝谣言和流言的传播。传播学研究表明,诸如谣言、小道消息往往是在权威信息得不到通畅表达时才得以大行其道的,而防止之道在于公开。

(2)有效地避免社会公众的恐慌。充分掌握了信息后,公众就会对突发事件做到心中有数,反而不会产生恐慌。新浪网曾做过一项"禽流感疫情是否会影响您的正常生活"的调查,7万多人参加,57.33%认为不会,13.49%表示说不清,29.18%认为会影响正常生活。

(3)有效地制止疫情的蔓延。

(二)H1N1 流感

甲型 H1N1 流感(简称"甲流")是一种急性呼吸道传染病,其病原体是一种新型的甲型 H1N1 流感病毒,可在人群中传播。与以往或目前的季节性流感病毒不同,该病毒毒株包含有猪流感、禽流感和人流感三种流感病毒的基因片段。人感染甲型 H1N1 流感病毒后,发病前一天就可以排出病毒,即在没有症状的潜伏期就具有传染性(SARS 病毒是在病人出现症状后才具有传染性),其病毒的传播性比 SARS、禽流感病毒都要强,①但它的"杀伤力"不如 SARS 病毒和人感禽流感病毒高,病死率也没有后两者严重。甲型 H1N1 流感属于典型的新发突发传染病,也是近 40 年来爆发的首次大型流行性流感。作为一种全新变异的病毒,人类对其几乎没有免疫能力。

根据卫生部网站的统计,截至 2010 年 3 月份,全国 31 个省份累计报告甲型 H1N1 流感确诊病例 12.7 余万例,其中死亡病例 800 例。全球共有 214 个国家和地区报告了甲型流感确诊病例,其中死亡病例至少有 18449 个。

与"非典"报道的滞后相比,我国媒体对 H1N1 流感的报道可以用"井喷"形容,并于 2010 年 4 月 29 日达到顶峰。从 2009 年 3 月墨西哥出现"猪流感",到 4 月 24 日世界卫生组织宣布"猪流感"在墨西哥的疫情,再到 5 月 10 日我国内地发现首例甲型 H1N1 流感疑似病例,"H1N1""猪流感""疑似病例""确诊病例"等名词成为媒体报道的关键词。

甲型 H1N1 流感在我国大众媒介的新闻议题转变上可以分为五个阶段:(1)"甲流"在国外的报道;(2)中国确认第一例"甲流"病例后的报道;(3)中国出现"甲流"二代病例后的报道;(4)2010 年 8 月 10 日世界卫生组织取消公布"甲流"病例后的报道;(5)"甲流"疫苗使用后的报道。报道主要以政府防治、疾病知识、疫情态势三个议题为主。值得一提的是,国外媒体对"甲流"的报道较多采用负面或两面提示的语气,以一种预警式的研判,把最坏的情况告知公众,如"美国将有 80% 人口感染'甲流'"等;而我国媒体的报道总体呈现乐观态势,将其塑造为一种相对温和的疾病。

整个 H1N1 疫情报道期间,媒体报道的数量与疫情发展吻合,基本满足了公众的信息需求。"甲流"期间一项公众调查表明,在问到信息能否满足需求

---

① 李晓宏:《健康知识是有效的疫苗——中国疾病预防控制中心副主任杨维中谈防控》,《人民日报》2009 年 5 月 4 日。

时,公众给的平均得分是 4.05(1~5 分,得分越高越满意)。①

但在同时,我们需要认识到,媒体的报道仍存在诸多不足,如我们提到的公共卫生事件报道普遍存在的跟风现象严重、同质化新闻大量涌现、报道思维机械、深度报道匮乏、病患隐私权受到侵犯等问题,在此次 H1N1 疫情报道中都有不同程度的体现。

(三)N7N9 禽流感

2013 年 3 月 31 日,国家卫生和计划生育委员会通报,上海市和安徽省发现 3 例人感染 H7N9 禽流感病例。这次人感染的 H7N9 禽流感病毒是全球首次发现的新亚型流感病毒,国内外尚无专门疫苗。H7N9 是禽流感的一种亚型。甲型流感依据流感病毒特征可分为 HxNx 共 135 种亚型,H7N9 亚型禽流感病毒是其中一种,以往在禽间出现,这是首次在人与人之间出现。该疾病的传染源为携带 H7N9 禽流感病毒的禽类,病毒会通过呼吸道、密切接触感染禽类的分泌物或排泄物传播,或通过接触病毒污染的环境传播至人或有限的、非持续的人传人。H7N9 疫情从上海、安徽发端,蔓延至全国多个地区,但始终保持在有效的控制范围内。在整个疫情发展期间,我国媒体积极报道,传播相关的科学知识,传递最新动态,对事件的有利解决起到了积极作用。

以《人民日报》的报道为例:该报在 2013 年 4 月 1 日报道了卫计委的通报后,一直持续对 H7N9 禽流感的疫情进行关注和报道,在第一时间把 H7N9 禽流感疫情发展的最新动态传递给公众。该报在首次报道中介绍了三例患者的基本情况、H7N9 禽流感的病毒基因、具体感染源、H7N9 的病毒传染方式、专家提出的预防措施,同时用图表的方式间接、明朗地将核心信息传递给受众,防止谣言的出现。该报对 H7N9 禽流感的报道内容涉及疫情情况、政府行为、疾病知识、综述评论和其他五个方面,其中以疫情信息报道为主。官方视角的报道接近一半,其新闻来源包括政府部门、相关组织、专家、患者、医护人员、社会公众、其他媒体等,来自政府部门、相关组织和专家的比重较高。与外媒对 H7N9 的报道以负面批评性报道为主不同,《人民日报》着力给公众传达 H7N9 禽流感是一种相对温和、可控的疾病这一观念,以减少恐慌、维护稳定,因此,其报道整体以正面报道为主、中立报道为辅,强调"不必大规模恐慌""感染风险很低""蔓

---

① 黄彪文、董晨宇:《媒体对新发突发传染病的报道图景——以甲型 H1N1 流感为例》,《新闻大学》2010 年第 4 期。

延风险较低"。总体而言,媒体对 H7N9 的报道相对及时、客观,因而没有引起公众的恐慌。

可以说,自 2003 年"非典"以后,对突发疫病的报道逐渐成为媒体报道的常规事件。相应地,媒体对疫病的报道观念与报道模式都发生了重要转变:报道观念上,从稳定至上到正视事件;信息流通上,从严密封锁到适度开放;报道时机上,从适宜到时效。究其原因,主要是新媒体的发达和人口的流动造成封锁信息困难;封锁消息造成的事件误读影响巨大;传统思维认为告知会引起社会恐慌,造成社会混乱;全球化以及媒介全球化的现状,国际形象的考虑。①

第三节 食品安全事件报道

古语道:国以民为本,民以食为天,食以安为先。早在 2500 年前,孔子就曾对他的学生说过:"食饐而餲,鱼馁肉败,不食。色恶,不食。臭恶,不食。失饪,不食。不时,不食。"食品,指可直接食用的初级农产食品和以农业原料及初级农产食品为主要原料的二次或多次加工食品,尤其以可直接食用的初级农产食品及原料为主(粮油、果蔬和畜产品),是人类赖以生存和发展的最基本的物质条件。

食品安全涉及两方面:一是一个国家或社会的食物保障,即是否具有足够的食物供应;二是食品中有毒、有害物质对人体健康影响的公共卫生问题。当前,对食品安全的理解被分为绝对安全性和相对安全性两个层次,前者被认为是确保不可能因食用某种食品而危及健康或造成伤害的一种承诺,也就是该食品应绝对没有风险;后者被定义为一种食物或成分在合理食用方式和正常食量的情况下,不会导致对健康损害的实际确定性,但不能担保在不正常食用时可能产生的风险。事实上,在任何国家,绝对安全的食品都是不存在的,食品安全只能是相对的。

从内涵上讲,首先,食品安全是个综合概念,包括食品卫生、食品质量、食品营养等相关方面的内容和食品种植、养殖、加工、包装、贮藏、运输、销售、消费等环节,而作为属概念的食品卫生、食品质量、食品营养等无法涵盖上述全部内容和全部环节。其次,食品安全是个社会概念。与卫生学、营养学、质量学等学科

---

① 李铁锤、赵平喜:《论突发性公共卫生事件的报道》,《新闻爱好者》2008 年第 4 期。

概念不同,食品安全是个社会治理概念,在发达国家与发展中国家侧重点不同。再次,食品安全是个政治概念。无论是发达国家,还是发展中国家,食品安全都是企业和政府对社会最基本的责任和必须作出的承诺。最后,食品安全是个法律概念。

食品安全是一个不断发展的概念。1974年11月,联合国粮农组织(FAO)在世界粮食大会上通过了《世界粮食安全国际约定》,第一次提出了"食品安全"的概念。1996年,联合国粮农组织在其《罗马宣言》和《行动计划》中再次指出,当所有人在任何时候都能够在物质上和经济上获得足够、安全和富有营养的食品,来满足其积极和健康生活的膳食需要和食物喜好时,才算实现了食品安全。同年,世界卫生组织(WHO)在《加强国家级食品安全性计划指南》中,将食品安全定义为对食品按其原定用途进行生产和或食用时不会对消费者造成损害的一种担保。2003年,世界卫生组织和联合国粮农组织在《保障食品的安全和质量——强化国家食品控制体系指南》中再度修订了食品安全的定义,提出食品安全涉及那些可能使食品对消费者健康构成危害的所有因素,这些危害因素是毫无商量余地必须被消除的。食品安全具有不可协商性,其关注的重点是食品消费者的健康问题。在我国2009年颁布实施、2015年修订的《食品安全法》将食品安全界定为"食品的生产、加工、包装、运输、储藏及销售过程,在符合国家强制标准和认证制度的前提下,不会使消费者受害,也不会构成隐患危及其后代。它既包括经营安全,也包括技术安全;既包括现状安全,也包括后果安全,我国目前的食品安全主要是指食品质量安全。"

2003年的"非典"事件不仅引发了公众对公共卫生问题的重视,也使一些人开始接触"食源性疾病"的概念,而食品安全事件报道真正引发广泛关注可以说是肇始于2004年的阜阳"大头娃娃"奶粉事件。其后,一系列的食品安全事件报道进入公众视野,引起了公众对食品安全问题的重视和恐慌。《监督与选择》编辑部2007年对北京、上海、广州、重庆、武汉五个城市的1367位市民所进行的调查显示,62.1%的受访者表示"食品不安全"是"对健康威胁最大的因素"。该调查同时显示,我国居民在获取食品安全信息上主要依赖媒体;64.2%受调查的人表示,当出现食品安全问题后"最相信媒体报道",而选择"相信政府公告""相信协会说法"和"相信企业申诉"的分别只有50.3%、20.6%和11.9%。[1]

---

[1] 《监督与选择》编辑部:《我国城市居民看食品安全》,《监督与选择》2007年第Z1期。

与食品安全突发事件相关的有"食品安全事件"和"食品安全事故"两个概念。二者有相似之处，又不完全相同。事故指的是造成人员伤害或财产损失的意外事件，事件能够或者可能导致事故。食品安全事故往往会在实践中成为食品安全突发事件的代名词。与之相应的是，监管部门对食品安全事故进行了分级，将其分为特别重大食品安全事故（Ⅰ级）、重大食品安全事故（Ⅱ级）、较大食品安全事故（Ⅲ级）和一般食品安全事故（Ⅳ级）。其中特别重大的食品安全事故需要上报国务院或国务院授权部门，由其负责处置。简言之，食品安全突发事件是指突然发生、对人体健康和人身安全造成严重危害或者具有潜在严重危害的重大食物中毒事故；食用感染疫病的动植物及其产品引发或可能引发的重大食源性疾患事件；食用被污染的食品引发或可能引发严重的传染病爆发与流行的事件；食品含有毒、有害物质，或在生产、流通、消费等过程中被有毒、有害物质污染，或被人恶意投毒，引发或可能引发严重食源性疾患的其他事件。

食品安全问题和食品安全事件并非我国独有，西方一些国家也常常发生食品安全事件，且后果严重。美国2010年10月3日公布的一项调查报告显示，仅食品污染一项给美国造成的经济损失每年高达1520亿美元。[①]

有研究者认为，食品安全事故可以分为四种类型：(1)加工食品污染事件，如"苏丹红"工业添加剂事件、雀巢奶粉碘超标事件等；(2)假劣食品事件，如陈化粮事件、阜阳奶粉事件等；(3)农产品污染事件，如生猪"瘦肉精"污染事件，毒黄花菜事件等；(4)其他食品事件，如海城豆奶事件、"河豚鱼中毒"事件、"四季豆"中毒事件等。

也有人将近20年发生的食品安全事件划分为9种类型，分别为：(1)食源性疾病，如1988年的上海"甲肝"流行、"非典"、海城豆奶事件等；(2)化学物质性污染，如1998年的朔州假酒案、"瘦肉精"事件、"毒大米"事件等；(3)必要元素含量不足，如阜阳"大头娃娃"奶粉事件；(4)控制元素含量超标，如雀巢碘超标等；(5)腐败性污染，如南京冠生园"陈馅月饼"事件；(6)药物残留超标，如多宝鱼药物残留超标、潮安果脯事件等；(7)标示出厂日期延后，欺骗消费者食用超过保质期的产品，如光明"早产奶"事件等；(8)以有害物质替代可食用物质，如三聚氰胺事件等；(9)为达到某种目的而添加杀虫毒药，如"敌敌畏金华火腿"

---

① 高原：《美国因食品污染每年经济损失超过1500亿美元》，新华网，2010年3月4日，http://news.xinhuanet..com/tech/2010/03/04/content_13094750.htm。

事件等。①

还有的分类方式则将食品安全事件分为：(1)加工失当型，指食品携带病原体或抗营养因子，因加工、烹饪或食用方法不当而造成的安全事件，事件发生的地点、受害人员集中，涉及的利益主体少，导致事件发生的因素单一，事件呈孤立、偶发性特征，如北京福寿螺事件、海城豆奶事件等；(2)食品污染型，指食品在生产过程中，多因人为因素而受到农药、兽药、医药及重金属污染，给消费者造成的多为隐性或潜在伤害，事件具有隐蔽性、滞后性、累积性、责任追究难等特征，如多宝鱼事件、"毒豇豆"事件等；(3)以次充好型，指利用假的、次的、有毒害的原材料制造食品，给消费者造成明显的或潜在的伤害，事件危害大、社会治理成本高，如阜阳奶粉事件、地沟油事件等；(4)非法添加型，指人为过量或非法添加化学药品，给消费者造成明显的伤害，事件形成原因复杂，涉及利益主体多、危害大、社会治理成本高，如三聚氰胺事件、"瘦肉精"事件等。

食品安全涉及多部门、多层面、多环节，是一项复杂的系统工程。通过对食品安全突发事件由诱发到发展中的反应者再到受害者及旁观者的过程分析可以得出，食品安全突发事件的利益相关者包括消费者、食品生产经营者、政府部门、媒体、行业协会、社团组织等。其中，食品生产经营者、消费者、政府机构为直接利益相关者，媒体、行业协会和公众为间接利益相关者。在食品安全突发事件发生时，社会公众渴望从媒体处获取准确信息；媒体成为提供基本事实的载体，同时成为政府和企业形象的主要传递者。另外，当食品安全突发事件引起社会愤怒时，媒体需要承担起疏解和引导的责任。

食品安全事件频发，不但给食品业的良性发展带来冲击，还引发了公众对国产食品的信心，更损害了公众的身体健康，也在世界范围内影响了中国的国际形象。《中国青年报》2012年11月的"万人民调"显示，未来10年公众最期待得到改善的三大领域为医疗、教育和食品安全。无独有偶，《小康》杂志从2010年开始发布"最让人担忧的十大安全问题"排行榜，"食品安全"年年上榜，并连续3年排名榜首。有关部门的调查显示，我国的食品形势逐渐好转、总体向好，但公众的感知并非如此，背后的原因是多方面的，与媒体报道相关的有两点：一是媒体（含各类新媒体）在引发公众对食品安全问题关注和重视的同时，对一些食品安全事件进行的不当炒作误导了消费者；二是公众感知的风险与科学评估的风险之间有差异，需要媒体作为风险沟通的中介。

---

① 刘万林、卢振：《二十二年来九种食品安全事件分类浅析》，《中国食品》2009年第6期。

由此可见,食品安全问题引人关注,媒体在食品安全信息传播过程中的作用亦不可小觑。《中国八大城市食品安全公众认知度调查报告》显示,电视、广播是公众获取食品安全知识和信息的主要渠道,占 53.3%,报纸、杂志报道和网络信息分别占 14.81% 和 14.68%。①

一、食品安全报道的进程

(一)改革开放之前:基本失语

新中国成立之初,我国各地区都曾出现过因为无意间食用了有毒有害的食品而造成大量人员食物中毒乃至死亡的情况,食物中毒导致死亡的人数以万计。如 1958 年 4 月起,安徽省天长、五河、凤台、定远等县相继发生因摄取蔬菜或饮水中的过量硝酸盐和亚硝酸盐而引发高铁血红蛋白症即肠原性青紫病的事件,各地发病数万人,死亡数千人。1960 年,湖北省应山县 1200 多人误食苍耳饼中毒,62 人死亡;广东化州因食木薯 5099 人中毒、死亡 166 人。仅 1960 年 1~4 月,甘肃省就发生了 76 起食物中毒事件,2697 人中毒、175 人死亡。但由于种种原因,这些食物中毒事件并未出现在媒体报道中。值得注意的是,这一阶段出现的食品中毒事件基本都是因摄入被致病菌或其毒素污染的食物而引发疾病的细菌性食物中毒,或是因误食了有毒动植物或摄入在食品加工过程中未除去有毒成分的动植物食物而引起的有毒动植物中毒,再或者是食物霉变等引发的食物中毒,至于人为添加有毒物质而导致食物中毒的事件鲜有发生。

此时出现在媒体报道中的,不是食品报道,而是粮食生产报道。由于当时的粮食流通都归粮食部门负责,粮食报道也只是以产量报道为主。在"大跃进"的年代里,粮食产量被虚夸到近乎无知的程度。

有研究者将 1955 年 6 月 29 日《人民日报》第 6 版刊登的读者来信《防止吃河豚鱼中毒》视为《人民日报》第一篇食品安全事件的报道。② 该报道虽然不是以新闻报道的形式刊出的,也缺乏一些基本的新闻要素,但确实指出了"几年来,各地群众曾不断发生因误食河豚鱼中毒死亡事件;今年渔汛开始以来,广东、福建、山东、河北、武汉及乌兰浩特等地区又发生十一件,中毒五十八人,其中

---

① 唐民皓:《食品药品安全与监管政策研究报告》,社会科学文献出版社 2012 年版,第 124 页。
② 李凤麒:《建国以来〈人民日报〉食品安全事件报道研究》,安徽大学硕士学位论文,2013 年。

死亡十九人"。文章以读者来信的形式出现,却又以编辑部的口吻提出要求,"各地水产部门以及有关部门应当重视防止食用河豚鱼中毒的宣传,向群众说明吃河豚鱼的危险性,并且介绍一些食用河豚鱼的处理方法。……沿海沿江国营水产公司和供销合作社在加工时,必须妥慎进行去毒处理。……",体现了较强的指导性。

1960年2月2日是农历正月初六,人们还沉浸在春节的喜庆氛围之中。下午6时左右,修建风南公路①的张店公路营三连发生了61名民工食物中毒的重大惨案。后经全县上下和首都军民的奋力抢救,中毒民工最终脱离危险。2月3日下午7时左右,该投毒大案被公安人员破获,历时18个小时。该事件被称为"平陆事件"。该事件最初并未引起新闻界的关注和报道,直到1960年2月6日,《北京晚报》率先发表了卫生部通讯员杨树茝写的通讯《千里急救》一文后,才引起了中央人民广播电台、《人民日报》等多家媒体的关注。中央人民广播电台当天全文播发了这篇文章。第二天,《人民日报》第二版全文转载了该报道。《山西日报》《北京晚报》《空军报》《健康报》等多家媒体也都相继加入了对"平陆事件"的报道中,但最引人注意的还是《中国青年报》记者采写的长篇通讯《为了六十一个阶级弟兄》(该文被《人民日报》《解放军报》等多家报纸全文转载)。一起因人为投毒而引发的食品中毒事件被媒体报道成了"一方有难、八方支援"的感人故事。这是那一特定时期媒体弱化事件本身及对民众造成的危害,凸显政府救助得力的灾难报道模式的典型案例之一。

发生在1959年至1961年的"三年自然灾害"被外国媒体认为是"和平时期最大人口事件"和"人类历史上死人最多的一次"。有人统计,从1960年到1976年年底,仅《人民日报》就有170篇文章使用了"三年自然灾害"这一称谓。但出现在国内媒体上则是"大灾不减产小灾保丰收""坚持总路线,大灾大丰收""必须能动地改造世界——对大灾大丰收的一点体会"这样的报道。出现在《人民日报》上的不是对国内重大饥荒的报道,而是对国外发生了灾荒(《美国—充满矛盾的国度 粮食过剩成灾 穷人挨饥受饿》1959年8月22日第三版)和我们如何援助国外(《我赠送一万吨小麦救济也门饥荒灾民》1959年3月22日第三版)的报道。同一时期出现在《人民日报》上的,则是各种粮食生产创新高的报道。1958年8月2日,《人民日报》发表题为《人有多大胆,地有多大产》的文章,宣称只要努力,粮食产量达到亩产万斤、几十万斤的目标是极有可能实现的。有统

---

① 该公路西起荷城县风陵渡,东到平陆县曹川镇南沟村。

计称,8月1日至9月5日短短一个月的时间,《人民日报》放出的"卫星"达34个,有的甚至把产量夸大了1000多倍。

在"文化大革命"期间,正常的新闻活动基本停止,粮食生产与食品卫生的报道相应减少,但依然存在。总体而言,在改革开放之前,我国相关报道中只有食品报道,而没有食品安全报道。

(二)改革开放后到2000年前:初获重视

1979年,中国第一部涉及食品安全的条例——《中华人民共和国食品卫生管理条例》出台,1982年制定了《中华人民共和国食品卫生法》(试行)。随着市场经济的发展,食品安全报道应运而生。20世纪80年代以后发生的各种食品安全事件开始由以传统型食物中毒事件为主,转变为以非法添加非食用物质、滥用食品添加剂等为主,食品安全事件的性质开始发生变化。在这一阶段发生的食品安全事件中,既有因食用受粪便污染的毛蚶诱发甲肝、食用蘑菇引发的中毒等传统型的食品安全事件,也有用甲醇当白酒贩卖、因蔬菜残留农药引起的中毒事件,还有掺有工业原料石蜡油的有毒大米等新型食品安全事件。当时的食品安全报道以打击假冒伪劣商品为主要内容,以监督市场经济秩序为目标,对涉及假冒伪劣的食品安全事故报道的力度相对较大。

20世纪90年代初,新中国食品工业第一次出现了大规模的造假活动,引起了众多媒体的重视。以"注水肉"等为代表的一批食品安全问题开始集体亮相于报端,并于90年代中期达到报道顶峰。但其后随着受众认知的麻木,报道数量逐渐减少。

这一时期最具代表性的食品安全事件是1998年的山西假酒案。自1998年1月26日起,在中国的传统节日春节期间,山西省朔州、大同等市发现有数百名群众因饮用含有过量甲醇的散装白酒而中毒。截至2月5日,朔州市平鲁区、朔城区、大同市灵丘县因饮用有毒白酒住院治疗病人达222人,其中27人经抢救无效死亡、171人治愈出院。"1998年1月31日,农历寅虎年正月初四,此事件的紧急材料送进中南海,送到了江泽民总书记的面前。"随后,江泽民关于此事的指示迅速传达至山西省地方政府,要求全力以赴抢救中毒群众;收回与封存假酒;严惩犯罪分子。2月5日晚,"江泽民从新闻媒介中了解到这一事件的最新进展:受害群众正在医院接受治疗,大部分中毒者已脱离危险,少部分较重者病情也得到了控制;已发现的假酒被收回查封;当地的干部正采取各种措施,提醒群众不要再饮用假酒"①。

(三)2001年之后:食品安全报道勃兴期

2001年,中国农业部推行"无公害食品行动计划",开始了中国食品安全的全面发展。食品安全报道开始进入勃兴期。

2003年,"非典"疫情之后,一个人们原本陌生的词语开始出现——食源性疾病。老人们一直说的"病从口入"终于有了科学印证。世界卫生组织1984年以所谓"食源性疾病"(Foodborne Disease)一词作为正式专业术语代替了史上曾经使用的"食物中毒",用来指通过摄食方式进入人体的各种致病因子引起的通常具有感染或慢性中毒性质的一类疾病。食源性疾病的发病率居各类疾病发病率前列,是当前世界上最突出的公共卫生问题。

在我国,食物中毒过去和现在都是食品安全报道的重要内容。差异在于致病因子从新中国成立初期误食有毒有害动植物或摄入霉变食物等造成的中毒转变为因化学有毒有害物质造成的食物中毒现象。比较典型的事件包括"大头娃娃"奶粉事件、苏丹红事件、三聚氰胺奶粉事件、"瘦肉精"事件、"地沟油"事件、"毒胶囊"事件等。

2004年4月安徽阜阳农村的一百多名儿童陆续患上了一种怪病。本来健康的孩子在喂养期间开始出现四肢短小、身体瘦弱,尤其是这些婴儿的脑部显得偏大,当地人称这些婴儿为"大头娃娃"。2004年3月29日,新华社就劣质奶粉造成的安徽阜阳"大头娃娃"事件进行报道;4月19日,中央电视台《经济半小时》就此事件再度披露,震惊全国。温家宝总理亲自批示责令深入调查,此后全国其他省市各地的"大头娃娃"被接连曝出。据国家调查组提供的数据,截止到5月16日,仅阜阳市因食用劣质奶粉造成营养不良而死亡的婴儿达12人,因食用劣质奶粉造成营养不良的婴儿达229人。

这一时期,电视媒体的食品安全报道也开始增加。2003年,中央电视台《每周质量报告》开播,该节目报道了大量的食品安全事件。开播第一年的年终特别节目针对食品安全事件总结出了食品造假的五大伎俩、四大"杀手"、三个"帮凶"。② 其中包括山东的"墨汁染出黑木耳"、湖南的"胭脂红"调美味腊肉等事件。2006年7月4日上海教育电视台《食品安全讲坛》开播。该节目是中国第一个食品安全专

---

① 张宿堂:《总书记牵挂山西朔州假酒案受害群众》,《光明日报》1998年2月7日。
② 赵仙泉:《消费者的"第三只眼"——央视新闻频道〈每周质量报告〉评析》,《电视研究》2004年第8期。

栏的电视节目,节目以知识讲座的形式,对食品安全热点事件进行追踪,并邀请专家作客访谈,对热点问题进行深刻剖析;同时,也报道政府加强机关工作的情况以及企业加强食品质量管理的经验。① 2011年,中央电视台推出食品安全报道特别节目《食品安全在行动》,及时聚焦食品安全、披露典型案例、解读重大政策、追踪政府部门规范市场秩序行动,同时注重传播饮食方面的科学知识。

2008年发生的三聚氰胺事件是一次波及全国的食品安全危机,各媒体都对此事件进行了迅速报道。7月30日《西部商报》刊发题为《8月大婴儿,肾藏半瓶结石》的报道,各主流门户网站均在3小时内转发;9月9日,《兰州晨报》刊登了《14名婴儿同患"肾结石"》的报道;9月11日《东方早报》发表《甘肃14名婴儿疑喝"三鹿"奶粉致肾病》的报道,将问题矛头直指三鹿;12日晚,《新闻联播》报道该事件,并怀疑三鹿奶粉受到三聚氰胺污染。至此,报纸、广播、电视、网络各媒体开始对三鹿奶进行大规模轰炸式声讨。

2009年,《中华人民共和国食品安全法》的颁布和国家食品安全委员会的成立,标志着中国的食品安全进入了一个崭新的时期。《食品安全法》要求新闻媒体积极开展公益宣传,向受众传达食品安全相关的法律法规,讲解食品安全标准的知识,对违法犯罪行为进行舆论监督。在对一系列食品安全事件的报道中,事实上形成了媒体先报道形成巨大的舆论效应后,政府相关部门介入处理的食品安全事件报道和处理模式。

2011年,中央电视台新闻频道《每周质量报告》中《"3·15"特别行动"健美猪"真相》曝光了河南知名企业双汇用"瘦肉精"②养出"健美猪"的新闻。报道涉及养殖、运输、屠宰、销售四大环节,证据确凿。次日,双汇集团承认使用"瘦肉精"猪肉,并发声明致歉。《焦点访谈》《新闻1+1》等栏目也对"瘦肉精"问题予以了报道。在央视曝光之后,多家媒体开始对"瘦肉精"养猪事件进行报道。其中《人民日报》刊发相关报道43篇,3月平均每天发一篇。其后,国务院食品安全委员会办公室发出《"瘦肉精"专项整治方案》,展开了为期一年的"瘦肉精"整治行动。

---

① 叶桐:《电视食品安全报道研究》,四川省社会科学院,2014年。
② "瘦肉精"的正式名称为盐酸克伦特罗,简称克伦特罗,大剂量用在饲料中可以促进猪的增长,减少脂肪含量,提高瘦肉率,但食用含有瘦肉精的猪肉对人体有害。农业部自1997年已发文禁止在饲料和畜牧生产中使用"瘦肉精"。国内最早的"瘦肉精"中毒事件是1998年供港活猪引起的,此后这类事件常常发生。2001年广东曾出现过因食用了含有瘦肉精的猪肉而批量集体中毒的事件。"瘦肉精"也曾在上海造成过中毒事件。

2015年4月24日新《食品安全法》修订通过,并于2015年10月1日起实施。新修订的《食品安全法》创新之一在于强调了社会共治,将媒体监督放在了一个更高的位置上。新《食品安全法》第10条规定:"新闻媒体应当开展食品安全法律、法规以及食品安全标准和知识的公益宣传,并对食品安全违法行为进行舆论监督。有关食品安全的宣传报道应当真实、公正。"

值得肯定的是,近年来媒体对食品安全事件的报道数量正逐渐增加,并从仅报道食品安全事故转变为探究整个食品产业链的问题,食品安全报道的消息来源更加多样化,食品报道中评论性报道、解释性报道、追踪报道等深度报道的比重不断增加,媒体在食品安全舆论监督中的作用日趋明显。

(四)新世纪以来《人民日报》食品安全报道框架的变化

1995年出台的《中华人民共和国食品卫生法》是我国第一个关于食品安全的专项法律。通过检索可以发现,1999年以前食品安全话题尚未进入媒体视野。因此,我们将对《人民日报》食品安全报道框架变化进行研究的起点放在新世纪之后。

(1)《人民日报》如何报道食品安全问题?其间发生了什么变化?新世纪前后有无变化?2003年是否是转折点?

报道数量是媒体对一事件关注程度的标志,表现为媒介对相关事件选择和强调的程度。我们通过《人民日报》全文数据库以"食品安全"为关键词进行全文检索后,可以获得该报对该议题各年度报道量的变化情况,从而看出该报对食品安全问题关注度的变化。

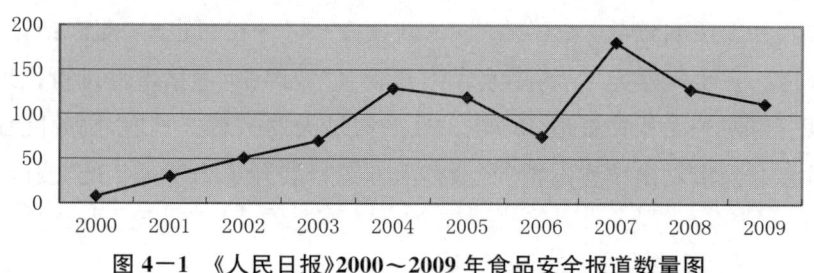

图4—1 《人民日报》2000～2009年食品安全报道数量图

从上图可知,《人民日报》食品安全报道的数量从2000年开始呈整体上升趋势,2004年和2007年表现得尤为明显。2003年"非典"的流行使人们对食源性疾病开始关注。2004年4月发生的阜阳奶粉事件是我国具有标志性意义的一次食品安全事件,引起了社会各界的广泛关注。事件发生后,国务院总理温家宝对查处安徽阜阳等地劣质婴儿奶粉事件作出重要指示。当年5月,国家开展了全国食品安全专项整治,当年11月召开了全球食品安全(北京)论坛。这使得2004年关于食品安全报道的数量一跃超过了百篇。其后关于食品安全报道的数量除2006年以外一直保持在百篇以上。2007年年初,国务院召开了全国加强食品药品整治和监管工作电视电话会议,8月份开始启动了为期4个月的全国产品质量和食品安全专项整治。这一年,食品安全卫生专项立法呼之欲出。作为党报的《人民日报》需要从各方面作出舆论先导,因此,相关报道数量相对较多。2008年该报持续关注了《食品安全法》的出台;三鹿奶粉事件等重大食品安全事件的发生也使得该报的食品安全报道保持了较高数量。

(2)《人民日报》在食品安全议题的讨论过程中是否存在消息来源的选择偏向?该报在报道食品安全问题时是否过度关注政府话语而对民生话语关注不足?

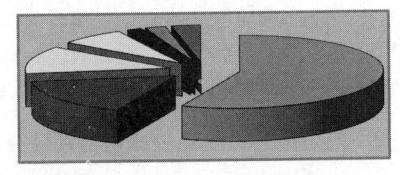

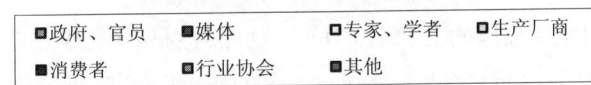

图4—2 《人民日报》食品安全报道消息来源分布

有学者在研究媒体报道的固定成见时曾经指出:在很多情形下,信源的人群与阶层分布极为不均,记者习惯于过度依赖常规信源而忽略或屏蔽其他消息来源,形成了"信源标准化"现象,即媒介倾向于使用相对固定的精英信源——包括政府官员、机构负责人、各界精英人士等。[①] 通过对近十年来相关报道消息来源的分析,我们可以看到类似的情况:政府部门和政府官员是《人民日报》食品安全报道最主要的消息来源,占消息来源一半以上的份额;其次是媒体本身(16.7%)和专家学者(12.3%),三者合起来占消息来源85.6%的份额,而将消费者和行业协会作为信息来源的报道分别仅占1.6%和2.3%。这一方面证明了媒体出于报道权威性的考虑,往往会选择政府官员和专家学者等作为消息来

---

① 夏倩芳、张明新:《新闻框架与固定成见:1979—2005年中国大陆主流报纸新闻中的党员形象与精英形象》,《新闻与传播研究》2007年第2期。

源;另一方面也说明政府官员比消费者更容易获得媒体的重视和拥有媒体接近权、使用权。

在对报道领域的分析中我们可以发现:《人民日报》近年来的食品安全报道基本覆盖了食品生产、加工、流通、消费等各个环节,但报道的重点在于政府相关部门对食品的监督管理,其中对食品进行行政和法律监管(包括修订和出台各种法律、法规)以及对食品检验检疫的报道占报道总量的40.2%,而对食品生产、加工、流通、消费各环节报道的总和为报道总量的23.8%,直接从消费者角度进行报道的篇数则更是寥寥无几。

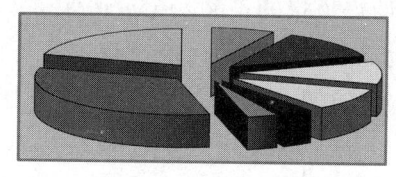

■生产　　■加工　　■流通
□检验检疫　■消费　　■食品安全事故
■监督管理　■其他

图4—3 《人民日报》食品安全报道领域分布图

通过对以上两组数据的分析我们可以发现,该报在食品安全报道中存在消息来源偏向,虽然说将政府官员、专家学者等作为报道主要的消息来源可以增强报道的权威性,但缺乏来自普通消费者的声音容易使食品安全问题利益相关者的意见无法及时表达。而行业协会在报道中的"失语",则往往由于其在食品安全事件发生后不能或不愿及时表态,任由各方意见"打架",使得企业和消费者无所适从。从长远来讲,这无助于公众对食品安全问题形成理性的认识和态度。

(3)《人民日报》报道食品安全问题时凸显了什么主题框架?是否发生过变化?

通过对《人民日报》相关报道的主题进行分析,我们可以发现,该报的报道基本涵盖食品安全现状及问题、法律政策解读、专家学者建议、数据公告、计划行动等多个主题,各主体的分布较为均衡,其中中央和地方政府及相关部门针对食品安全问题的各种行动的报道最多(34.3%),其次是对食品安全现状和问题的报道(21.4%)、相关法律和政策的解读(17%)及各类专家的意见、建议(13.2%)等;涵盖的主题相对全面,但多集中于政府行为展示和政府形象维护,较少关注消费者和生产者相关领域的话题。

如果我们将食品安全问题与政治、经济等要素结合起来,可以将相关框架重新分为:(1)政治,指政府部门的作为或不作为;(2)经济,指对国民经济的影响、食品安全事件造成的经济损失等;(3)健康,指食品问题带来的医疗问题等;(4)社会,指食品问题带来包括侵犯消费者权益在内的社会相关问题;(5)其他。我们从中发现,《人民日报》相关报道偏重于政治和经济主题,对健康和社会话题尤其是对与消费者相关的主题关注不足。

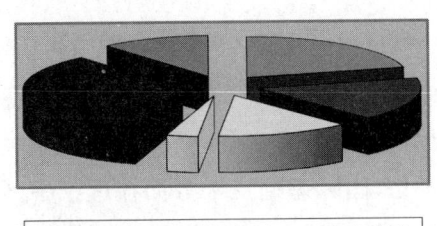

图4—4 《人民日报》食品安全报道主题分布图

但如果我们对这10年来的报道文本进行深入分析就会发现,《人民日报》相关报道逐渐从报道他国的问题和总结他国经验转向关注本国的食品安全事件和食品安全现状。

《人民日报》在2000年前后报道的主要是《欧盟谈猪色变风波再起》《法国新一轮疯牛病风波》《转基因食品之争》《法国肉蛋消费量下降》《食品安全 警钟长鸣》等,这些报道集中于英国、法国、美国、比利时等国出现的食品安全事件及食品安全争议方面,针对本国的报道则尚未出现"食品安全"这样的关键词。由于"疯牛病"等疾病的蔓延,西方一些专家在2001年强调慎用饲料添加剂和减少使用农药。因此,《人民日报》2002年对与农业相关的食品问题报道相对较多,将报道重点放在食品生产环节的安全问题上,其他方面较少涉及。2003年的"非典"使人们开始了解食源性疾病的概念,也开始关注怎样吃更放心的话题,体现在媒体报道中就是"食品安全"字样出现的频率大为增加。从2004年开始,经由媒体报道的食品安全事件不断涌现,如阜阳奶粉事件、苏丹红事件、福寿螺事件、"毒饺子"事件、三鹿奶粉事件等。该报的食品安全报道虽然仍然关注西方国家的食品安全问题,但更多的篇幅和报道用于关注本国食品安全现状、食品安全法律法规建设、食品安全监督检查等方面,报道对象、报道主题、报道领域的转向都较为明显。

(4)《人民日报》的报道是否体现了从"食品卫生"到"食品安全"的变化？是否强化了"从土地到餐桌"的理念？

如前所述，《人民日报》的食品安全报道自2000年以后一直呈上升趋势，尤其是在2003年"非典"爆发后这一趋势变得更加明显。除报道数量增加外，该报还分析、反思了食品安全事件频发背后的制度因素和法律因素，在报道中呼吁食品安全法律法规的出台。从这一点看，该报的报道体现出了从"食品卫生"到"食品安全"的变化。

2004年4月16日该报"议政与建言"版通过全国政协委员献计献策提出《食品卫生法》不但制定的时间滞后，而且标准体系不完善。2005年4月20日该报"消费与生活"版提出"尽快制定食品安全法"，并在《三问中国食品安全标准》一文中从标准执行难、监管缺位、国际差距三个方面梳理了中国食品安全存在问题的根源。尤为值得关注的是，该报这一时期开始关注转基因食品，并针对转基因食品的是非进行了多篇报道。2006年，该报食品安全报道的数量不多，但力度较大，在2006年11月15日的《人民时评·别再被同一块石头绊倒》中更是明确呼吁出台《食品安全法》。从2007年全国人大常委会对《食品卫生法》进行修订开始，该报对《食品安全法》的关注和报道就更加凸显了。2009年2月28日，《食品安全法》正式颁布实施，该报在署名评论中明确指出该法的意义和价值："食品卫生，通俗讲就是'干净'，而食品安全则涉及无毒无害。这是由对食品安全监管的外在为主，深入到食品安全的内在因素来进行监管，并且导致了监管方式的转变。"①

二、食品安全事件报道的问题

当前媒体在食品安全事件的舆论监督中发挥着重要作用，但有时也存在失语、滞后等现象。媒体在进行食品安全相关报道时主要存在以下几个方面的问题：

(一)片面追求轰动效应，恶意炒作，误导舆论

近年来的食品安全事件报道，有些是真的食品安全事故的报道，有些则存在媒体夸大、误导和炒作的成分。近年来，我们常常看到媒体在以"狂欢"的态

---

① 毛磊、白龙:《从"食品卫生"到"食品安全"》,《人民日报》2009年3月1日。

势进行食品安全事件的报道。"蛆虫柑橘""甲醛啤酒""致癌香蕉""45天速生鸡""蓬灰拉面"等报道,既不科学又不准确,未能提供实质性的信息,只煽动了公众情绪,媒体的议题和争论都与事实无关。"注水西瓜""膨大剂猕猴桃""激素黄瓜""避孕药喂鱼"等事件虽然经过多次辟谣,但每隔一段时间,仍能看到报纸、电视和网络上煞有其事的报道。这些报道迎合了公众对国产食品的恐慌和焦虑心理,使伪科学和谣言得以以低成本和频繁的态势迅速传播,以至于媒体的食品安全事件报道出现了这样一个循环:报道引起质疑和恐慌—专家辟谣后回归平衡—媒体不断刊出类似报道—受众再次质疑—媒体再次报道—受众进一步恐慌—专家继续辟谣……多次循环的结果是公众既不相信食品是安全的,也不相信食品专家是可信的。

以圣元"性早熟"和"皮革奶"报道为例:2010年7月底,《健康时报》报道三个家庭的女婴出现"性早熟"现象,且三个女婴食用的都是同一种奶粉——圣元。8月8日,凤凰卫视、凤凰网带头专题报道了此事件,引起了极大的反响,使圣元陷入了"早熟门"。此后,随着事件的发展和各地疑似病例的出现,多家媒体相继报道了这一事件,但几乎所有媒体都有意无意地省略了最初报道中的"疑似"二字,在有关部门对圣元奶粉的权威检测报告尚未出具之前,就把婴儿性早熟的矛头直接指向圣元奶粉。8月15日,卫生部公布检测的结果证实圣元奶粉不存在质量问题。此时,媒体非但没有放弃对圣元奶粉的有罪推论,甚至开始质疑专家的结论。由于媒体一直无法找到有效的证据证明该奶粉确实激素超标,报道力度渐渐降低,负面新闻的数量也逐渐减少。但这一系列报道造成圣元股价下跌,市值下滑20亿元人民币,并且在重新上架后销售量大幅下跌。

无独有偶,2011年2月,中国经济网一篇《内地"皮革奶粉"死灰复燃,长期食用可致癌》的新闻迅速登上各大商业门户网站的首页,引起了网友们的广泛关注。[①] 该报道称,内地疑有不良商人将皮革废料的动物毛发等物质加以水解成皮革水解蛋白,再将其掺入奶粉中,意图提高奶类的蛋白质含量蒙混过关;报道还称是国家农业部发现市场上流通着皮革奶粉。"皮革奶死灰复燃"的传闻引起一片哗然,各大媒体纷纷进行转载报道,一时间,《皮革奶比三聚氰胺奶更惊人》等文章大量出现。很快,农业部在其官方网站公布了全国生鲜乳质量的

---

① 《内地"皮革奶粉"死灰复燃 长期食用可致癌》,http://news.163.com/11/0217/13/6T3LITSQ0001124J.html。

检测结果,指出"2010年例行检测未检出皮革水解蛋白",证明媒体报道的"皮革奶死灰复燃"事件属失实报道。有媒体深入研究发现,最初报道中发现相关事件的描述是综合了媒体2009年对皮革奶的报道和农业部发布的《2011年全国生鲜乳质量安全监测计划》中提到的将皮革水解蛋白作为一项检测项目,而后"推断"出来的一篇报道。其后尽管媒体相继报道了《青岛市场未发现"皮革奶"》《长春市监测地产乳品31批未发现皮革奶》《广州质监局:穗未发现"皮革奶"》等检测消息及《喝"皮革奶"食品安全需要真正讲科学》等报道,但对国产乳业仍造成了极大的危害。虚假信息传播的短短几天内,伊利、蒙牛等乳企的股价应声下跌,其中蒙牛的跌幅高达3.3%,使消费者对我国乳制品的信心再次受创。

(二)过度强调政府话语导致民生话语式微

一些传统主流媒体在报道食品安全问题尤其是对食品安全事故进行相关报道时,其报道视角、报道主题和消息来源都体现出过度强调政府话语。政府话语系统包括信息公开、人员问责、市场监管、法律法规等相关政策/食品检测标准调整、惠农惠民等,民生话语系统则包括医疗救治/法律援助、民众投诉、市民生活等。① 媒体对政府话语的强调不但有助于凸显负责任的政府形象,还有助于帮助消费者尽快恢复对食品行业和市场的信心,有其积极作用,但过分强调政府话语使得一些关注民生的议题较少出现在报道中,如这些食品安全事件的出现源于食品生产流通的哪个环节,是个别情况还是普遍问题,是否存在企业共谋,政府相关部门的监管或法律规范是否存在漏洞,受害者能否获得相应赔偿,消费者应当如何保护自身利益,等等。即便在受到好评的三鹿奶粉事件的报道中,以普通消费者为报道关注点或从消费者角度审视这一事件的报道数量仍然微乎其微。

(三)对食品安全利益相关者的报道失衡

圣元公司虽然强调"产品不存在添加任何'激素'等违规物质的行为",但是其声音在媒体与民众轰轰烈烈揭露的"激素门""公关门""奶源门"各种"门"中显得微不足道。

---

① 徐新闻、张沛、李景、束凌燕:《政府话语遮蔽下的媒体呈现——以四家都市报对"三鹿奶粉事件"报道为例》,《青年记者》2009年第5期。

纵使专家强调"儿童性早熟致病原因比较复杂,绝大部分病因不明"的观点被排除在媒介话语边缘,"圣元奶粉"事件报道中出现了信源单一、舆论向消费者一边倒的局势,致使整个事件由最初的判断失误发展成最后的一错再错。

"牛肉膏"事件中则过于偏重对牛肉膏本身质量及危害的关注,而弱化了对商家为牟取暴利而利用牛肉膏造假的事实的报道,使报道有失偏颇。

在进行相关报道时,媒体不应一味同情弱者而感情用事,或者根据个人感情好恶决定报道取向,应当尽量客观、平等、公正地对待食品安全事件的利益相关者。

(四)滥用标签及污名化现象严重,引发并扩大公众恐慌

所谓污名,按照戈夫曼的说法就是希腊人用来指称身体上的污名,暴露和印记人的丑行或不光彩的行径,使其严重丧失社会信誉和社会价值。污名化过程一般存在相互关联的五个部分,即贴标签、刻板印象、认知分离、情感反应以及地位丧失。其中,贴标签是使新闻事件、人物"有意义"、被受众所理解的基本前提。①

近年来,媒体热衷于在食品安全事件发生时对其进行标签化,动辄称之为"毒牛奶""毒黄瓜""毒豇豆""毒胶囊"……或者将一家企业出现的食品安全事件归责为"行业潜规则""公开的秘密"等,似乎食品行业可以等同为制毒行业,"毒"成了食品的代名词。这些标签的滥用导致公众对食品企业乃至食品行业的刻板印象进一步加强,尤其是一些报道将食品添加剂与工业添加剂混淆,将在食品中非法添加工业添加剂的行为写成添加剂的滥用,使得许多公众谈添加剂色变,媒体报道也出现《民以添为食》的封面报道。而在食品专家看来,"随意添加'毒'的标签使人们对食品安全事件判断出现偏差"②。假冒伪劣、违法添加不等同于食品安全事件,而媒体却将其统称为食品安全事件,这无形中增大了食品安全事件的比重,形成了食品安全形势严峻的公众认知。

(五)报道缺乏人文关怀,激发公众怨愤,影响社会稳定

性早熟报道中缺乏"性早熟"知识的教育普及。事实上,妈妈们对育儿知识

---

① 〔美〕迈克尔·舒德森:《新闻社会学》,徐桂权译,华夏出版社2010年,第4页。
② 陈君石:《我国食品安全问题:特点和应对措施》,http://blog.sina.com.cn/s/blog_50e311c401008zgw.html。

尤其是"微小青春期"的知识掌握不足,需要媒体的科学普及。但在实际报道中,媒体常常不顾短时间内集中报道食品安全问题会产生的放大效应,埋头披露食品生产者不法的生产过程,放大食品生产者对消费者生命和安全的漠视态度,以追求轰动为目的,以充满煽情的描写手段满足一小部分人的猎奇心理,却使大部分人沉浸在媒体营造的食品恐慌之中,造成公众对生存环境和社会的不满和抱怨,甚至失去信心。①

食品安全事件报道对受害者生存状态的关注,应是媒体人文关怀的重要体现。但目前媒体对受害消费者的报道较少,对其维权意识的关注度较低。研究发现,在食品安全事件报道中,消费者话语权的缺失十分明显。

三、食品安全事件报道的对策

(一)食品安全报道应加强理性、建设性

新闻媒体是社会的守望者,承担着维护公共利益、监督社会良性发展的责任。媒体在进行食品安全报道时,应当兼顾对政府及有关部门针对保证食品安全的措施、制度及相应关系的信息传播这样的宏观监测和对食品安全中一事一物的反映报道和解读分析这样的微观监测。学者认为:食品安全涉及千百万人的切身利益,媒体对食品安全中的一事一物都应予以监测,既不能缺位、失语,更不能跟风炒作、推波助澜,对社会和民众不负责任。② 因此,媒体的食品安全报道应坚持理性、建设性的原则。

具体来讲,首先,媒体一方面要对当前食品安全中存在的问题进行客观、公正的报道,对当前市场机制和法制机制尚不健全情况下某些企业为追求利润而制造和销售假冒伪劣食品的行为进行舆论监督,对危害公众身体健康、影响消费者信心甚至在国际社会上造成一定负面影响的食品安全事故(事件)及时报道;另一方面也要积极宣传近年来我国从中央到地方政府及有关部门通过不断完善法律法规和制度建设采取的专项治理整顿等方式,从而使得食品安全形势总体好转,引导公众正确认识和对待当前食品安全中存在的问题。

其次,媒体要经常和善于发布食品安全预警信息,指导公众趋利避害。在

---

① 郝治丽:《"食品安全事件"媒体报道的反思》,《集体经济》2011年第21期。
② 周胜林、吕继红:《食品安全信息传播的功能与规律》,《当代传播》2008年第6期。

食品安全问题上,公众受媒体报道的影响很大。媒体对风险信息的采集、分析与判断,提高了潜在风险的社会能见度。目前媒体的报道往往在食品安全事件爆发之后才出现,对食品安全的社会监督功能发挥的还不够,今后可尝试通过以往的报道分析食品行业中潜在的危机,提前引起相关管理部门和公众的注意,发挥媒体的食品安全社会监督作用和食品安全事件的预警报道机制。

最后,媒体在对食品安全事件进行报道时,不要仅停留在曝光和问责的层面上,还应该注重后续的报道和关注,通过解释性、政策性报道营造一些公共空间,探索食品安全事件产生的原因、影响以及如何预防等,推动相关政策法规的建立与健全,从而真正推动我国食品安全体系建设的进程。

(二)食品安全报道重在提高公众食品安全素养

食品是维持人类生存和发展的基础,食品安全报道是健康传播研究的重要领域之一,公众的食品安全素养是健康素养的一个组成部分。所谓健康素养,是指个人获取和理解健康信息,并运用这些信息维护和促进自身健康的能力。[1] 我国卫生部 2009 年所做的调查显示,我国居民具备健康素养的总体水平为 6.48%,有一些基本的知识和技能还存在一些空白点,或者说认识还不够准确。有研究者对北京等五个城市的调查显示,64.2%受调查的人表示当出现食品安全问题后"最相信媒体报道",而选择"相信政府公告""相信协会说法"和"相信企业申诉"的分别只有 50.3%、20.6%和 11.9%。[2] 由此可见,媒体对食品安全问题长期的介入和关注,及媒体向消费者发布负责任且确实的食品安全信息对于提高公众的食品安全素养有着不可忽视的重要作用。

媒体在日常报道中,应当把案例和科学知识结合起来加以报道。在一些发达国家,食品安全和安全课程已经被列入国民教育体系,世界卫生组织也要求所有成员国把食品安全问题纳入消费者卫生和营养教育体系,尤其要制订针对食品操作人员、消费者、农产品生产者进行的符合文化特点的安全卫生和营养教育规划。

媒体在刊播食品检测类报道时,选择的检测样品应具有代表性和公正性,选择的检测机构应符合国家规定的资质和条件。特别是对检测结果的发布应

---

[1] 《卫生部举行〈首次中国居民健康素养调查〉发布会》,http://www.gov.cn/xwfb/2009-12/18/content_1490659.htm。
[2] 《监督与选择》编辑部:《我国城市居民看食品安全》,《监督与选择》2007 年第 3 期。

慎之又慎，从程序上讲须经过专业论证坐实，从结论上讲须做到真实而无虚假、准确而无误导、完整而无遗漏。

媒体要通过具有理性和建设性的报道传播食品安全知识，必须通过报道让受众树立"安全"是相对的而食品安全不存在零风险的意识。因此，媒体在进行食品安全事件报道时，应当让公众了解到不合格食品是不是就等于有毒食品，天然食品是不是就是营养食品，如何识别正规食品和伪劣食品等知识，提升其对食品安全知识的了解程度，加强辨别食品安全知识的普及；同时不要为了吸引"眼球"而盲目地进行"新闻轰炸"，避免来去匆匆、虎头蛇尾的报道。此外，媒体还可以倡导绿色消费和绿色生活，提高公众对生态农业、有机食品、转基因食品等的正确认识和判断及对食品安全是"从土地到餐桌"的全方位安全的理性认识，进而提升公众的健康素养。

(三)提高记者科学素养，强化科学传播

当前我国一些媒体记者在对食品安全事件进行报道的过程中，在职业利益的驱动下，往往更重视对食品安全问题进行事件性、轰动性的报道，而不顾及正确认知问题所需的时间性、过程性要求。[①] 媒体在向公众传递食品安全信息时出现虚假报道或部分失实的现象，动辄就说某食品"有毒""致癌""不安全"，在公众中造成恐慌。事实上，按现有科学检测水平，绝大多数食品中都存在有害物质，检测机构需要通过对食品中有害物质进行健康危害风险评估。根据"剂量决定毒性"的原则，当有害物质达到一个临界区域时，才会对健康造成危害。[②] 因此，缺乏科学精神的报道，不但会对消费者造成误导，而且容易对媒体的公信力造成损害。

食品报道是专业性较强的一个报道领域，对食品营养、新技术、食源性中毒事件的报道很大程度上可以归类于健康传播或科学新闻的范畴。这要求记者不但要具有较高的政治素养和业务素养，还要具备一定的科学精神和科学素养。科学精神作为一种方法论，同时作为专业水准的体现，应贯穿在报道工作的全过程，包括对新闻的判断、对新闻源的核实和报道的用语上。[③] 与此同时，从事食品报道的记者不但要熟知食品加工和安全方面的专业知识，而且要涉及

---

① 陈辉：《略论中国食品安全报道的问题及对策》，《国际新闻界》2011年第1期。
② 成功：《食品致癌疑云被夸大的恐慌》，《南方周末》2006年3月16日。
③ 李勇华、屈鑫：《责任、冷静与科学——试论如何做好公共饮食安全问题报道》，《新闻记者》2006年第5期。

一些科学技术前沿的概念。作为"译码者",记者要充分理解与报道对象有关的知识。① 一方面,记者在进行相关报道时要强化报道的理性和客观性,包括对新闻源的核实、对采访对象的选择等都需要坚持科学、理性的原则,不能一味迎合公众心理,否则不但不能成为谣言粉碎机,反而可能会成为谣言的传播者。

在美国,科学新闻记者通常被要求具备两种能力:一是了解科学术语、方法与哲学的能力,二是比处理一般社会或灾难新闻还要高明的传播能力。② 在我国,由于目前对专业记者的分工还不够细致,缺乏对于从事食品安全报道的记者的相关要求,对此今后可以考虑通过资格认定机制和专业培训机制来提高食品安全报道领域记者的专业水准,使其对食品安全领域的一般知识、食品安全的历史与现状、食品安全领域的权威专家等有所了解,以便其在从事相关报道时能够更加具有科学性和建设性。

---

① 李秀利:《食品安全报道——构建食品与理性的媒介景观》,《新闻世界》2009 年第 12 期。
② 参见〔美〕希利尔·奎包姆:《科学与大众媒介》,谢瀛春译,台湾远流出版事业股份有限公司 1994 年版。

第五章　社会安全事件报道

与前三种公共危机事件相比,社会安全事件的界定相对模糊,"突发社会安全事件"概念是在《中华人民共和国突发事件应对法》等相关法律法规对突发事件的分类描述的过程中逐步形成的,严格意义上来说并非是法律或政治学上的专有名词。专家对于什么是突发社会安全事件也有着不同的认识。相对而言,周定平的界定相对完善,即社会安全事件作为与自然灾害、事故灾难、公共卫生事件并列的突发事件,是指重大群体性事件、严重暴力刑事案件、恐怖袭击等严重威胁社会治安秩序和公民生命财产安全,需要采取特别应急措施进行处置的突发事件。[1]

按照《国家突发公共事件总体应急预案》的说法,社会安全事件主要包括恐怖袭击事件、经济安全事件、涉外突发事件等。突发社会安全事件中对社会安全的威胁可能像群体性事件一样来自于内部,也可能来自于外部。总之,社会安全事件的形成原因复杂,反映的是人与人之间的关系及社会不同阶层的矛盾和冲突,是各类危机事件中最难应对的一种。在新闻报道方面,与前三类公共突发事件的报道相比,媒体尚未形成对社会安全事件的完善的报道体系。

根据世界发展进程的规律,在社会发展序列谱上我国当前正好对应着"非稳定状态"的频发阶段,即国家和地区的人均 GDP 处于 500 美元至 3000 美元的发展阶段,往往是人口、资源、环境、效率、公平等社会矛盾的瓶颈约束最严重的时期,也往往是"经济容易失调、社会容易失序、心理容易失衡、社会伦理需要调整重建"的关键时期。[2]

---

[1] 周定平:《关于社会安全事件认定的几点思考》,《中国人民公安大学学报》2008 年第 5 期。
[2] 牛文元:《社会燃烧理论与中国社会安全预警系统(研究摘要)》,清华大学公共管理学院与中国行政管理学会联合举办的"社会变革中突发事件应急管理"专家研讨会讨论稿,2004 年。

以上社会现实决定了我国当前及未来一段时间都将处于社会安全事件的高发期。

一、社会安全事件的特点

（一）社会性

社会安全事件是对社会公共安全的威胁和破坏。所谓公共安全，指的是不特定或者多数人的生命、健康、财产安全，重大公私财产安全，重大生产安全，公共生活安宁以及重大公共利益的安全。① 相应地，社会安全事件是指那些对公共安全产生威胁或伤害的事件，或者是那些虽然仅仅是局部地区发生的危害公共安全的事件，但经由媒体转发后传播至全国各地从而引发全国性关注的事件。

（二）人为性

社会安全事件的爆发是人为策划或组织的，且事件将带来的危害在其预料之中，如发生在美国的"9·11"事件、发生在昆明的"3·1"事件、发生在拉萨的"3·14"事件、发生在新疆的"7·5"事件等恐怖袭击事件。

也有的事件组织者并未策划、组织社会安全事件，但由于一些外在因素的影响使其发展成了危害公共安全的事件，如瓮安事件、石首事件、孟连事件等，它们往往是由普通利益诉求未能得到响应或及时响应而蔓延成为群体性事件的，有的甚至出现打、砸、抢、烧等恶劣的行为。

（三）危害性

社会安全事件的立足点在于事件对社会所造成的危害，参与者的数量并不构成社会安全事件定性的必要条件。危机事件的发生会造成不同程度的人员伤亡与财产损失，但与其他三类突发事件相比，突发社会安全事件呈现出很强的暴力性，对社会具有很强的危害性。如在某些社会安全事件中，一些诉求未能得到满足的人群借机对基础设施或政府办公设备等进行破坏，有的甚至公然袭击执法人员，燃烧办公楼，采取自焚、自杀等行为，具有很强的暴力性和破坏性。

---

① 周定平：《社会安全事件特征的比较分析》，《北京人民警察学院学报》2008年第2期。

(四)敏感性

与其他三类突发事件相比,社会安全事件的敏感性更强。无论是恐怖袭击事件、民族宗教事件还是其他群体性事件,都是由某些政治因素引发的。这不但会加重人民内部矛盾,甚至会对国家政治造成影响。

二、社会安全事件的诱因

(一)经济因素诱发社会安全事件

基尼系数由美国经济学家阿尔伯特·赫希曼于 1934 年提出,是根据劳伦茨曲线所定义的判断收入分配公平的指标,数值介于 0~1 之间。基尼系数是国际上用来综合考察居民内部收入分配差异状况的一个重要分析指标。多年来由于权力寻租、经济发展不均衡等原因,我国的基尼系数从 2000 年开始已越过 0.4 的国际警戒线,并逐渐增长。数据显示,过去十年间我国的基尼系数一直处在 0.47 以上水平,其中 2013 年达到 0.473,超过了 0.4 的收入分配差距"警戒线"。值得警惕的是,长期困于中等收入困境的国家,基尼系数普遍为 0.5 以上,中国已与之十分接近。基尼系数的增长是中国的城乡差距依然较大和阶层流动固化的现实体现。中国农村人口几近总人口半壁江山,而城乡居民收入比例目前仍达 3∶1。① 城市和农村的失地居民这样一些在经济上处于弱势的群体对社会公平的诉求使得各种冲突不断升级,成为诸多社会安全事件频发的诱因。

(二)体制原因诱发社会安全事件

弱势群体在利益受到侵害的时候缺乏多样化的表达渠道,所以越级上访等事件频繁发生,某些地方在越级上访处理的过程中存在失当作法,从而引发了社会安全事件的发生。

(三)管理不善诱发社会安全事件

某些地方政府在遇到群体性事件时,往往试图采用堵、压、瞒等方式来平息

---

① 李慧:《我国如何跨越"中等收入陷阱"》,《光明日报》2014 年 4 月 25 日。

事件。有的在事情原因尚未搞清楚的情况下就仓促将事件定性为"不法分子挑唆""聚众闹事""蓄意破坏社会稳定"等,反而诱发了某些群体性事件。2009 年发生的石首事件就是比较典型的案例。

三、常见的社会安全事件

(一)重大群体性事件

中国社会科学院于建嵘教授所做的统计显示,1993 年全国范围的群体性事件 8709 起,此后一直保持快速上升趋势,1994 年发生 10000 起,到 1999 年总数超过 320000 起,7 年间增加了 3 倍。2002 至 2004 年均保持在 40000 起以上,2005 年上升至 57000 起,总体数量相当于 12 年前的 10 倍,每年以 9%～10%的速度递增。① 有很大一部分群体性事件严重危害到社会范围内的公共安全,比较典型的有瓮安事件、石首事件等。

(二)民族恐怖事件

近年来,局部少数民族地区出现了一些针对地方政府、公共部门以及汉人群众的打砸抢烧恶性事件,严重危害了社会安全,比较典型的有拉萨"3·14"事件、乌鲁木齐"7·5"事件、昆明"3·1"事件等。

(三)暴力刑事案件

尽管目前学界还对暴力刑事案件是否属于公共安全事件存在争议,但刑事案件确实具有突发性、人为性、危害性的特点,且在一定范围内会造成较大影响,因而我们仍将其视为社会安全事件。

第一节 群体性事件

在各类社会安全事件中,群体性事件尤为值得关注。群体性事件在世界范围内普遍存在。西方著作尤其是社会学著作中,多把"群体性事件"称为"集群

---

① 菅强:《中国突发事件报告》,中国时代经济出版社 2009 年版。

行为"或"集合行为"(Collective Behavior)。只有对社会安全的危害达到一定程度时,群体性事件才能被称为社会安全事件。随着我国社会经济的快速发展和利益格局的不断调整,各种不安定因素相继出现并日益增多,纠纷与冲突涉及范围扩大,群体性事件屡屡发生,成为影响社会稳定和和谐的社会瓶颈。

一、群体性事件及报道

有学者认为,群体性事件属于集体行动的一种,是一个具有中国特色的政治词汇。所谓群体性事件,是指具有某些共同利益的群体,在利益受到损害或者不能得到满足时,采取非理性方式解决问题,并产生一定社会危害的集体活动。①

也有学者认为,群体性事件一般是指由各种社会矛盾引起,一定数量群众参与,违反国家法律、法规、规章,采取非法集会、游行示威、上访请愿和聚众围堵、冲击党政机关、堵塞交通等方式,扰乱社会秩序、危害公共安全、侵犯公民人身安全和财产安全的行为,以及严重影响社会稳定的罢工、罢课、罢市的行为。②

中国社会科学院学者于建嵘认为,群体性事件是指有一定人数参加的、通过没有法定依据的行为对社会秩序产生一定影响的事件。此类事件具备以下特征:第一,事件参与人数必须达到一定的规模。信访条例第18条规定"多人采用走访形式提出共同的信访事项的,应当推选代表,代表人数不得超过5人",超过5人被视为非正常上访,是信访事件;第二,这些事件所带来的行为在程序上没有明确的法律规定,有的甚至是法律和法规明文禁止的;第三,这些聚集起来的人群,并不一定有共同的目的,但有基本的行为取向;第四,这些事件对社会生产秩序、社会生活秩序、社会管治秩序产生了一定的影响。

进入新世纪以来,随着我国改革由"普遍受益期"过渡为"利益调整期",群体利益冲突渐成"社会常态",群体性事件开始进入高发期。调查显示,1993年到2003年间,中国"群体性事件"数量已由1万起增加到6万起,参与人数也由约73万增加到约307万。③公安部2004年统计显示,劳资关系、农村征地、城市拆迁、企业改制重组、移民安置补偿等问题,是酿成群体性事件的直接原因。研究显示,

---

① 赵路平、张志昂:《论媒体在处理群体性事件中的作用》,《江淮论坛》2006年第5期。
② 张国亮:《关于妥善处置群体性突发事件的理性思考》,《河北省社会主义学院学报》2005年第3期。
③ 中国社会科学院:《2005年社会蓝皮书》,社会科学文献出版社2005年版,第78页。

群体性事件只是一种表达民众利益诉求或情绪的方式。

从2004年的重庆万州事件、2005年的安徽池州事件、2006年的浙江瑞安事件、2007年的四川大竹事件、2008年拉萨"3·14"事件、贵州瓮安事件、云南孟连事件、甘肃陇南事件、各地出租车事件和2009年海南东方群体械斗事件、乌鲁木齐"7·5"事件等近年著名的群体性事件中我们可以看到：信息传播失衡是导致群体性事件发生的重要原因。媒体在对群体性事件的报道中如果作用发挥得当，是可以有效引导和化解矛盾的；反之，则可能激化矛盾。因此，有效提高媒体社会安全事件报道的能力对于化解社会矛盾、增进社会稳定具有重要作用。

群体性事件作为一个明确概念出现在2004年。当年11月8日，中共中央办公厅、国务院办公厅转发《关于积极预防和妥善处置群体性事件的工作意见》，明确使用了"群体性事件"一词，并将群体性事件定性为人民内部矛盾，即"由人民内部矛盾引发、群众认为自身权益受到侵害，通过非法聚集、围堵等方式，向有关机关或单位表达意愿、提出要求等事件及其酝酿、形成过程中的串联、聚集等活动"①。

在社会发展的不同时期，我国对群体性事件的称呼也不同。群体性事件在20世纪50年代至70年代末被称为"群众闹事""聚众闹事"；在20世纪80年代初期到中后期被称为"治安事件""群众性治安事件"；在80年代末至90年代初期被称为"突发事件""治安突发事件""治安紧急事件""突发性治安事件"；在90年代中期至90年代末期被称为"紧急治安事件"；在20世纪90年代末期至21世纪初则被称为"群体性治安事件"②。

中国社会科学院研究员于建嵘经过调查研究，将近十年来中国的群体性事件划分为维权行为、社会泄愤事件、社会骚乱、社会纠纷和有组织犯罪等几种形式，其中由农民的"以法维权"、工人的"以理维权"和市民的"理性维权"引起的群体性事件占目前全国群体性事件的80%以上。也有的人认为，群体性事件的起因主要有三个：第一，由农民的"以法维权"、工人的"以理维权"和市民的"理性维权"引起；第二，社会泄愤事件；第三，与经济形势相关的各类纠纷引起的骚乱事件。并且认为，从政治学的角度来看，这三类起因都不具有明确的政治诉

---

① 魏新文、高峰：《处置群体性事件的困境与出路》，《中共中央党校学报》2007年第1期。
② 郑卫菊：《浅析群体性事件的命名》，《广州市公安管理干部学院学报》2009年第1期。

求,群体性事件只是一种表达民众利益诉求或情绪的方式。① 中国人民大学的毛寿龙教授则认为"群体性事件发生的根本性原因在于个人无法找到协商机制和利益维护机制"。

20世纪90年代以前,有关部门规定,群体性事件,特别是社会骚乱、群体上访、非法集会和游行示威、罢工罢课、民族宗教冲突、囚徒暴狱、聚众打砸抢烧、警民军民冲突及银行挤兑挤提等重大群体性事件,对内原则上一般不公开报道。关于征地拆迁、水库移民、企业转制、劳资纠纷、山地林权纠纷等敏感问题,一般也不公开报道,但可以通过内参反映。对可能诱发群体性事件的敏感问题的新闻报道,地方宣传部、外宣办和新闻单位要加强管理,正确引导,严格把关,令行禁止。

新世纪以来,群体性事件报道不再被国内新闻界视为讳莫如深的"禁地"。媒体尤其是新兴网络媒体和社交媒体开始积极介入对群体性事件的报道。

2008年的贵州"瓮安事件"是我国群体性事件报道的分水岭。该事件是敏感群体事件也要迅速公开报道的标志性事件,使"不准报道群体事件,或者报道要经过批准"的禁令不再执行。"瓮安事件"以后,媒体对群体性事件的报道趋向公开化、透明化,群体性事件报道开始大量进入公众的视野,标志着"群体性事件报道的政策转向"。

2009年8月28日,中共云南省委宣传部针对陆良县警民冲突事件发出紧急通知,要求新闻媒体在报道类似事件时禁用"刁民""恶势力"等称谓,不得随意给群众贴"不明真相""别有用心""一小撮"等标签,引起社会舆论的极大关注,好评如潮。② 同年7月28日,新华社发表文章《群体性事件中"少用不明真相"》,指出当群体性事件发生时,轻易地称成百上千的群众为"不明真相",是传统思维模式在作祟。

二、群体性事件报道存在的问题

(一)主流媒体信息发布时间滞后,权威信息不足

群体性事件发生后,主流媒体信息发布时间滞后、反应迟钝,权威机构发布的新闻稿信息量不足,对事件背后的深层原因及矛盾关注很少,这是群体性事

---

① 《从群体性事件报道看现代媒体的能力与责任》,http://www.zdxb.zju.edu.cn/article/show_article_one.php?article_id=7669。
② 董天策、钟丹:《当前群体性事件报道的回顾与反思》,《南京社会科学》2010年第3期。

件新闻报道存在的主要问题。中央政府对重大群体性事件非常慎重,为了统一口径、稳定民心,重大新闻一般要求由新华社统一发布。而且,各地方政府对于群体性事件的信息公开程度也非常有限,常常以政府指令的形式来封锁消息、掩盖真相,这就使得媒体在报道群体性事件时存在时间上的滞后性。以2005年的定州事件为例,在事件潜伏期对于当地这一征地纠纷的媒体报道非常少,从2005年4月20日第一次袭击到2005年6月11日第二次袭击,仍然没有媒体进行相关报道,直到6月13日,《新京报》才以《数百人持猎枪钩刀袭击定州村民夺6命》为题进行报道,这是关于定州事件最早的媒体报道。可见,媒体对于群体性事件反应迟钝,信息发布时间严重滞后。又如,2008年"3·14"拉萨打砸抢烧暴力事件爆发后,我国媒体没有及时、快速地报道,大多数纸媒在3月17日才开始引用新华社拉萨电和央视截图进行报道,这种延迟报道使我国主流媒体在群体性事件面前失去了话语权,引发公众与外媒的普遍质疑。①

除了信息发布时间滞后以外,权威机构发布的信息量也不足。群体性事件发生后,由于各种利益纷争,网络等新媒体会最先流传出各种版本的信息,难辨真假。这时人们都期待政府或权威媒体能够发布具有可信性的翔实信息,以消除疑虑。然而,当地政府通过媒体发布的新闻稿提供的信息非常有限,官味十足,不能起到告知真相、安定民心的作用。如甘肃陇南事件②发生后,落款为"陇南市人民政府新闻办公室"的情况说明函写道:武都城区部分群众上访被少数别有用心的人煽动利用,信访干部公安干警出面劝导遭到一些不法分子殴打致伤,导致60多名干部群众和公安干警受伤。甘肃省委有关负责人表示,该事件是一次严重扰乱社会秩序的群体性事件,并表示将组织工作组深入街道、乡镇开展工作,通过宣传让群众了解事件真相,教育群众,切实维护社会大局稳定。③无独有偶,2011年9月21日上午,广东省汕尾市陆丰东海镇乌坎村400多名村民因土地问题、财务问题、选举问题对村干部不满,到陆丰市政府非正常上访。当日下午,部分上访村民在村里及村周边企业聚集、打砸、毁坏他人公共财物,冲击围困村委会、公安边防派出所。事件发生后,当地《汕尾日报》和《南方日

---

① 牛静、何南:《群体性事件报道的历史考察与现状分析》,《东南传播》2012年第6期。
② 2008年11月17日上午9时30分开始,陇南市武都区东江镇30多名拆迁户集体到陇南市委上访,要求对陇南市行政中心搬迁后他们面临的住房、土地和今后的生活等问题作出答复。陇南市委和相关部门的干部虽及时接访,但未与上访人员意见达成一致。当晚,聚集和围观群众陆续增加,部分聚集人员冲击市委机关,砸坏部分车辆和办公设施,打伤维护秩序的武警战士。
③ 杨耕身:《陇南事件信息发布需抛弃旧的话语体系》,http://news.sina.com.cn/pl/2008-11-21/083816698753.shtml。

报》或失语不谈,或语焉不详,信息含量少,关键信息模糊不清。新华网版面也只有文字没有图片,只特别强调了"破坏治安"及"供认不讳",对事件的原因、进程、各方态度等都没有提及。直到外媒报道引起中央高层的重视,关于乌坎事件的报道才有所转机。

(二)意识形态化倾向明显,"蛊惑"与"教唆"的报道框架备受批判

在传统的集体行为理论中,集体行为和行动(包括社会运动)的参与者被认为是非理性的,他们参与集体行为,是受到蛊惑或教唆。① 正是这种认识以及出于政治稳定的考虑,使得政府官员和新闻媒体对于群体性事件的认识和解释形成了思维定势,使得媒体对于群体性事件的报道如出一辙,都是"少数不法分子煽动不明真相的群众引发的"。这种"蛊惑"与"教唆"的报道框架一直延续到了"瓮安事件"。2008年6月29日上午,新华社发布简讯,称该事件是"一起围攻政府部门的打砸烧事件"。这则报道说:"在县政府有关负责人接待过程中,一些人煽动不明真相的群众冲击县公安局、县政府和县委大楼。随后,少数不法分子趁机打砸办公室,并点火焚烧多间办公室和一些车辆。"② 这种传统的报道框架是利用媒介的话语进行未审先判,带有一种明显的偏见,视群众为"敌对一方",将群体性事件意识形态化或政治化,因此,受到民众的抵制和批判。

这种报道方式显然是沿袭了20世纪50年代至70年代末所谓"群众闹事""聚众闹事"的思维模式,以阶级斗争的思维惯性去看待群体性事件。这种意识形态化的报道显然已经不合时宜,只会激起更大的矛盾。2009年8月,云南省委宣传部发出紧急通知,要求媒体在报道群体性事件时禁用"恶势力""刁民"等称谓,不得随意给群众贴上"不明真相""别有用心"等标签,这些正是对群体性事件新闻报道意识形态化弊端的深刻反省。因此,媒体应以中立、公正的态度报道此类事件,尊重事实,不偏袒任何一方。当然,如果忽视真相、一味站在群众立场上,可能会助长人们采取不合法手段解决矛盾纷争的心理倾向。

(三)群体性事件报道真实性存疑,有损媒体公信力

群体性事件发生后,如果权威机构无法充分满足受众知情权,受众往往会借助网络媒体关注事件进程。网络媒体的虚拟性和开放性导致信息真假难辨,

---

① 冯仕政:《西方社会运动研究:现状与范式》,《国外社会科学》2003年第5期。
② 曾庆香、李蔚:《群体性事件:信息传播与政府应对》,中国书籍出版社2010年版,第195—198页。

使得谣言大肆传播。而在媒体报道中,新闻的真实性也令人担忧。以 2009 年湖北的石首事件为例,在石首市街头已经筑起街垒,发布的新闻竟是《湖北石首多部门联合举办公交车火灾事故处置演习》,将石首市群众与警察之间的冲突以及打砸活动"美化"为火灾事故演习。① 这种欲盖弥彰的报道不但会导致更多谣言的传播,进一步激化事态的发展,而且违背了新闻的真实性,削弱了媒体的公信力和权威性。

　　导致这种现象产生的原因有很多,主观上可能由于媒体调查不深入,不能及时、全面地呈现事实真相,或者由于记者自身素质的限制导致报道失真。面对群体性事件,很多记者都是依赖政府的"通稿",而不去现场作深入的调查和采访,或者轻信当地有关部门的片面之词,这些都可能导致媒体作出不合实际的报道,无法满足受众深度阅读的需求。有些记者投机取巧,为了取得一时的轰动效应而牺牲新闻的真实性,对于一些细节添油加醋、大肆渲染,违背了新闻职业道德。客观而言,很多地方政府的不配合甚至阻碍采访也使得媒体了解真实信息变得非常困难。而且,群体性事件具有突发性,使现场的图片和视频难以获取,缺乏第一手资料,目击者口述事件时也可能因为各种原因导致信息失真。

三、群体性事件报道的对策

　　近年来,我国群体性事件的发生呈明显上升的趋势,新闻媒体要主动担起责任、克服困难,做好群体性事件的报道,将不同的声音通过媒介进行传播,对社会心理进行积极引导,促进问题的解决,并最终减少群体性事件的发生。

　　《凤凰周刊》是我国媒体中对群体性事件报道较多的媒体之一。该周刊对群体性事件报道的操作坚持"理性的启蒙"原则,致力于促进"人的现代化"这一长期目标,努力做到既坚持对敏感题材的报道,又将言论尺度自觉控制在一定的程度范围内,不图一时之快,努力摸索一种能够被管理方最低限度容忍的、打"擦边球""擦网球""踩线"而不"过线"的敏感题材报道方式。② 虽然说《凤凰周刊》无论是媒体背景还是所处地域都有其特殊性,但其对群体性事件报道所坚

---

① 曾凡斌:《群体性事件中的媒体报道的存在问题、成因及对策》,《科学·经济·社会》2011 年第 3 期。
② 《从群体性事件报道看现代媒体的能力与责任》,http://www.zdxb.zju.edu.cn/article/show_article_one.php? article_id=7669。

持的积极的、建设性的原则还是可供其他媒体借鉴的。大体而言,做好群体性事件报道应从以下几方面入手:

(一)重视民众知情权,及时告知权威信息

保障公民的知情权,不仅是党的"十七大"报告所作出的庄严承诺,更是新闻媒体的义务和责任。2008年5月1日正式实施的《中华人民共和国政府信息公开条例》为媒体对群体性事件的报道提供了制度保障,群体性事件新闻报道及时公开、信息透明理应成为新闻常态。[①] 该条例明确规定,"行政机关应当及时、准确地公开政府信息";"行政机关应当将主动公开的政府信息,通过政府公报、政府网站、新闻发布会以及报刊、广播、电视等便于公众知晓的方式公开"。

媒体应当力争能够在群体性事件发生之初就尽快澄清事实、表明态度,积极、主动地引导舆论。群体性事件发生后,如果媒体迟迟不报,很容易让公众产生政府或媒体有意隐瞒事实的"联想",此时如再有一些别有用心的境外媒体或不负责任的小报传播失实信息,则很容易使政府对相关事件的处理陷入被动,从而不利于事件的妥善解决,媒体也将失去公信力。

以2008年重庆出租车停运风波为例,在事发后第三天,重庆电视台中断正常播出节目,直播市委书记与出租车司机、市民代表的座谈会,及时告知公众权威信息,首开国内电视媒体参与群体性事件新闻报道的先河。重庆市领导正面回应问题的坦诚以及着力解决问题的认真态度获得了民众的肯定,在短时间内成功化解了影响重大的"出租车停运"风波。可见,新闻媒体及时公开报道群体性事件,不仅为公众提供事实真相,而且能够有效地引导舆论,防止谣言的传播,帮助政府化解危机。

新闻发布者通过发布信息来消除受众的信息不确定性,减少信息不对称。在新媒体时代,网络媒体因其快捷性、广泛性而具有一定的传播优势,因此,在群体性事件报道中还应积极利用网络和社交媒体等新媒体来引导舆论。为了尊重公众的知情权,新闻媒体还应对群体性事件作出全面、持续、快速的报道,追踪事件发展进程,多渠道获取信息,及时报道事件的最新动态,做好后续报道。

---

① 董天策、钟丹:《当前群体性事件报道的回顾与反思》,《南京社会科学》2010年第3期。

(二)选择适当的报道形式和报道框架

群体性事件发生后,媒体除了要迅速作出反应、以消息等报道形式告知公众真相以外,还需要借助新闻评论来引导受众的认知。群体性事件发生后,往往会引起社会各界的普遍关注,形成各种各样的看法或者产生某些过激情绪。媒体所刊播的新闻评论要能够对受众进行理性引导,有助于他们对事件进行更加深入、冷静、全方位的思考。比如,在"瓮安事件"发生后,《南方周末》刊登的《瓮安事件揭示稳定之道》《齐鲁晚报》刊登的《贵州瓮安事件:信息公开越早辟谣越有力》,《羊城晚报》刊登的《"瓮安事件"怎么没有群众的声音》等新闻评论,从社会矛盾、民众利益、政府治理、群众诉求等各方面进行呼吁,从而希望政府、公众、媒体等从该群体性事件中汲取教训。① 在2012年的"保钓反日"游行中,各媒体也纷纷通过新闻评论的形式呼吁民众理性爱国、理性表达爱国热情,如人民网刊登的评论《我们该如何保护钓鱼岛》、《中国青年报》刊登的评论《砸同胞日系车蠢行不是爱国是害国》、《北京青年报》刊登的今日社评《打砸抢烧不是爱国是害民》等。这种理性、全面、深刻的新闻评论能够使处于非理性状态的公众冷静下来,有利于避免其他群体性事件的发生。

由于群体性事件具有矛盾性、冲突性和复杂性,媒体在进行新闻报道时应多用解释性框架,少用和慎用冲突性框架。运用解释框架就是要对事件的前因后果、来龙去脉作出详尽的解释,让读者明白矛盾的根源所在。这不但可以解释事件产生的真正原因,保护公众的知情权,而且能为避免类似的事件发生提供参考。而冲突性框架是再现对立双方的冲突过程,媒体在进行相关报道时应尽量突出党和政府与群体利益的一致性、冲突群体之间利益的统一性,不能片面强调分歧和矛盾,只有这样才能化解矛盾,促进事情的解决与社会的稳定。

(三)遵守新闻纪律,把握尺度,避免负面效应

媒体在报道群体性事件时应遵守新闻纪律,把握好尺度,对传播效果作出准确预测和把握,避免负面效应的产生。国务院办公厅《关于进一步改进和加强国内突发事件新闻报道工作的通知》对于这点作出了明确的规定。媒体报道群体性事件既要积极主动,又要把握好度,处理好新闻、旧闻和不闻的关系;要审时度势、慎重处理,力争做到遵循新闻规律和遵守宣传纪律的有机统一,不能

---

① 牛静、姜丽:《群体性事件新闻报道的困境及应对》,《媒体时代》2012年第4期。

片面强调时效性和信息透明度,更不能为了追求轰动性而炒作渲染;对于非常敏感的群体性事件稿件要及时送审。同时,新闻媒体应坚决拒绝有偿新闻和有偿不闻,坚守职业道德和社会责任,力争还原事实真相,做好群体性事件的新闻报道。

由于群体性事件相对敏感,记者的采访应细致认真,要有两个以上的独立信息来源来证实信息的真实性。由于涉及人与人的冲突,在"人证"不可尽信甚至难以通过增加采访对象来保证信息准确性的情况下,要更多地依靠直接的"物证"来佐证自己的采访,使采访既真实又可信。报道还应做到避免片面追求视觉冲击力,对于一些过于血腥的画面作适当处理;报道话语尽量避免不当的或主观性强的表述,以免引起受众的反感;同时在采访时尽可能地尊重采访对象,注重人文关怀。

(四)找准立足点,讲求平衡性,持续全面报道

群体性事件一般集中于社会政治制度、民主与法制、社会公平正义等,属于百姓最为敏感的话题,容易成为社会关注的热点和焦点。如果媒体报道不慎,不但不利于引导舆论,反而会因"两个舆论场"的巨大差异而失去对舆论的把控能力。因此,媒体对群体性事件的报道应该以依法办事、化解矛盾和弘扬正气为出发点和立足点,同时在进行报道的时候兼顾各方利益的平衡,尽可能全面、真实地进行报道。

就报道的平衡性而言,一是记者的采访立场要均衡,能够从旁观者角度听取不同方面的声音;二是采访的内容要均衡,力争通过多方求证,还原客观事物的原貌,避免因过多掺杂个人情感和判断而被某方利益所左右,成为群体性报道的"主角";三是报道的方式要均衡,如果内参报道要客观反映公众反应及诉求,对外报道则要注意以正面报道为主,积极引导舆论;四是报道数量要均衡,既要避免报道过少引发的公众不满,也要避免报道过量引起的公众恐慌;五是要讲究报与不报、多报与少报的均衡,处理好时效和分寸的矛盾,开展后续报道,避免新闻炒作。

记者在群体性事件的报道中不但要听取来自不同立场的声音,还要尽量摒除自己的主观意识,把自己的价值立场和感情倾向降到最低、隐藏最深,坚持用客观事实本身说话,从而使报道更加接近事实。无论如何报道,媒体都要坚持积极、善意、理性、建设性,反对那些消极、恶意和破坏性的新闻处理方式,使报道既依法依规,又合情合理。

除此之外,媒体报道对事件及事件利益相关者的定性也是值得注意的地方。在近年来的一些报道中,由于群体性事件往往被地方政府认定为是少数别有用心者煽动、利用部分不明真相的群众所致,媒体又往往追随或不得不跟随地方政府的信息发布,这样必然导致新闻报道带有一种明显的"偏见",视群众为"敌对一方",将群体性事件政治化或意识形态化。[①] 这不但不利于事件的解决,反而容易激化矛盾,引发新的冲突。媒体在定性式的表述上要格外注意,以免节外生枝,做到新闻报道帮忙不添乱。

第二节 校园暴力事件

近年来,利益主体多元化、利益诉求多样化、利益冲突显性化使得突发性事件频发,且已延伸至校园,甚至幼儿园。校园暴力事件作为一个新兴概念开始出现。仅2010年3～5月的51天内全国就发生了六起校园惨案:福建南平校园惨案发生在2010年3月23日7点20分,55秒内,8个孩子死亡,7个孩子重伤,4月28日上午,福建南平校园惨案凶手郑民生伏法;4月28日下午3时许,广东雷州教师陈康炳潜入雷城第一小学,用水果刀砍伤16名学生和1名教师;4月29日上午9时40分,江苏泰兴一名无业人员徐玉元潜入泰兴镇中心幼儿园,持刀砍伤32人,其中学生29名;4月30日7时40分左右,山东潍坊市坊子区尚庄村村民王永来闯入尚庄小学,用铁锤打伤5名学前班学生,然后将汽油浇在自己身上并抱住两名学生点燃,学校老师将学生抢出,王永来当场烧死;再加上4月12日广西合浦县西场镇西镇小学的事件和5月12日陕西南郑县幼儿园的暴力事件……一系列的校园暴力事件引起了政府、媒体和社会舆论的广泛关注。

有研究者结合近年来发生的校园暴力事件,将其特征归纳为:犯罪嫌疑人患有精神病或心理障碍;社会不公和报复论;犯罪具有传播性和示范性。[②] 当然,校园安全保障设施以及教师和学生的安全防护意识相对薄弱也是产生校园暴力危机事件的重要原因。本节探讨的校园暴力事件专指发生在学校附近或

[①] 董天策、钟丹:《当前群体性事件报道的回顾与反思》,《南京社会科学》2010年第3期。
[②] 赵德余:《政策共同体、政策响应与政策工具的选择性使用——中国校园公共安全事件的经验》,《公共行政评论》2012年第5期。

校园内的以学生或老师为侵害对象的暴力事件,与学校的教学活动不一定有直接联系。

在对校园惨案的报道中,媒体是否在报道过程中促成了犯罪模仿,或者对犯罪形成了"示范效应"?媒体和公共舆论是否放大了危机问题的严重性?媒体在此类事件中应该扮演什么角色?应该如何最大限度地履行其社会责任?这些问题都成为媒体在进行校园暴力危机事件报道中值得关注和探讨的问题。在以上校园暴力事件的报道中,福建南平事件的报道最具有典型性。

一、从南平事件看校园暴力事件报道的进步

2010年3月23日7时25分,正值中小学上学高峰期,当过外科医生的中年男子郑民生在福建省南平市实验小学门口持刀疯狂砍杀小学生,3名学生当场死亡,另有10名学生严重受伤被送往医院,其中5名不治身亡。之后,郑民生被在场群众制服,公安人员立即赶到现场将其抓获。经一审、二审,凶手郑民生4月28日被枪决。

事件发生后,多家媒体对其进行了报道。媒体对南平校园暴力事件的报道与以往类似案件的报道相比,有其进步之处:

首先,报道的时效性大为增强。案件发生在早晨7点20分,当地媒体在8点30分左右即对该事件进行了报道。中央人民广播电台中国之声《新闻纵横》栏目在8点58分对该事件进行报道,称:"今天(23日)上午7时20分许,福建省南平市实验小学校门口发生一起恶性事件,一位40多岁的盲人持刀沿学校周边路上一路砍杀。截至目前已经造成6名儿童重伤。凶手已被警方控制,据称曾有精神病史。事发后学校已经停课。目前受伤儿童正在紧急抢救当中,儿童和家长的心理疏导工作也迅速展开。"①事发3个半小时之后,南平市政府召开新闻发布会,通报案件详情。新华网和人民网随即发出详细信息。福建新闻频道在事发后4天内播出29条相关新闻,对该起事件每一最新进展都作了及时跟进。

其次,报道避免了避重就轻、语焉不详,对案件案发经过、伤亡人数、行凶者身份、行凶原因等报道遮遮掩掩的少。

最后,突破了消息来源单一化的局限。在事件爆发之初,媒体报道主要采

---

① http://china.cnr.cn/yaowen/201003/t20100324_506195563.html.

用了新闻发布会发布的关于伤亡人数、凶手及死者身份等重要信息,之后多家媒体的多数报道都采用了目击者、老师、家属、专家等各个人群提供的消息。

有研究者曾对《中国青年报》《南方周末》《海峡都市报》《南国早报》《羊城晚报》《扬子晚报》《齐鲁晚报》《三秦都市报》等八家纸媒关于南平校园杀人案发生后一系列校园暴力危机事件的报道进行过分析,发现绝大多数报道是比较全面、客观的,但也存在一些明显的问题。①

二、校园暴力事件报道存在的问题

研究发现,继南平校园杀人案之后出现的一系列报道,有其进步的一面,但也确实存在一些问题,并引发了一些不好的社会效果,值得媒体在进行相关报道时引以为戒。

首先,报道的客观性不足,存在情绪化的表达和对公众的误导。

一些媒体对校园暴力事件施害人的塑造呈现出两个极端倾向。一种倾向沿袭了对"马加爵案"等的报道方式,对校园暴力事件的施害人进行妖魔化报道,对施害人的语言描述也过于偏激,在报道中乃至标题中大量使用"禽兽""恶魔""屠刀""杀戮""恶贯满盈"等词汇,如《禽兽男刀捅学生8死5伤》(《海峡都市报》)、《"屠夫"郑民生:从医生到杀人恶魔》(《昆明日报》)、《杀人恶魔郑民生被枪决》《南平杀人恶魔郑民生一审被判死刑》《恶魔供认曾计划杀30人》(《重庆晨报》)等。一方面,我们可以从媒体报道的标题中看出报道者倾向于"以暴制暴"的媒体审判;另一方面,也可以看到媒体并未如有的媒体评论所称的那样承担起应有的"教育者那样的责任",反而凸显的是有失偏颇的价值观。

另一种则倾向于寻找社会原因对暴力事件施害人的危害,如底层生存、买不起房、审判不公、缺乏精神病鉴定程序等,千方百计地为施害人进行开脱和辩解,对杀人者的心路历程描述得并不清晰。某些媒体通过所谓全方位、多角度的深挖为施害人辩解、开脱甚至是立传,如《南方人物周刊》使用郑民生的封面报道《南平·杀童事件》。有的媒体在报道中突出杀人者郑民生的彬彬有礼、医术高明、喜爱小孩,突出领导的打压、女友的嫌贫爱富、高房价下的蜗居等社会不公正现象,有意无意地将引发其犯罪的诱因归结于政府、社会及他人,轰炸式

---

① 汪阳:《校园惨案的新闻报道研究——对八家报纸文本的媒介框架分析》,兰州大学硕士学位论文,2011年。

的信息集中在"社会不公"和"心理疾病"的争论上,从而模糊了残害儿童事件本身的不可饶恕性。在《南方都市报》2010年3月24日的报道中,我们能读到凶手在行凶时口中不停地叫嚣"有人不让我活,要将我逼疯,别人也别想活"这样的话语。2010年4月9日的报道中,记者不断地引用凶手的话,证明其"之所以会犯案,是因为人情冷漠,社会冷淡"。在文末,记者甚至直接引用了行凶者的话——"我这么做就是为了引起重视,让社会因为这件事追究背后的责任。"《中国青年报》发表的评论《南平血案遇难孩子和凶手都是制度安排的牺牲品》,将惨案的发生直接归咎于社会制度。在《南方周末》的《南平杀童案:死刑后,大家都解脱了》中,记者质问"郑民生有没有精神病",并借用专家之口指出"郑民生杀人的真实动因在于他不切实际的妄想——精神分裂症""被害妄想""病态的主观臆断",又援引了案犯身边许多人的说法来证明他是一个"脑子不清楚的人",在文末呼吁"对郑民生进行精神病司法鉴定"。

　　校园暴力事件的发生有着复杂的社会背景和个人原因,但有些媒体在对"杀童"这类容易引发社会恐慌的"个人恐怖主义"事件进行报道时,将公众的关注焦点完全引向仇富、社会不公、司法不公、贪污腐败等原因,在无形中扭曲了人们的价值观。通过指向他们和社会的暴力行为"归因",记者利用人们的同情心对施害人暴力行为"合理化"作出解释,并为其"正名",貌似对事件施害人施以了人文关怀,对新闻事件进行了深度解读,但事实上,这种做法对暴力事件的受害者及其家属而言,是肉体伤害之外心灵的伤害和不公。

　　儿童是这个世界上最没有自我保护能力的人群,不应当成为任何人进行报复或泄愤的对象。无论什么样的理由都不能成为肆意剥夺年幼生命的借口,没人有权利杀害无辜的儿童。笔者更认同《鲁中晨报》在《南平校园惨案,别急着盲目反思》中的观点——"追根溯源,每一起血案的发生,固然有其特定的社会因素与背景,而更主要的,是人性中邪恶的一面占据了上风。"[①]媒体关于校园暴力事件的反思对引发社会公众的关注和问题的解决具有推进作用,但如果仅热衷于将原因归咎于社会,不但不会促进问题好转,反而可能刺激某些人的犯罪欲望。正如《广州日报》社论《反思南平惨案不能丧失正义底线》中指出的那样,"反思惨案原因时若将犯罪分子的个人罪行完全归咎于社会,不但会对有犯罪倾向的人产生强烈的心理暗示与示范效应,让他们产生个人在受到不公平待遇

---

① 《南平校园惨案,别急着盲目反思》,《鲁中晨报》2010年3月24日。

时可以用暴力手段向社会发泄的想法,而且还将消弭国家法治,颠覆社会伦理。"①

其次,媒体报道缺乏对受害者及其家属和受众的人文关怀。

有的媒体没有节制地采访目击者,试图最大限度地还原案发时的种种细节,却忽略了受害学生及其家属的感受,高估了受到巨大惊吓的小学生的心理承受能力。还有的媒体突出处理了本该淡化的信息。如"我刚带着两个孩子要出门去上学,但一个孩子跑了过来倒在了我家门口,肚子中的肠子都出来了,那个孩子是个男孩,胖胖的,眼睛睁开着,但一句话也说不出来"(《前外科医生校门前捅杀八学童》),"一开始我是想用刀来抹学生脖子的……后来发现用刀捅更快,后面的学生就是用刀捅的。我是学医的,知道用刀捅什么部位是致命的,我都是用刀捅那些学生的心脏……每个一刀,我要抓紧时间多杀几个,不允许我多捅"(《凶手判死竟喊冤上诉》),"男子从背后掏出刀,直接往女孩子脖子上抹去……接着男子抓住身边的一个学生,用刀狂捅"(《抓着学生书包,凶手残忍割喉》),"太惨了……视频里看得很清楚,嫌犯在将匕首捅入孩子的胸腔后,多次搅动匕首……很多孩子都死得很惨……黄金玉的女儿陈楚柠死时肺部已被割断脱落,而目前还在医院ICU病房急救的几个孩子肌腱也几乎被砍断,手臂将来是否能恢复知觉也不得而知"(《新快报》2010.3.26)……这样细节化的描述,对作案过程的过度曝光,对那些正在经历丧子(女)之痛的父母而言,是一种深切的伤害。无独有偶,媒体在对泰兴校园事件的报道中,也使用了大量冲击力过强的用语,如"砍杀""屠杀""血案"等,以此来描述事件性质、受伤人员情况及刺激大众感官。

再次,媒体的过度集中报道可能引发"维特效应"。

1974年,美国社会学家大卫·菲利普斯经过深入研究得出结论:平均每一桩成为头条新闻的自杀事件都与其他至少58宗自杀事件相关。这就是社会心理学上著名的"维特效应"(得名于《少年维特之烦恼》导致的自杀模仿)——社会认同原理。1983年,菲利普斯得出更加惊心动魄的研究结论:任何一种广为宣传的暴力行为都会刺激很多人竞相效仿。媒体的负面示范作用主要指两种情况:一种是某件案子里的聪明手法被媒体详细报道后给罪犯作了"技巧"指导;另一种是媒体无意间传递给了受众某种暗示,于是在1个月或1年或10年

---

① 《反思南平惨案不能丧失正义底线》,《广州日报》2010年4月14日。

后,当环境合适的时候,这些暗示就会引发一系列的活动。① 虽然还没有足够的实证能够证明一系列的校园惨案与媒体报道之间的关联,但是关于媒体所可能引发的"维特效应"却不容忽视。犯罪学家告诉我们,有一种人尽管年龄已长但仍未成熟,而且像孩子一样需要被保护,才不会受诱惑和负面刺激的影响。有些偶然犯罪的人或潜在罪犯,只需一点点外部影响就会打破其行为平衡,他们对不道德行为缺少本能的厌恶。②

最后,媒体的错误归因诱发极端事件,进而引发社会恐慌。

短短数十天,六起暴力事件,媒体狂轰滥炸式的集中报道在一定程度上引发了社会恐慌。南平案件事发次日,《南方都市报》A05版整版报道用带血的刀具作为题图,用正在清洗"血流成河"的校门口作为主图,再加上"割喉""砍杀"等刺激性标题,更加加深了受众对社会环境的恐惧感和无措感。

需要指出的是,媒体将郑民生令人发指的屠杀行为定义为一个失败者以极端方式寻求社会认同的过程,显然在价值观上对人们进行了误导,在深挖郑民生由"郑一刀"蜕变成刽子手的犯罪原因中,传播了一种极端而危险的社会认同方式。许多人认为正是这一点,刺激了后来其他一些失意者纷纷以类似的极端方式来对付社会和无辜者。③ 众多的新闻、评论给大家留下这样一种印象:郑民生似乎是被生活所迫才不得已走上犯罪的道路的,这就导致凶手不但没有受到谴责,反而博得了同情。直到4月14日,广西合浦发生了被称为"南平惨案翻版"的另一起校园凶杀案,媒体这才认识到对邪恶的过度同情会纵容类似案件的再度发生。可见,对弱者的同情必须有底线,报道必须有禁区。

三、校园暴力事件报道的对策

在校园暴力事件报道的过程中,媒体应当兼具理性报道的追求者、体制改革的倡导者和社会危机的监督者几重角色。今后在对类似事件进行报道时,媒体需要注意以下几个方面:

---

① 〔美〕利昂·纳尔逊·弗林特:《报纸的良知——新闻事业的原则和问题案例讲义》,萧严译,中国人民大学出版社2005年版,第167页。
② 〔美〕利昂·纳尔逊·弗林特:《报纸的良知——新闻事业的原则和问题案例讲义》,萧严译,中国人民大学出版社2005年版,第167页。
③ 董晓峰、姜德锋:《对南平校园惨案新闻报道的反思》,《学术交流》2011年第9期。

1. 并非所有的新闻都需要深度解读，犯罪报道应有"绝对禁区"

资深犯罪心理学专家、中国人民公安大学李玫瑾教授曾明确指出："关于福建南平案件我曾多次拒绝各种采访，原因在于，我认为，这种案件是'一个人的恐怖主义行为'，作案人就是要制造恐怖、恐慌……就是让所有的人们对社会生活感到不确定的恐惧……"所以，对此案的任何"深度发掘和报道"恰恰是在事实上帮助作案人，帮助他扩大这种恐怖的效应……每位记者在报道一个社会事件时，都承担着为这个社会筛选或过滤信息的责任。社会事件通过传播都会产生各种程度的社会影响，好的或不好的往往就取决于一个事件的报道方式。言语的力量不言而喻，言语可以让人冷静，言语也可以让人疯狂……并非所有的真相都需要不断地公开，并非所有的真相都可以用来"嚼来嚼去"。① 持类似观点的还有中国政法大学法律心理研究所的马皑，"媒体对待此类案件应该冷处理：不说原因，只谴责这种行为的不道德、非人性，让大家认识到他们是反社会的、是可耻的，而且必将受到法律严惩，这样才能对那些有心效仿的人起到震慑作用"②。

换言之，就是对暴力犯罪的报道要有"绝对禁区"。所谓"绝对禁区"，即在对暴力犯罪报道中，应绝对避免出现立场性、原则性问题。具体包括：(1)暴力犯罪的新闻报道的立场必须是鲜明的批判立场，即便罪犯犯罪"事出有因"，但作为一种反正义的举动，必须对其予以谴责，而不应是煽动性的同情、鼓励或者支持；(2)暴力犯罪的新闻报道必须不得以侵害被害人的正当权利来换取其他利益，如不应为吸引读者披露性犯罪的被害人的真实姓名、照片等基本信息；(3)必须在暴力犯罪新闻报道中，避免过于详细、完整地报道犯罪人的犯罪方法与犯罪过程，以免在报道"犯罪教科书化"后，被潜在的具有犯罪倾向的人所学习和借鉴，等等。③

总体而言，公众福祉、人文道德关怀、人性化应当是此类事件报道的主旨和核心，是报道的出发点和归宿。媒体不应为了追求所谓的新闻价值和轰动效应，炒作性地报道此类事件。

2. 报道要着眼于长远，关注犯罪背后的新闻，对社会问题予以人文弥补

当前我国媒体在对校园惨案进行报道时，往往将报道重点放在重现案件过

---

① 韩建勇、赵蓉：《校园血案中的媒体困境与救赎》，《新闻知识》2010 年第 8 期。
② 李丽：《学者呼吁：媒体应冷处理"江苏泰兴案"》，《中国青年报》2010 年 4 月 30 日。
③ 马涛：《暴力犯罪的媒体诱因与对策反思——规避模仿示范效应的新路径》，《河南司法警官职业学院学报》2013 年第 3 期。

程上，更多的是对事发现场进行还原和描述，但对发生此类事件背后的社会原因和体制探讨的较少，对犯罪嫌疑人的描写也往往陷入"妖魔化"或盲目同情中。事实上，媒体对此类事件的报道，既要着眼于当前的伤害与影响，也要考虑到事件可能带来的长远影响，以一种人文的报道视角及时提醒相关部门和人士，重视其可能引发的深层次伤害，从而采取更多的人文补救措施。

同样在2010年，美国发生了弗吉尼亚理工大学枪击案。《今日美国》对这一校园惨案的报道并未放在对现场的惨烈描述或对犯罪嫌疑人的猜测和挖掘上，而是将重点放在悲剧背后美国过于宽松的枪支管理与暴力的电影作品的过多宣扬上，进行了深刻反思。由于该嫌犯之前曾经接受过校医的心理咨询而无果，美国媒体也开始探讨美国心理咨询机制的漏洞。此新闻背后隐含的主线是如何避免相关悲剧再次发生。

美国自杀学会对媒体报道自杀事件曾经提出过如下建议：不要详细报道自杀方式、不要美化自杀死亡、不要将自杀原因简单化、不要将自杀作为解决问题的方法、不要将自杀者描绘成好孩子、不要渲染自杀频率。[①] 在报道校园暴力事件时，我国媒体完全可以借鉴以上经验。

3. 媒体应做好对创伤事件相关者的心理抚慰

灾难带给人的不仅仅是短时间的身体伤害，还可能造成持续的心理损伤。暴力事件影响的人可以被分为施害者、受害者和见证者。在创伤事件发生后，受害者、见证者会受到不同程度的心理创伤。心理学研究表明，灾难发生后，直接受灾、参与救灾或目睹灾难的人员中有30%～58%的人会出现创伤后压力症候（PTSD）。对创伤事件的相关刺激或者受难经验的不断反复，将强行唤起幸存者痛苦的记忆，使幸存者出现恐惧、紧张、失眠、抑郁的症状，严重的会出现精神异常，甚至自杀。公众在灾难发生后一段时间，也会变得敏感、脆弱、易受影响、易怒、苛刻、不包容。也许一个微不足道的行为或者仅仅一句话，就能引发大面积的社会恐慌、愤慨和骚动。

此时，如果媒体能够基于新闻报道或与心理救援相关的专题报道来设置议程，运用版面组合、声画处理、节目选题等语言修辞和传播策略，就有可能帮助受众缓释其焦虑、恐慌的情绪和不安全感，帮助其恢复心理平衡，重建对社会的信心。尤其是当此类创伤事件涉及儿童时，对儿童的心理保护更值得关注。

---

① 常江：《专业性与潜规则：中美两起校园伤害事件中的媒体》，《新闻界》2013年第2期。

第三节 暴力恐怖事件

近年来,因极端宗教主义、民族分裂主义造成的重大社会安全事件时有发生,西藏"3·14"事件、新疆"7·5"事件等涉及民族因素的社会安全事件呈现出潜在的涉外性、敏感的民族性、较强的宗教性和偶尔的敌对性等特点。[①] 2014年接连发生昆明火车站"3·1"事件、乌鲁木齐"5·22"事件、莎车"7·28"事件等一系列暴力恐怖事件,严重危害了人民的生命安全,使得社会负面情绪激增,影响了社会的和谐稳定。

恐怖主义一词源于拉丁文"terror"(意为畏惧、恐怖),作为专有名词最早出现在18世纪末法国大革命中的雅各宾派专政时期。尽管对于什么是恐怖主义,全球尚未达成一致的定义,但对恐怖主义三要素——非法暴力、具有政治动机、滥杀无辜基本达成了共识。《联合国全球反恐战略》认为,恐怖主义是一切形式和表现的恐怖主义行为、方法和做法,是旨在损害人权、基本自由和民主,威胁领土完整、国家安全,颠覆合法组成的政府的活动。

贝克认为,有三个层面的风险可能会在全球风险社会中得到确认,它们分别为生态危机、全球经济危机和跨国恐怖主义网络带来的危机。恐怖主义作为一种全球性风险话语由来已久。2001年美国"9·11"事件之后,在全世界范围内,国家冲突、地域矛盾、政派纷争不断,恐怖活动和暴力事件频繁发生。世界著名风险评估公司梅波克洛夫公司2014年发布的数据显示,过去一年,全球有18668人死于恐怖袭击,平均每天发生26起,中国受恐怖袭击的风险也在上升,成为"中等风险"国家。[②] 作为全球性风险,暴力恐怖事件是全球政治经济文化各方博弈的产物,在国内外普遍存在。

在中国,具有恐怖主义、宗教极端主义、民族分裂主义特征的"东突"势力是当前面临的来自恐怖主义的最大威胁。"东突"分子以实现建立所谓"东突厥斯坦国"为目的,试图将新疆从中国分裂出去,长期在中国境内、主要是新疆地区从事爆炸、暗杀、纵火、投毒、袭击等暴力恐怖活动。据不完全统计,1990年至2001年,

---

① 阿迪力·买买提:《论转型期涉及民族因素的群体性社会安全事件及应对——以新疆为例》,《黑龙江民族丛刊》2011年第1期。

② http://www.chinanews.com/gj/2014/07-24/6419256.shtml。

他们制造了至少200余起暴力恐怖事件。① 英国梅普尔克罗夫特全球风险顾问公司2014年发表的报告显示,中国受到恐怖袭击的风险正在上升,在全球190多个国家和地区中排在第32位,报告将中国列为受恐怖袭击中度风险地区。

暴恐事件由于话题敏感,一直被排除在媒介议程之外,并未被建构为公共社会问题。2008年拉萨"3·14"事件后,国内媒体首次进行了大规模报道,使得媒体对国内恐怖事件的报道在数量上达到顶峰。2009年新疆"7·5"打砸抢烧严重暴力犯罪事件发生后,反对和打击恐怖主义已经成为中国安全政策的重要内容。2013年~2014年,国内多地发生暴力恐怖事件。媒体对此类事件的报道在质、量两方面都有所提升。

有研究者发现,在《人民日报》暴恐报道中,国际暴恐事件常被定义为"恐怖袭击"(28.6%)、"恐怖爆炸"(9.9%)、"恐怖血案"(7.8%)等带有较强血腥气息、破坏力大、影响恶劣的事件,如《摩洛哥发生恐怖爆炸》《连环爆炸再袭西奈》等,而国内暴恐事件则较少使用"恐怖"来定性,多为程度较轻的"暴恐案"(33.6%)、"暴力事件"(22.4%)、"暴力活动"(4.8%),如拉萨"3·14"打砸抢烧暴力事件、吐鲁番"3·26"爆炸事件等。② 与前者强调"恐怖"不同,后者着重强调其"暴力性"。

一、暴力恐怖报道存在的问题

(一)报道速度仍待提高

2013年6月26日凌晨5点,鄯善发生暴力恐怖事件,当地媒体新疆卫视在晚10点的《今日聚焦》中即播放了时长为20分钟的专家访谈《"暴恐"事件,不是宗教问题》。新华网和中央电视台分别在事发次日正式公布《新疆鄯善发生暴力恐怖袭击案件》的消息。《人民日报》在第三天(6月28日)刊登新闻。

2014年5月22日早7点,新疆乌鲁木齐爆炸案发生。两个小时后,新华网发布简讯《新疆乌鲁木齐发生一起爆炸案》,同时中央电视台新闻频道以插播的形式播报了这则消息。事发第二天,《人民日报》以头版头条刊登《习近平对新疆乌鲁木齐"5·22"暴力恐怖案作出重要批示》,并在随后的4天时间里大篇幅报道国际社会以及国内各界群众对暴徒实施暴力恐怖行为的强烈谴责等。

---

① 《中国政府白皮书:"东突厥斯坦"问题的由来》,http:www.360doc.com/content/14/0303。
② 朱莹:《主流媒介议程建构下的风险景观——以〈人民日报〉(2000—2014)的暴恐报道为例》,《新闻世界》2015年第4期。

2014年7月28日凌晨,暴徒持刀斧袭击莎车县艾力西湖镇政府、派出所,焚毁车辆,砍杀无辜群众,造成37人死亡、13人受伤、31辆车被砸、6辆被烧,性质十分恶劣。次日,新华网发布消息《新疆莎车县发生一起严重暴力恐怖袭击案》,并对事发经过作了简要通报。《人民日报》和中央电视台在7月30日首次发声,并在事发一周后公布了莎车县暴恐案的案情始末。

从媒体对以上几件在新疆境内发生的暴力恐怖事件的报道速度上看,媒体对暴力恐怖事件报道的速度总体上有所提升,尤其是对乌鲁木齐爆炸案的报道在事发后两小时就已经出现,但对新疆边远地区的暴力恐怖事件的报道还不够迅速,如发生在莎车的事件在次日才有所报道。

(二)过度报道引发恐慌

2014年昆明"3·1"暴恐事件、长沙"3·14"砍人事件等相继发生,媒体连篇累牍的报道引发了社会恐慌。在这期间和随后发生的"3·4"广州地铁乘客涌出事件、"3·13"成都交易大厅巨响误传地震逃散事件、"3·14"成都春熙路逃散事件、"3·15"广州小偷被抓喊砍人惶恐事件以及3月到6月北京地铁内连续发生的9起"乘客集体狂奔"事件,事后都被证实系当事人轻微摩擦而民众却过度恐慌。

(三)存在种群色彩的标签化

种群色彩指人类社会在一定时间内占据一定空间的带有相同的某种特征,其外延包括国籍、民族、种族、宗族、宗教信仰、性别、爱好等。在我国现有的暴恐事件报道中,很多是带有"种群色彩"的,即有意无意地突出民族矛盾特征、国家领土特征、宗教信仰特征等,如报道中经常出现的和恐怖分子相联系的伊斯兰教以及不少报道标题中强调的"新疆",很容易引发公众的对立情绪和不当反应。

二、暴恐报道的优化对策

(一)及时、准确、客观报道

暴恐事件事发突然,很容易引发各种流言和猜测,媒体应快速反应、及时报道,消除公众疑虑,防止社会谣言传播,避免出现暴恐事件因舆论混乱而失控。

暴恐事件成因复杂,媒体要寻找权威信息源、多方信息源来核实信息,确保信息准确无误,要及时获取司法、宣传部门的指导和认可。媒体报道应客观、冷静、加强自律,以不扩大负面影响和不干扰案件的侦破、处置为前提,不能透露警方的侦破细节、处置策略等。

(二)慎用血腥画面,减少二次伤害

自媒体时代,人人都有了"麦克风",很多信息会被网民以"原生态"的方式呈现出来。有的网民为了吸引眼球或提高自己微博的点击率,会在事发现场或事后发布大量现场血腥照片及详尽的细节描写。虽然对客观还原事件现场有一定作用,但也会带来明显的副作用甚至反作用。微博@人民日报在2014年昆明火车站"3·1"暴力恐怖事件后提出的4条微倡议就获得了网上的好评:♯面对暴力恐怖我们可以做到♯(1)不要把对恐怖分子的愤怒扭曲成对一个民族的敌意,那正是他们想要的结果;(2)不要把对暴力的还击扭曲成对一个民族的歧视,那正是他们想要的效果;(3)不要理会个别极端声音,那等于助长他们的传播;(4)不要传播血腥画面,慎重采访伤员及遇难者家属。

因此,主流媒体在进行相关报道时,应当秉承新闻专业主义,坚持适度公开的原则,不以血腥暴力的方式煽动公众情绪,尽量避免对暴力恐怖事件的细节描写,减少对暴虐和残忍手段的细节描写和煽情式的报道,以救助与关怀为导向来呈现暴恐画面,并对画面进行一定的专业化处理,避免其产生负面的传播效果。

(三)积极争取信息解释权

昆明"3·1"事件发生后,新华社等主流媒体在报道中将昆明事件定义为暴力恐怖事件,帮助公众及时认清事件的暴力恐怖性质以及应该坚持的正确观念。《人民日报》官方微博发出的微倡议也是对公众正确认识暴力恐怖事件及采取正确行为的一种导向,值得提倡。此外,媒体在报道相关事件时,还要不断强化新疆、新疆人、新疆少数民族、新疆极端分裂分子之间的差异,避免受众对新疆或新疆少数民族形成刻板成见乃至误解。

第六章 危机报道案例分析

食品安全事件的媒体呈现:现状、问题及对策
——以《人民日报》相关报道为例

一、研究对象及方法

本研究以议程设置理论为研究基础,以阜阳奶粉事件为研究起点,自 2004 年以后每年选取一件重大食品安全事件作为具体研究对象,对纸质媒体的食品安全事件报道进行研究。经过对食品安全事件的影响力、媒体及社会对其关注程度等要素的筛选,最终选定 2004 年阜阳奶粉事件、2005 年苏丹红事件、2008 年三鹿奶粉事件为研究的食品安全事件。[①]

在研究样本的获取方面,本文以《人民日报》图文全文数据库为数据源,以上述三个食品安全事件发生 12 个月之内的报道为研究样本。通过对数据库中每一篇符合以上食品安全事件时间范围的报道进行浏览,筛选出符合要求的报道后进行内容分析。[②] 本文选取的报道以具体的食品安全事件为主题,考虑到本研究的初衷,任何因该食品安全事件引发的相关报道都被纳入样本选择范围中,以全面分析媒体的报道过程及舆论引导。对由多则简讯构成的综合式报道,选取其中与具体食品安全事件相关的一则,将其纳入研究范围。

基于以上的选取依据,本文分别对"奶粉""苏丹红""三鹿"和"奶粉"关键词交叉检索,选出《人民日报》2004 年至 2009 年的相关报道,剔除不符合选择标准的样本后,剩余 220 篇报道。

---

① 因对某一食品安全事件的议程设置往往伴随着事件发生发展的过程而展开,故将时间范围定在每一食品安全事件发生的一年之内。
② 以每一篇新闻(文章)为一个分析单元。

二、研究分析

1. 报道数量

《人民日报》从2004年阜阳奶粉事件开始，对食品安全事件的报道有明显变化：2004年阜阳奶粉事件的报道数量为41篇；2005年苏丹红事件的报道数量为28篇；2008年三鹿奶粉事件的报道量增至151篇，占该报三次食品安全事件报道总量的68.6%。

阜阳奶粉事件是我国具有标志性意义的一次食品安全事件，引起了社会各界的广泛关注。《人民日报》早在2001年就开始关注食品安全问题并对其进行探讨。2008年爆发的三鹿奶粉事件被称为中国食品业的"9·11"，各媒体对三鹿奶粉事件都投入了很大的报道力量，报道篇数显著增加，《人民日报》亦不例外。报道数量大，频率高，体裁多，且角度广泛，内容平衡，透明度高。①

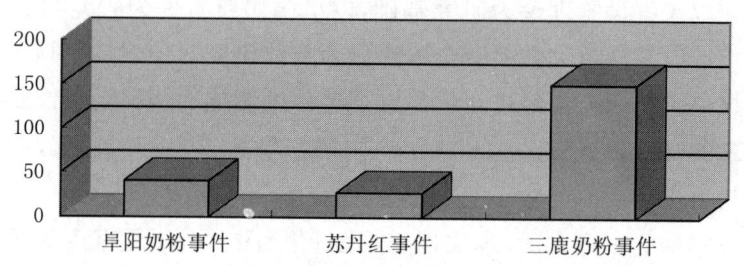

图6-1 《人民日报》2004～2009年食品安全事件报道量

2. 报道体裁

对新闻体裁的分类有多种方法，为便于统计分析，我们将其分为消息（含简讯）、专访或对话、评论、读者来信或网友发言、专稿（含通讯、综述、深度分析等）、讲话及公告、其他（见图6-2）。通过统计发现，《人民日报》在三次食品安全事件报道中使用最多的体裁是消息，占报道总量的56.8%；其次是专稿、评论和访问，分别为17.2%、15%和5%。如果将专稿中的通讯和综述分开统计的话，消息和评论是该报食品安全事件报道中使用最为广泛的报道体裁。值得一提的是，在苏丹红事件的报道中，该报采用了连续报道的形式进行了四组报道，

---

① 白洁：《〈人民日报〉三鹿奶粉事件报道特色》，《青年记者》2009年3月4日。

使相关信息的呈现更加多元和立体。

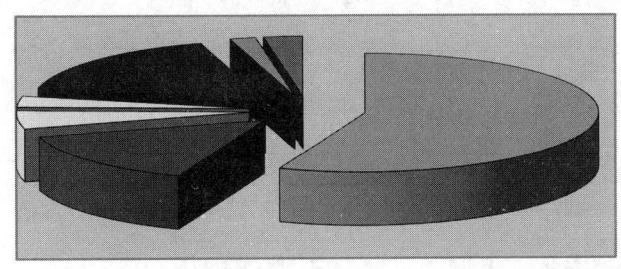

图6—2 《人民日报》2004～2009年食品安全事件报道体裁占比(%)

3. 报道版面

近年来,《人民日报》的版面调整比较大。为研究方便,本文对三次食品安全事件报道采用的版面进行了归类,分为新闻、政法、经济、科教、读者及其他。由于食品安全是"从土地到餐桌"的全方位安全,因此将2009年出现的《新农村周刊》单列。研究发现,该报的食品安全事件报道几乎在所有版面上都有不同程度的呈现,其中各类新闻版面最多,分别占版面总数的56.1%、53.6%和45.9%。数据的变化同时表明该报有意识地注重了其他版面的报道,可以更加多方位、多角度地呈现事件原貌和进行议题引导。

值得一提的是,该报在苏丹红事件报道时,除利用新闻、经济、政法等版面外,还利用科教版向受众解读相关的医药科技知识,培养和提高受众的健康素养;在三鹿奶粉事件的报道中则多次在新开办的《新农村周刊》上进行组合报道。这些版面的调整和运用背后体现了该报报道视角的变化和拓展。

4. 消息来源

所谓消息来源是指一则新闻中所涉及的事实和观点材料的出处。它表明事实、观点和背景材料从何而来、由谁提供。媒体往往借助消息来源之口表达自己的观点。一篇新闻报道引用的消息来源越多、信息量越大,报道的客观性就越强,传播效果也就越好。目前媒体大多注重消息来源的多样性,以增强报道的科学性和客观性,但在多消息来源的报道中,往往还是有主要消息来源和突出消息来源的。

本研究将报道采用的主要消息来源分为记者/媒体、政府/官员、专家、读者、企业和其他。对于多消息来源的报道以其主要或突出消息来源来归类,如

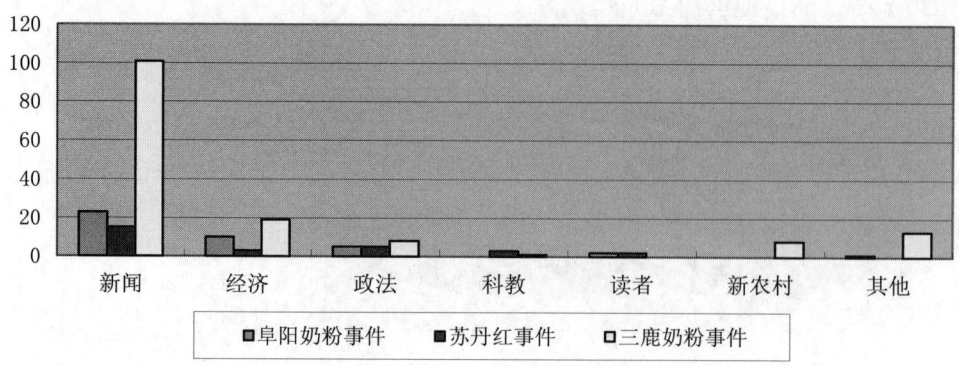

图6—3 《人民日报》2004~2009年食品安全事件报道版面分布图

果用力平均、难以判断,则归为"其他"。经统计发现,政府/官员、媒体/记者是食品安全事件报道最主要的消息来源,分别为40.9%和40.5%。

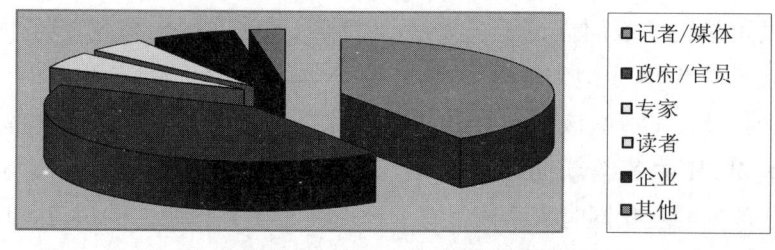

图6—4 《人民日报》2004~2009年食品安全事件报道消息来源(%)

5.报道内容

为更好地了解媒体在报道食品安全事件时选择哪些内容,以及如何通过内容选择设置媒体议程,我们将《人民日报》三次食品安全事件的报道内容按照事件进展、政府态度、法制建设、监督管理、企业及市场、消费者权益、评论等方面对其进行分类、归纳,采取交叉分析、对比分析的方法,对单一事件中单一媒体的内容表达、单一事件中不同媒体的内容表达、多次事件中单一媒体的内容表达及多次事件中不同媒体的内容表达进行细化和分析。

经归纳发现,《人民日报》在三次食品安全事件报道中数量最多的是针对事件进展的报道,其次是对法制建设和企业市场的报道。但该报对各次食品安全事件的侧重点差异明显:在阜阳奶粉事件的报道中,关注点集中在事件进展、法制建设和食品监督管理三个方面,且对事件进展的报道少于其他两个方面;在苏丹红事件报道中,除报道事件进展、侧重政府表态/信息公开外,主要将议题锁定在政策、监管、法律等层面;在三鹿奶粉事件的报道中,该报的报道内容和主题更为全面、细致,全方位地涵盖了事件进展、政府态度、法制建设等方面,报道重点依次为企业市场、事件进展、法制建设、监督管理、政府态度等。

综上所述,《人民日报》关于食品安全事件的报道角度通常是政府部门如何进行监管,并随着监管的进度进行相应的报道,或者是就某一食品安全事件对受访的权威专家的解读。

6. 报道过程

如前所述,由于对某一食品安全事件的议题设置是伴随着事件发生、发展的过程而展开的,因此,我们通过对三次食品安全事件发生后一年内的报道数量的变化进行分析,同样可以发现在食品安全事件报道方面媒体呈现出的一些特点。

经统计分析发现:食品安全事件爆发的前两个月是集中报道期,该报及时报道事件的进展、国务院及相关部委和地方政府的反应、领导人表态及视察慰问活动、对有关政府官员和专家学者的访问、相关企业和市场应对等。在三次食品安全事件的报道中,前两个月的报道量分别占到报道总量的 56.1%、62.0%和72.2%。实践证明,媒体在食品安全事件发生之初迅速介入报道,及时的信息公开和大量的新闻报道不但可以引发社会关注、减少谣言传播,而且有助于树立负责任的政府形象。

从第三个月开始,报道数量不断减少。其原因之一是事态基本趋于稳定,对相关责任人或责任企业的查处又需要一定的时间;二是媒体有意无意地通过减少报道转移公众对该食品安全事件的关注度,通过对该行业领域其他企业的正面报道和有关部门治理整顿的报道帮助消费者恢复消费信心,使市场秩序逐渐恢复正常。

从图6-5中我们还可以看到,在第七或第八个月的时候会有一个小的报道回潮,一是因为对事件相关责任人和责任企业的查处、对受害人的赔偿、相关管理法规的修订等取得了阶段性成果,二是媒体进行了适时回顾和反思,起到了举一反三、警钟长鸣的作用。

由此可以看出,该报随着食品安全事件发生、发展的自然顺序调整报道的节奏和强度,把握媒介议题设置、引导的基本特点,使媒介议题的设置过程日趋完整。

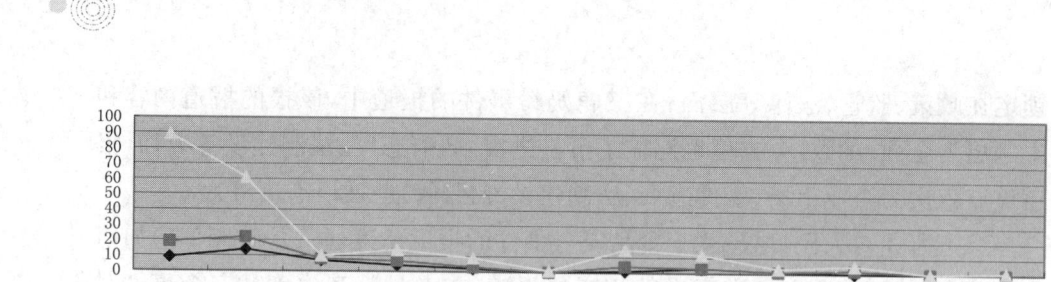

图 6—5 《人民日报》2004~2009 年食品安全事件报道过程

三、研究发现

1. 报道文本趋于多样、议程呈现不断完善

作为中央级党报,《人民日报》在这三次食品安全事件报道过程中,不仅能够较早介入,以宏观视角、国家高度、政府立场及时报道事件进展、政府相关部门对事件的调查、对相关责任人的查处、对相关管理政策和法规的解读等,还深入探讨制度建设、法律规范、行政监管、干部问责等方面的议题,并积极推动《国家重大食品安全事故应急预案》的出炉和《食品安全法》的修订与实施。

阜阳奶粉事件和三鹿奶粉事件相隔 5 年,报道数量从 41 篇增加到 151 篇;消息的比例从 61% 下降到 40.5%;从没有一篇专访增加到 11 篇;新闻版面的比例从 56.1% 下降到 45.9%。这些数据的变化都体现出该报对食品安全事件新闻选择和议程设置能力的不断提高。媒体的报道主题、报道体裁、报道版面、消息来源的日趋丰富,对于全方位、多角度地观照食品安全事件、积极反映和引导社会舆论具有重要作用。值得一提的是,在三鹿奶粉事件的报道中,该报将近 10% 的新闻版面为头版。

2. 报道体裁、版面分布均衡性仍待加强

通过分析我们看到,虽然近年来《人民日报》食品安全事件报道的体裁和版面安排呈现多样化态势,但仍有一些问题值得关注:报道体裁中消息的比重仍然较高,对事件的深度分析性稿件数量仍然较少。有研究表明,在突发公共卫生事件中,民意诉求始终以资讯渴求为主,贯穿事件的整个过程。传媒在事件发展的整个过程中应以"提供信息"为首要任务。① 消息可以满足受众获知信息的需求,但不能满足他们深入了解事实真相和情感宣泄等其他需求,不能对相关政策环境、发展趋势、预防机制等进行多元解读,进而引发公众反思、促进问题解决。因此,适当增加解释性、分析性报道及连续、系列报道和深度访谈的比重,不但可以满足受众多元化的需求,还有利于提高媒体的舆论引导能力。

如前所述,食品安全是一个系统性概念,因而食品安全事件的报道和经济、科教、政法、农村等版面的报道内容有着密切关联。在苏丹红事件报道中,《人民日报》将科教版面的科普与新闻版面的报道进行了互动,但在三鹿奶粉事件的报道中,科教版面却几乎无所作为,可以说是在报道进步的同时的一种退步。尽管说民以食为天,但普通百姓对于什么是安全的食品缺乏科学和理性的认识,因此,新闻报道与其他版面文章的互动能提高公众的科学素养、增强公众的食品安全观念。

3.过度强调政府话语导致民生话语式微

从前面的分析可以发现,《人民日报》相关报道的视角、主题和消息来源都体现出媒介对政府话语的强调。政府话语系统包括信息公开、人员问责、市场监管、法律法规等相关政策/食品检测标准调整、惠农惠民等,民生话语系统则包括医疗救治/法律援助、民众投诉、市民生活等。② 媒体对政府话语的强调不但有助于凸显负责任的政府形象,还有助于帮助消费者尽快恢复对食品行业和市场的信心,有其积极作用。但过分强调政府话语使得一些关注民生的议题较少出现在报道中,如这些食品安全事件的出现源于食品生产流通的哪个环节,是个别情况还是普遍问题,是否存在企业共谋,政府相关部门的监管或法律规范是否存在漏洞,受害者能否获得相应赔偿,消费者应当如何保护自身利益,等等。即便在受到好评的三鹿奶粉事件的报道中,以普通消费者为报道关注点或从消费者角度审视这一事件的报道数量仍然很少。

---

① 张自力:《突发公共卫生事件中的传媒报道与民意诉求——以"苏丹红事件"为例》,《新闻大学》2005年第4期。
② 徐新闻、张沛、李景、束凌燕:《政府话语遮蔽下的媒体呈现——以四家都市报对"三鹿奶粉事件"报道为例》,《青年记者》2009年第5期。

四、研究建议

1. 通过报道提升公众安全素养

主流媒体在食品安全事件发生时,首先,要满足公众的知情权,及时传递事件发生、发展的详细信息;其次,要通过报道政府处理食品安全事件的态度和举措,树立负责任的政府形象;再次,要报道公众的反应,将其视为社会舆情的晴雨表和催化剂,促成事件解决;最后,还应当及时报道市场复苏情况,增强消费者信心,将事件引向建设性方向。

目前,《人民日报》食品安全事件报道的主题和视角基本锁定在政府层面,立足宏观角度展开报道,这固然体现了国家级媒体的大气,但也使报道过于刚性,再加上该报较少使用图片报道和新闻漫画,易让读者产生距离感,导致亲近感和阅读愉悦感的缺失。

普通消费者是食品安全事件最直接的利益相关者,如果报道缺少了消费者的视角和关注度,其传播效果必然会受到一定限制。因此,媒体在关注宏观问题的同时,应增加以普通消费者为主要报道对象的报道,结合社会、环境、文化、道德等多种元素审视当前的食品安全事件,立体挖掘、多维解读,将食品安全问题与消费者的切身利益结合起来,通过报道强化媒体对食品安全的监督,并由此提升公众对食品安全的关注度,进而提高其食品安全素养。

2. 增强报道的科学理性和深度

食品报道较多涉及相关食品标准,具有很强的专业性,因此,媒体在报道食品质量安全卫生问题时,要尽量了解国内外有关法律法规、规定和标准,了解食品质量安全卫生相关常识,同时加强和相关部门的沟通,在报道中坚持客观、科学、准确、真实的原则,既不能进行耸人听闻的恫吓式传播,又不能完全停留在就事论事的告知性传播层面上。现有的一些报道对文中涉及的科学参数和专业术语毫不解释,虽然起到了信息传播的作用,但这些信息并不能让受众入脑入心,因此,无法产生相应的传播效果。

西方传播学者强调,一个自由而负责任的传媒应当提供信息、启迪公众以使公众能够自我管理、监督政府。[1] 我国的主流新闻媒体在进行食品安全事件

---

[1] 熊澄宇:《传播学十大经典解读》,《清华大学学报》2003 年第 5 期。

的报道时,也要注意通过报道一方面帮助受众建立起科学认知食品安全的知识框架,另一方面指导其建立对待食品安全事件的正确的态度和理性的立场。

3. 探索食品危机预警报道

一般来说,媒体对食品安全事件的议题设置都是从这一事件发生后才开始的,如果反应不及时,还往往容易错失良机。在对《人民日报》2004~2009年有关食品安全事件样本的采集分析中我们发现,在2008年三鹿奶粉事件发生前,中国乳业其实已先后发生过多次食品安全事件,只是因影响较小媒体没有给予特殊关注。即便是震惊全国的阜阳"大头娃娃"事件,也因为牵涉其中的厂商不够"大牌"而很快被其他议题的出现转移了社会的关注点。今后媒体是否能够尝试通过以往的报道分析食品行业中潜在的危机,提前引起相关管理部门和公众的注意,发挥媒体的食品安全社会监督作用和在食品安全事件中的预警报道机制作用,值得新闻业界和学界关注。

三鹿奶粉事件中外媒体报道框架对比

2008年9月的三鹿奶粉事件是继"5·12"汶川大地震后又一次全国范围的社会公共危机,这次重大的突发性社会事件影响范围广、患者人数多、牵涉的奶粉企业又包括国内众多知名品牌,甚至引发了人们对其他食品安全的担忧。该事件一曝光,就引发了全国范围内媒体的广泛报道,并继而在全世界范围内引发了新一轮的"中国关注",使中国的国家形象受到质疑。

本文将以中国内地两家报刊、新加坡的一家华文报刊、英美两大报纸对发生在2008年的三鹿奶粉事件的新闻报道为例,运用新闻框架的分析方法,探讨中西方新闻思维差异下不同的新闻报道,进而分析造成这种差异的根源,旨在引导公众对此次事件的正确认知。

一、研究方案

(一)研究假设

新闻框架的建构主要涉及"选择"和"凸显"这两个作用,同时也包括"遗漏"和"包含"这两个作用。新闻生产者通过选择、强调或者重组新闻事件,把认为需要的部分挑选出来,在报道中进行特别处理,以体现意义解释、归因推论、道德评估及处理方式的建议,从而影响读者对新闻事件的解读和诠释。因此,新闻报道即是"框限"部分事实、"选择"部分事实以及主观地"重组"这些社会事实的过程。①

本研究认为,中西方媒体对于我国发生的三鹿奶粉事件的报道存在四种框架:一是以事件发生地和非发生地为选择策略的地域框架;二是以价值取向为核心的新闻价值框架;三是以媒介属性为导向的意识形态框架;四是以媒介功能定位为考量的政治功能框架。

(二)三鹿奶粉事件报道的样本选择

从2007年12月开始,国内一些媒体便零星出现有关三鹿婴幼儿奶粉质量问题的报道,直到2008年9月三鹿奶粉事件在全国范围内集中爆发,才引起国内外大部分媒体高密度、大篇幅的持续关注。

《人民日报》从2008年9月12日开始开设专栏对此事件进行追踪报道;《南方都市报》9月10日以一篇《甘肃14婴儿患肾结石疑因食同一品牌奶粉》开始了三鹿奶粉事件的专题报道;而《联合早报》从9月11日开始开设专栏,分"中国毒奶粉现况、中国毒奶流入海外、毒奶评论"三个方面对该事件进行报道。9月12至13日,《纽约时报》《泰晤士报》也分别出现了三鹿奶粉事件的相关文章。至此,三鹿奶粉事件的波及范围逐渐扩大,影响也从国内扩展到国际,直至10月中旬,这起食品质量安全事故在媒体的视线内才逐渐平息。

1.报纸的选取及原因

本文的研究样本是《人民日报》《南方都市报》《联合早报》《纽约时报》《泰晤士报》5家报纸的网络版。这样选择是为了保证选取媒体的广泛性和代表性。

《人民日报》是国家第一大报,作为政治性、指导性最强的日报,它主要对信息进行权威解读、宣扬主流价值观、烘托国家意识形态。《南方都市报》是广东省内发行量最大的综合类日报;新闻出版总署2006年发布的全国晚报都市类报纸竞争力检测结果显示,《南方都市报》名列竞争力第1名。《联合早报》是新加坡主要的华文媒体,由新加坡报业控股公司主办,被公认为是一份高质量、负责任、报道客观、言论公正、可信度高的报纸,其对中国的发展采取积极的态度,

---

① 高芳:《简析框架理论》,《青年记者》2008年第17期。

在华人世界中享有较高的声誉。《泰晤士报》是英国影响力最大的报纸,并且在国际上的影响力较大。《纽约时报》是美国最具影响力的日报,并且以"档案记录报纸"著称,声名远扬,在国际上也很有影响力。这两家报纸分别作为欧美影响力最大的报纸,可以说在很大程度上引领着西方世界报刊传媒对现实的呈现与构建。至于以网络版为考察对象,则是为了方便资料收集。

2. 时间范围的选取

本研究的分析范围自 2008 年 9 月 12 日到 2008 年 9 月 30 日,共 19 天。时间范围的划分依据为三鹿奶粉事件的第一次曝光,即 2008 年 9 月 9 日媒体首次报道"甘肃 14 名婴儿因食用三鹿奶粉同患肾结石";9 日下午,国家质检总局派出调查组;9 月 12 日,中央联合调查组确认"受三聚氰胺污染的婴幼儿配方奶粉能够导致婴幼儿泌尿系统结石"。自此全国各大媒体开始集中报道三鹿奶粉受污染的新闻。此前虽有少数地方报纸报道过婴儿因食用某品牌奶粉身体患病的新闻,但因为报道的数量少对该事件还存在很大的不确定因素,所以未将本日之前的报道纳入研究范围。以 2008 年 9 月 30 日作为研究时间范围的截止日期,则是因为从 9 月 30 日之后对三鹿奶粉事件的报道开始发生重心转移,即转移到三鹿集团面临的公司破产和刑事审判的环节。19 天的新闻报道涵盖了该事件从爆发阶段至消散阶段的内容,能呈现事件的基本面貌。

3. 基本研究方法

对于搜集到的样本,每一则新闻(或一篇文章)视为一个分析单位,包括其中与之相关的图片。单纯出现"三鹿奶粉""毒奶粉""三聚氰胺""肾结石"等字样、不以该事件为最主要议题的新闻报道不列入研究的考察范围。

本次研究主要采用框架研究法、内容分析法和定量分析相结合的方式,探讨不同媒体是如何呈现此次事件、又是怎样设置报道框架的。

二、样本的框架分析

新闻框架是新闻工作者使用语言或符号再现客观现实的过程。新闻工作者受到新闻常规、新闻组织的符号机制及不同消息来源的政策立场三方面的影响,后两者不断从公共情景中选择事件、凸显事件和重组事件,形成公共议题。另外,新闻框架又受到新闻工作者个人框架的影响,而受众使用媒介时,也会启动个人框架选择来诠释新闻事件,从而形成媒介框架与受众框架趋同、协商或对立,实现三种现实间的转换与互动。①

由此看来,我们讨论的框架,似乎一方面代表了社会事件如何被新闻工作者或媒介组织主观地呈现,另一方面也代表了一般读者如何主观地解读新闻媒介的符号系统。因而有学者认为,框架至少存在于新闻来源(因其可决定如何从自身组织的角度诠释事件真相)、新闻文本(如新闻中的关键词、语词、标题等)、新闻工作者、读者以及社会文化(框架的真正起源)中。总之,由上讨论可知,任何符号系统的转换均涉及框架,而所有的转换都可谓是框架的展现。

因此,综合各个学者对于框架的定义和研究方法的分类,本研究决定从报道数量、报道版面、报道体裁、消息源、报道方式五个指标出发,对《人民日报》《南方都市报》《联合早报》《纽约时报》《泰晤士报》中的三鹿奶粉事件的报道进行对比分析。

(一)五大报纸对三鹿奶粉事件的报道数量体现明显的地域框架

报道数量是媒体对一事件关注程度的标志,表现为媒介对相关事件的选择和强调的程度。② 此次三鹿奶粉事件波及全国各省市,影响范围广泛。而在国际社会上,由于不同国家与我国经济交往及进出口贸易差别,因此,此次事件对不同国家的影响不尽相同,反映在媒体的关注程度上也有所区别。

9月12日至30日,《人民日报》共刊发相关文章102篇、《南方都市报》205篇、《联合早报》61篇、《纽约时报》36篇、《泰晤士报》16篇。由此可见,三份中文报纸较之两份英文大报在对三鹿奶粉事件的报道数量上呈现出明显的差异性。同时,随着事件发展演变,各报的报道数量也发生增减,《人民日报》报道高峰集中在9月20日至22日、26日至29日;《南方都市报》的报道高峰集中在9月16日至22日;《联合早报》的报道高峰在9月18日至20日、23日和26日;《纽约时报》集中在9月17日、22日和23日;《泰晤士报》的报道频率则比较均衡。

由此可见,中国作为事件发生地,《人民日报》《南方都市报》给予了高度关注和重视,而作为非事件发生地的美国和英国,媒体的关注度则明显下降。但是作为非事件发生地的新加坡,《联合早报》也进行了较大规模的报道,究其原因,是因为《联合早报》是新加坡主要的华文媒体,在华人世界中享有较高的声

---

① 《媒体抗震救灾报道的框架分析》,人民网,2009年4月17日,http://www.people.com.cn/GB/151132/151664/151686/9161515.html。
② 郭晴、周云红、贾哲:《对国内报纸北京奥运报道的框架研究》,《当代传播》2008年3期。

誉，而对中国的特别关注也势必导致其用大篇幅对这起重大食品安全事故进行报道。同样我们还发现，作为都市报的《南方都市报》在报道数量上是《人民日报》的两倍，出现这种现象是因为《南方都市报》的风格是在城市框架的范围内，以市场为导向、以市民为受众，因此，它可以报道出更多《人民日报》这第一大党报所不适合报道的材料。

从三鹿奶粉事件的报道数量及其各自所占的总报道的份额反映出国内外报纸以事件发生地和非事件发生地为选择策略的地域框架。

表 6—1　五大报纸对三鹿奶粉事件的报道数量

报纸	报道数量
《人民日报》	102 篇
《南方都市报》	205 篇
《联合早报》	61 篇
《纽约时报》	36 篇
《泰晤士报》	16 篇

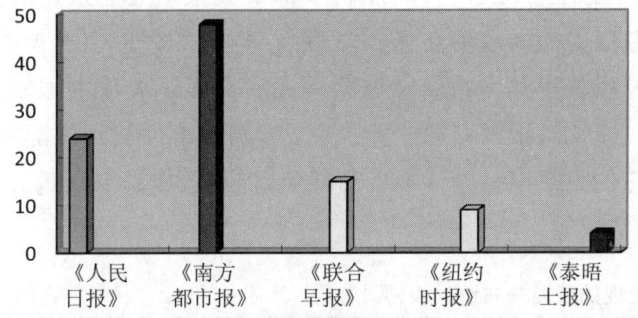

图 6—6　各报报道数量所占份额比重(%)

(二)五大报纸三鹿奶粉事件的报道版面体现新闻价值框架，地域框架也有所体现

报道版面反映了媒介对新闻的重视程度，希望凸显该新闻的何种性质和价值。① 新闻价值越高、对受众影响越大的事件，就越有可能占据重要的版面，在

---

① 郭晴、周云红、贾哲：《对国内报纸北京奥运报道的框架研究》，《当代传播》2008 年 3 期。

版面中的位置也会更加突出。

从版面上看,虽然五份报纸都开辟了相关的专题报道,但是版面差异还是很大的。《人民日报》的报道密度高、分布广,主要集中在国内要闻、视点新闻、经济新闻、综合新闻、新农村周刊专题、法制建设等版面,有的还出现在头版的重要位置,甚至还出现了专版。《南方都市报》对该事件的报道主要分布在头条要闻、地方综合新闻、国内新闻和评论版面。《联合早报》的报道主要集中在中国新闻和专题报道集两栏里,在这两栏里较多地以头条要闻和综合评论小板块的形式出现。而《纽约时报》和《泰晤士报》均集中在国际新闻和亚洲新闻两个板块,版面分布集中,在这两个板块中又以头条要闻和评论、经济子板块的形式较多出现。这说明国内与国外媒体对于此次三鹿奶粉事件新闻价值的判断存在明显的差异。

《人民日报》将此次事件的新闻集中在国内要闻版和视点新闻版,充分体现了其高度的责任意识和"主人翁"意识。它不仅将三鹿奶粉事件看作是一次重大的食品安全事故,而且还站在自己国家的立场上,承担起"舆论领袖"的责任,在新闻框架的建构上凸显出明显的地域框架。《南方都市报》对该事件的报道主要侧重于头条和地方综合新闻,反映了都市大报站在受众角度上,以市场为导向,兼顾公益服务性的政治立场。①《联合早报》的报道多出现在头条要闻板块和评论板块,反映了其作为新加坡第一大华文媒体关注中国动态、引导华人舆论的立场。《纽约时报》《泰晤士报》将三鹿奶粉事件放在国际新闻版和亚洲新闻版,说明它们只是以一种旁观者的视角,将其看成是一次重大的安全事故,来强调事件所造成的影响。

表 6－2　报道呈现的版面分布统计表(%)

版面	《人民日报》	《南方都市报》	《联合早报》(中国新闻和亚洲新闻栏)	《纽约时报》(国际新闻和亚洲新闻版)	《泰晤士报》(国际新闻和亚洲新闻版)	合计
头条/要闻	34(33.1)	28(13.8)	25(40.9)	16(44.4)	6(37.5)	109(30.0)
地方/综合新闻	3(3.1)	85(41.7)	0	0	0	88(21.0)
国内新闻	47(46.9)	50(24.2)	0	0	0	97(23.1)

---

① 陈桂芝:《食品安全报道之内容分析》,http://academic.mediachina.net/article.php?id=6087。

续表

版面	《人民日报》	《南方都市报》	《联合早报》（中国新闻和亚洲新闻栏）	《纽约时报》（国际新闻和亚洲新闻版）	泰晤士报（国际新闻和亚洲新闻版）	合计
评论	9(8.5)	27(13.5)	28(45.9)	18(50.0)	8(50.0)	90(21.4)
经济新闻	9(8.5)	10(4.6)	5(8.2)	2(5.6)	2(12.5)	28(6.7)
其他	0	5(2.1)	3(4.9)	0	0	8(1.9)
合计	102	205	61	36	16	420

(三)五大报纸三鹿奶粉事件的报道体裁体现新闻价值框架

本次研究共列出 7 种报道体裁，分别是时评、读者评论、消息、快讯、通讯（深度报道）、访谈和图片。

研究结果发现，《人民日报》的消息占报道总量的 81.0％，其次是评论（时评和读者评论）占 8.5％；《南方都市报》的消息占报道总量的 79.7％，其次是评论占到 13.5％；《联合早报》的消息占报道总量的 40.9％，评论的 45.9％；《纽约时报》和《泰晤士报》的消息分别占各报报道总量的 44.4％和 37.5％，而在评论方面的比重分别为 50％和 50％。

表 6—3　各报对三鹿奶粉事件报道的体裁分布

体裁	《人民日报》	《南方都市报》	《联合早报》	《纽约时报》	《泰晤士报》
消息	80/102(81%)	163/205(79.7%)	25/61(40.9%)	16(44.4%)	6/16(37.5%)
评论	9/102(8.5%)	28/205(13.5%)	28/61(45.9%)	18/36(50.0%)	8/16(50%)
其他	13/102(10.5%)	14/205(7.1%)	8/61(16.2%)	2(5.6%)	2/16(12.5%)

从总体上看，消息和评论是各报对此次事件报道使用的主要体裁。不同的是，国内媒体的评论往往只是就事论事，强调发挥舆论的引导作用，因而评论占总报道数量的比重不如外国媒体；而国外媒体的评论往往是从纵横两个方面将此事的前因后果以及所谓的"内幕"呈现给西方读者；同时，国外媒体更善于使用消息配合图片的形式，以体现其"客观、中立"的立场。因此，在报道体裁上，各媒体在三鹿奶粉事件报道中较为一致地表现出新闻价值框架。

(四)五大报纸三鹿奶粉事件的消息来源体现地域框架和政治功能框架

通常，消息源是构建新闻框架的一个重要指标。通过交代消息来源，媒一方面可以表明新闻事实是有根据的,以此增强新闻的可信度;另一方面对不同消息源的选择,同样也隐含着媒体的态度和立场。① 研究发现,国内与国外报纸在报道三鹿奶粉事件时在消息源的选择上存在巨大差异,这种差异性主要受到政治体制及媒介政治功能定位的影响。

《人民日报》的三鹿奶粉事件消息源主要来自中央、各级政府相关机构,比例达到76%,将政府各部门的政策措施及时、快速地传达给广大受众,充分显示出其自觉的党性意识,发挥出无产阶级党报"新闻宣传、舆论引导"的强大功能。究其原因,"党性原则起源于党报的发展,而党报又与政党政治的出现直接相连,资产阶级政党报纸有党性,无产阶级报纸也是如此"②。在我国,报刊作为党、政府和人民的耳目喉舌,作为党的事业的重要组成部分,必须坚持鲜明的党性原则,必须无条件地宣传党的方针、政策和路线。而《人民日报》作为中国第一大党报责无旁贷地担当起舆论宣传的重镇之责。而在中国的党管媒体的大环境中,《南方都市报》虽然以市场为导向,但是其报道方向与消息来源更多的是遵循党的领导方针和政府官方的信源,因此,《南方都市报》中来自政府官方的信源报道占到总报道数量的65%之多。而《联合早报》作为新加坡第一大华文媒体,由于其与中国的友好关系及其在华人世界里的影响力,它的报道从官方引自的比例也非常高,占到55%。

为了标榜新闻的自由与客观公正,西方媒体总是热衷于"选择第三方消息源,而那些恰恰又是带有'议程'的人"③。《纽约时报》和《泰晤士报》中第三方消息源的(国际社会)的比例分别为42%、33%,其中很多都来自于对中国持有某种偏见的政党阶层或政客人物,而这些政党人物会不失时机地设置某些"议程"对中国进行丑化。因此,媒体在某种程度上同样沦为政党意志的代言人,成为政党宣传的工具,只是其相对隐蔽而不容易被受众直接观察到。

综上,中国作为事件的发生地,《人民日报》《南方都市报》的消息源主要来自于国内政府官方媒体,体现出鲜明的本土化地域意识;而华文媒体《联合早报》也较多引自我国政府官方言论。而《纽约时报》和《泰晤士报》的消息源则更加广泛、多元化,二者体现出较为明显的以事件发生地与非事件发生地为选择策略的地域框架。同时,深受不同政治体制影响的中西方媒体,在消息源的选

---

① 陈新勇、张红霞:《媒体对重大食品安全事故的报道框架研究》,http://media.people.com.cn/GB/40628/8308722.html。
② 龙璐:《中国主流媒体与海外华文媒体国际报道的差异》,《南方论刊》2008年第5期。
③ 罗璇:《论中西新闻思维差异下的框架设定》,《经济与文化》2008年第7期。

择上也体现出各自的政治功能框架。

其实这也暴露出一个问题,在本土报纸上最常引用的消息来源是政府单位或官员、相关从业者和媒体本身或记者,其中政府单位或官员高达总量的六七成左右,而且该消息来源分布于所有的报道主题中,尤其以事件追踪与应对措施这两个主题为最多。

《人民日报》和《南方都市报》的报道也暴露出"消息来源明显过于仰赖政府机构,消息来源分配不均"的问题。政府消息来源比例偏高与我国"危机信息由特定的政府部门统一发布"的信息管控机制有直接联系,一方面是政府权威所占比例甚高,另一方面是医护人员和专家学者等专业权威占有相当低的比例。本次研究之所以未把医护人员和专家学者等信源作为单独的一项列出来,主要是因为这样的信源消息几乎为零。所以"资讯来源缺乏专家的支持与佐证"的问题同样存在于国内的两大报纸《人民日报》和《南方都市报》对三鹿奶粉事件的报道中。

在重大食品安全事故发生时,媒体积极地引用政府机构公开的相关信息,既提高了新闻的可信度,又满足了受众的知情权,有助于消除受众心中的不安与焦虑。但是,面临健康风险事件时,民众同样需要权威专家提供更多的专业知识,以期将风险的不良影响降至最低限度。此外,媒体引用更多元的消息来源,让更多的消息来源有发言的机会,有助于增强报道的品质,更好地满足受众的资讯需求。

(五)五大报纸三鹿奶粉事件的报道方式体现以媒介属性为导向的意识形态框架

报道方式是建构新闻框架最重要的手段之一。① 新闻框架的建构过程是新闻工作者使用语言或符号选择事件、凸显事件、重组事件、形成公共议题等方式再现客观现实的过程,实际上也是新闻媒介如何介入受众主观选择客观现实的过程。在对三鹿奶粉事件的报道上,国内外媒体在报道手法上存在着明显差异。

1. 新闻文本的高层框架:主题的界定

框架理论中,高层框架分析的对象是对事件报道主题的界定,即戈夫曼所

---

① 郭晴、周云红、贾哲:《对国内报纸北京奥运报道的框架研究》,《当代传播》2008年第3期。

谓的"这是什么事（what is it that's going on here）"。现代西方马克思主义认为，意识形态是意义构建的过程，即将原初事实进行"符号化"的过程，在此过程中，意识形态不仅是一种观点，还是一种特定的诠释事件的框架。①

新闻标题选择不同命题作为主旨就会形成不同的新闻框架，因此，新闻标题可以很直观地显示出不同媒体对主题事件的定性。对《人民日报》102篇报道标题进行考察后发现，其中有86篇报道始终以严重程度为评判标准，将此次事件认定为"重大食品安全事故"，体现其客观叙述的立场和第一大党报的特色。《南方都市报》的205篇报道则多从患者的角度来确定主题框架，例如《珠海发现3名疑似"肾结石宝宝"》《确诊13例"结石宝宝"》《15家医院免费筛查有喂养史宝宝》等，将此事认定为"食品安全危机"，充分体现了《南方都市报》以受众为中心的政治立场，兼顾盈利的经营模式，具有明显的公共性。在《联合早报》的61篇报道中，主题显得更具全面性，在对此事的认定上同时出现了不同的主题，如关于食品安全事故、政府监管不力、生产事故等。而《纽约时报》共36篇报道中有13篇标题出现"Milk Scandal、Milk Crisis"等词句；《泰晤士报》16篇报道的标题中出现"Milk Scandal、Milk Crisis"等词句的达到6篇。可见，西方媒体将此次三鹿奶粉事件定性为"牛奶丑闻、牛奶危机"。

2. 新闻文本的中层框架：报道结构、新闻素材的选择

框架理论中，中层框架分析的对象是报道的结构。报道结构包括主要事件、先前事件、历史、结果、影响、归因、评估等环节。其中，先前事件、历史、结果、影响属于主要事件发生前后的时间变项，而归因与评估可谓是主要事件的缘由与评断。②

主要事件意指新闻事件的主要内容。它可以不是某一件具有典型事件形态的具体事件，但必须是由一个个具体的事件组成。先前事件与历史指社会事件发生之前有直接或间接因果关系者。结果与影响是由主要事件引发的后果，包括直接（结果）与间接（影响）的效应。归因是对事件发生的因果的推论。评估是指对事件现象的好恶或赞成与反对的态度。具体到这组报道即读者对新闻媒体关于三鹿奶粉事件的评价。本研究根据所有的研究样本概括出以下几个方面：

---

① 张锦华：《媒介文化、意识形态与女性》，台北正中书局1994年版，第39页。
② 臧国仁：《新闻媒体与消息来源——媒介框架与真实建构之论述》，台北三民书局1999年版，第37页。

(1)主要事件

偏见是媒体"内隐态度"的外化,这种内隐态度来自媒体长期的价值培育以及与报道对象所产生的持久冲突。其价值取舍所形成的媒介心理,展示的是媒体对现实的固执判断,并形成体系化的逻辑。① 西方国家长期宣扬的"资本主义优越性"以及对"社会主义的抵制情绪"使西方媒体在长期的价值培育中形成了对中国的"刻板印象",并且在对有关中国的报道中隐含着明显的意识形态偏见。

在三鹿奶粉事件的报道中,《人民日报》报道最多的是"乳制品质量状况通报、相关部门对问题奶粉事件的应对措施、制定的相关规范"等方面,以此来显示政府各部门对该事件的重视程度,展示中国负责任的大国形象,体现其高度的政治意识与大局观念。《南方都市报》报道最多的是结石婴儿事件的发生、发展过程,重点关注食品安全问题和患者状况问题,"目前国家质检总局已经派出调查组赴三鹿奶粉生产企业调查事故原因,并在全国范围内对同类产品进行专项检查","卫生部已组织联合调查组开展该事件的调查处理,并在全国范围内对可能由此造成的婴幼儿患病情况进行全面调查,同时紧急组织专家研究制定了诊疗方案"。而《联合早报》的报道容纳了针对同一情况"不同的声音",不带有任何偏向性,持中立者的态度,将诸多事实呈现于同一报道中,保证新闻报道的真实性,让事实说话。例如,针对集团得出"是为三鹿供奶的奶农在鲜奶中掺入三聚氰胺"的结论,该报道没有给出直接的评论,而是指出"该说法立即遭到国内强烈质疑"的情况,并且引用了中国疾病预防控制中心营养与食品安全所研究员的网上撰文进行反问,对"奶农才是事件的真凶"提出一系列的疑问。其报道并不只是反映了中国媒体所报道的内容,还涉及一些网站上的多元化的质疑,使该事件的全貌更加完整。②

而《纽约时报》《泰晤士报》则将议题设置在"事件造成的巨大影响、相关方面处理措施、国际社会对中国食品安全的担忧"方面,并由单一的"个案"上升至对整个"中国制造"的质疑,如《纽约时报》9月17日的评论"China: Crisis on 'Made in China'"、《泰晤士报》9月18日报道中的描述"So serious is the latest scandal to tarnish the 'Made in China' brand that……"等,这些对中国的误读及中伤,充斥着明显的意识形态偏见。

---

① 管成云:《新闻话语的设置、表述与对抗》,《浙江传媒学院学报》2008年第15期。
② 董育硕:《中外媒体报道比较》,《网络财富》2008年第12期。

(2) 叙事结构及新闻素材的选取

戈莱姆(Ghanem)认为,新闻是以故事的形式出现的,故事怎么报道,这就涉及框架,框架的功能就在于为受众提供思考这些新闻故事的特殊角度。① 而叙事角度及新闻素材的取舍,在很大程度上也隐含着媒体的意识形态。在三鹿奶粉事件的报道角度上,《人民日报》主要使用重大议题框架,关切的是政府应对措施、进展情况通报,而几乎没有涉及事件对患者、普通消费者的影响,唯一一篇涉及国际社会反映的报道是《中国处理奶制品污染事件严肃认真》(9月22日3版),其中所呈现的也是中国政府积极、主动的正面形象,其"选择"与"凸显"机制尤为明显,由此体现出《人民日报》鲜明的倾向性。《南方都市报》也主要采用重大议题框架,在关切政府的应对措施的同时,还从患者、普通消费者的角度,引出了对中国食品安全问题的思考。《联合早报》则更像是以一个旁观者的角度来报道这一事件,并将此次的"毒奶粉"事件称为"中国近年影响最大的一宗食品安全丑闻"②,其通过一个局外人的身份,严厉地揭露了"国内矛头已直指国家监管部门失职"的实情以及"国家质检总局处在风口浪尖"的现状,即站在一个外国人的立场上,来评判别国(中国)的事情,总体而言比较客观但又带有一定"消极"的价值取向,因为其预设立场是揭露事实的真相,而这个真相主要是负面的。其报道的目的就是揭露三鹿集团奶粉所引发的中国食品监督问题。

与之相反,《纽约时报》《泰晤士报》则使用了明显的模糊框架,它们在报道事情主要方面的同时,也顾及其他方面,尤其是与中国意见相左的方面。但这种运用各种框架选择和建构的方式来模糊倾向并不意味着它没有倾向,只是这种倾向性不是由记者直接说出的,而是通过对事实的精心选择和排列组合自然而然地流露出来的,具有很强的隐蔽性。以《纽约时报》9月17日消息"Worried Parents in China Wait for Answers on Tainted Formula"为例,全文12个自然段,就有8个自然段都是患者病情、家属不满情绪以及三聚氰胺毒性的介绍,其中使用大量的直接引语,如"I'm furious! The milk powder is now exposed, but what about other tainted food that we don't know about. What has the central government been doing every day?"而在《泰晤士报》的一篇报道中,中国政府对事件相关责任人的问责也被描述为"mobilize its authoritarian political sys-

---

① 管成云:《新闻话语的设置、表述与对抗》,《浙江传媒学院学报》2008年第15期。
② 董育硕:《中外媒体报道比较》,《网络财富》2008年第12期。

tem"。因此,即使运用各种模糊框架的技巧,其背后仍然隐藏着基于西方意识形态的价值判断。

(3)背景材料

中层框架还包括"历史"与"评价"的环节。"'历史'即新闻事件发生的历史背景,如果一个事件被抽离出它所发生的历史时空,淡化其历史背景,会导致新闻客观性的淡化,并在一定程度上封闭对新闻事件的诠释。"因此,"历史"有利于呈现新闻的客观性,使新闻文本趋于开放。

在新闻素材的选取上,《人民日报》几乎没有任何背景材料的运用,其主要通过"读者评论、人民时评"的形式表达对我国食品安全问题的担忧,并提出解决措施。《南方都市报》则充分运用都市大报的优势,引用大量患者的实地采访记录,以"解决办法与应对措施""事件追踪""相关社会议题探讨""事件调查"和"批评监督与反思建议"五大主题为依托,关注受害者权利,有节制地揭露社会黑暗面,在运用背景材料的方式上体现横向的纬度坐标。《纽约时报》和《泰晤士报》有很多报道涉及背景材料的介绍,如《纽约时报》9月24日"China Says Complaints About Milk Began in 2007"和《泰晤士报》9月16日"Chinese milk powder contaminated with melamine sickens 1253 babies"中使用"Toxic history"的形式对我国近年来奶粉安全事故进行链接。很多文章更是将诸如"tainted pet food ingredients, toothpaste, seafood and dangerous lead-contaminated toys"等负面消息作为背景材料。这种选取负面背景材料进行客观陈述的方式虽然没有发表自己的观点和评论,却通过对事实的精心选择和排列组合,将自己的观点自然而然地流露出来,其更具隐蔽性。《纽约时报》和《泰晤士报》这两大报纸在运用背景材料的方式上体现的是一种纵向的经度坐标。

而介于中西方典型媒体中间的《联合早报》对此次事件的报道在引用背景资料上兼具有纬度和经度坐标。《联合早报》从纵横两方面进行了深入报道。横向上,该报道强调了这次事件所引发的社会行为以及反映出的社会问题。报道从受害人群出发,通过调查背景,与中国的实际情况相结合,综合各方面的问题,挖掘到这次事件受害者的特点,比如"价格低廉的三鹿奶粉的市场主要是在农村地区",再次揭露了中国城乡贫富差距的问题及弱势群体利益受到侵害的问题。报道的侧重点在于关注受害者本身的特点——弱势群体,并且将这一事件与中国目前的社会问题相联系。纵向上,报道还将这次事件与曾经发生的事件进行了历史回顾比较,比如提到"美国去年发生的猫狗宠物在吃了中国生产的宠物食品后非正常死亡事件也是与原料受三聚氰胺污染有关",指出三聚氰胺污染食物原料已经不止一次在中国生产的食品中被发现的事实。此外,该报道还指出在 2004 年中国劣质品奶粉引发的"大头娃娃"案件中,三鹿也曾一度被列入"抽检不合格奶粉名单"之中的情况。

3.新闻文本的低层框架:字、词、句的选择

低层框架指由符号和话语组成的框架的表现形式,又指文本表达。符号与话语理论旨在探求各类传播现象的精神内涵,研究话语实际上是研究传播活动中的权力关于意识形态的背景。① 从微观层面上讲,符号和话语是建构新闻文本的基础,加强对新闻文本的分析可以弄清媒体的报道是如何通过具体的新闻话语文本表达主流意识形态的。

新闻文本的微观层次也有选择的机制存在,例如字、词、句的选择。此时框架可被解释为一系列特定语言所表达的镜像。而语言作为一个高度建构性的介质以及新闻最主要的表征手段,并非如镜子般反射真实世界,而是建构真实世界。因此,特定句式或词语的选择都代表了记者是如何认知或了解事件的,也暗示了记者希望受众对事件如何认知与了解。② 本研究对五份报纸中报道三鹿奶粉事件时出现频率较高的词汇总结如下:

表 6—4 三鹿奶粉事件报道高频率词汇

"毒奶粉"事件	《人民日报》	《南方都市报》	《联合早报》	《纽约时报》	《泰晤士报》
政府部门应对态度	高度重视、负责、严肃处理、全力免费救治	高度重视、严肃处理、全力免费救治	重视、会认真处理、"地方保护主义"	Delay/hide/cover up the details/reacting more swiftly	Greed and secrecy/delay/silence/cover up the details/delay reporting the poisonings
三鹿集团处理措施	积极配合	积极配合	危机公关、信息隐瞒、态度逆转、配合	Hiding the crisis/delay reporting the problems to government	Covered up the adulteration
政府处境	无	信息公开、积极配合	又一次陷入了被动、积极应对	Embarrass/the nation's worst food safety	Passive/embarrassing/failure for China's food safety system

① 〔美〕斯蒂芬·李特约翰:《人类传播理论》,史安斌译,清华大学出版社 2004 年版,第 15 页。
② 臧国仁:《新闻媒体与消息来源——媒介框架与真实建构之论述》,台北三民书局 1999 年版,第 37 页。

续表

"毒奶粉"事件	《人民日报》	《南方都市报》	《联合早报》	《纽约时报》	《泰晤士报》
患者及消费者反应	来医院检查的孩子和其家长排成长龙	来医院检查的孩子络绎不绝	来医院的孩子排成长龙、家长抱怨、怒骂	Blamed/corporate greed/furious/complained/worried	Distraught parents/worried parents have been rushing to hospitals
国际社会反应	中国处理奶制品污染事件严肃认真	无	震惊、不可思议、相信中国	Stunned	Prompting bans or recalls of Chinese dairy products
对中国的影响	无	又一次考量着中国的食品安全监管机制	打击、考验	Failed to stop milk/out of controls/setback	Damage the "Made in China" marquee/tarnish the country's reputation

持有不同立场的媒体在描述事件和表现人物形象时,常会使用某些具有感情色彩和社会心理内涵的词汇。由上表可看出,《人民日报》在遣词造句的使用上倾向于运用一些正面的词汇,试图塑造中国政府负责任、讲信誉的正面形象,即使是在对中国造成的影响、政府面临的处境等较为敏感的方面,《人民日报》也有意地予以回避,希望以此最大限度地减少可能带来的负面效果。《南方都市报》始终坚持党性原则,但是作为都市报的身份它兼顾了市场方面的变量。《联合早报》很明显,在遣词造句上倾向于西方的意识形态,但是这种倾向并不是特别强烈,因此会照顾到中国的国家形象问题。而《纽约时报》和《泰晤士报》不约而同地选择了负面的词汇,它们试图运用"cover up the details、delayed reporting the poisonings"等词汇建构出受众对中国政府的负面印象,而"damage the 'Made in China' marque、embarrassing failure for China's product safety system"等细节描述,也就自然地将受众的认知从三鹿奶粉事件上升至对"Made in China"的质疑上。

三、结论

本文从报道数量、报道版面、报道体裁、消息源和报道技巧等方面对国内外五份报纸就三鹿奶粉事件相关的 420 篇新闻报道进行内容分析。研究发现,国内外媒体对三鹿奶粉事件的报道中,在报道数量上体现出事件发生地和非事件发生地为新闻范式的地域框架;在报道版面上体现出以新闻价值取向为核心的新闻价值框架,地域框架也有所体现;在报道体裁上主要体现出新闻价值框架;在消息源的选择上体现出地域框架和政治功能框架;在报道方式上呈现出明显的意识形态框架。

从总体上看,国内报纸在此次事件的报道中始终从大局出发,体现出高度的责任感和使命感,发挥出党报作为党和国家的"耳目喉舌"的舆论引导和新闻宣传的作用。而西方媒体长期的价值培育致使其形成了对中国的"刻板印象",因此在此次三鹿奶粉事件中,它们更是不失时机地设置出新闻报道框架,对中国进行扭曲评价和误读,反映出其狭隘的民族主义倾向及意识形态偏见。而介于这两者之间的新加坡第一大华文媒体《联合早报》在倾向于西方媒体的报道思维的同时,也注意把握报道的尺度,保持同中国友人的良好关系。

究其根源,造成中西方新闻报道框架差异的原因主要在于中西方新闻思维的差异。新闻世界的内核实际上是由思维的产物——观念体系构成的,所以,无论从新闻的产生,还是从新闻世界的内部去看中西新闻思维的异同,我们得出的印象都将是"观念的重奏",即在世界新闻舞台上,两者不同的政治观念、哲学观念、文化观念、伦理观念、宣传观念等的排斥和融合。而这样的不同,也必然导致它们在客观性判断上的差异。中国的新闻事业属于社会主义新闻体制,它坚持生产资料公有制,坚持社会主义方向,坚持中国共产党的领导,坚持全心全意为人民服务,坚持是党、政府和人民的"喉舌",坚持走群众路线,而西方则不然。

虽然西方媒体在报道中往往存在着民族主义倾向和意识形态偏见,但是它们的报道的确有值得中国媒体学习的地方。中国要建立起有特色的新闻客观性理论必然要借鉴国际通行的"客观报道"理念,具体来说就是以下五点:(1)坚持以国家利益为准的舆论方向,用事实说话,避免单向宣传灌输;(2)忠于事实;(3)保证消息来源可靠;(4)平衡处理信息,避免呈现一面之词;(5)反对偏见,在不违反国家利益的前提下恪守"客观、公正"原则,抵御私利政治集团和商业集团对新闻传播的干扰。[①]

---

① 展江:《新闻与正义》(1、2),海南出版社1998年版。

《人民日报》国内空难报道分析(1979～2010 年)

空难,指飞机在飞行过程中发生故障、遭遇自然灾害或其他意外事故所造成的灾难,或者指由于不可抗拒的原因或人为因素造成的飞机失事,并由此带来的灾难性的人员伤亡和财产损失。作为小概率事件的空难,其特殊性和重大性在于一旦发生事故,后果将不堪设想,甚至是毁灭性的。其复杂性在于,它既不是纯粹的自然灾难,也不是人为的事故灾难,而是自然、人为、各种突发情况等相互叠加的集合体,有时我们甚至无法判断它到底是由何种原因造成的。所以,空难事件以其突发性、破坏性和重大性,近些年逐渐成为人们关注的焦点。

一、报道的萌芽期:1979～1988 年前

1. 信息量少

信息量少,一方面是报道数量寥寥无几;另一方面是在报道的内容上基本形成了一定的报道模式,即"具体航班＋失事时间＋失事地点＋遇难者人数",最后一段是一成不变的"领导奔赴救援",其中"失事原因正在调查中"将事故原因一笔带过,且新闻来源均为新华社。

例如,1983 年 9 月 15 日《民航一客机同军用机在桂林机场相撞》:"新华社北京 9 月 14 日电 中国民航 264 号三叉戟客机今天上午 9 时 34 分在桂林机场地面滑行时同一架军用飞机相撞。机上有中外旅客 100 人,死亡 10 人,受伤 19 人;机组人员受伤 2 人。这架飞机是由桂林飞往北京的班机。民航局副局长阎志祥、顾问林征率领的工作组今天下午已赶赴现场调查处理。"

这篇短消息基本上是这段时期《人民日报》空难报道的标准模板。无论死亡人数多或者少,都没有除"模板"之外的相关报道,采取灾难新闻"冷处理"的方法,在左下或右下这样不明显的位置,字体的安排也尽量缩小,或将空难新闻淹没在领导人的消息报道中。

2. 无后续报道

在每一篇报道文章的最后都是"有关部门正在处理善后工作""某某领导正赶赴现场,对这一事件进行调查和处理善后""以某某领导为首的事故调查组已在今天赶赴现场,目前正在调查事故发生的原因和处理善后工作"这样的话语。

但是关于空难事故发生的起因与经过,关于灾难的救援、搜寻与善后处理,关于遇难者及其家属的信息,都没有进行报道。

也就是说,1979年到1988年前这段时期的空难报道是存在重大缺陷的,《人民日报》的政治性依然十分明显,对灾难新闻持冷漠态度是这一时期的报道风格。

二、报道的探索期:1988~1998年

1988年到1998年是空难报道的探索时期。在这十年间,报道的进步性和特色体现在以下几个方面:

1.注重报道的平衡性

从1988年开始,《人民日报》关于空难的报道可以说让人眼前一亮,不仅报道篇数、篇幅增加,在报道内容的建构上也越来越体现报道的平衡性,使空难报道开始回归它的新闻性。

报道的平衡性集中体现在采访者的多元化上。1988年之前的报道是纯"新华社专电",没有报社自己的任何采写。但是1988年以后的报道则突破了局限,开始有所改变。

1988年1月21日《重庆空难现场清理完毕》出现"据现场观察"的字样;1月22日《重庆空难出于机械故障 善后处理工作加紧进行》出现"据记者从有关部门获悉"的字样;1988年8月31日《民航一客机在港着落时冲入海中 6名机组人员和1名乘客遇难其余人均获救》也出现了"据目击者称""一位知情人士告诉我们""这位船长说"等采访信息。

记者的现场采访和实地观察,加上对目击者包括相关知情人、救援人员的采访,让空难事件的报道更加客观、平衡。报道对象的多元化,一方面大大增加了报道的信息量,满足了人们的知情权和接近权,使空难发生的经过和灾后救援过程得以充分展现;另一方面,使得灾难特别是空难报道回归它的新闻本质。对重大灾难的报道不应该只是简短的"新华社专电",而应该是有着具体内容的报道。

2.注重内容的细节化

内容的细节化和具体化也是这一段时期《人民日报》的报道特色。文章对飞机如何起飞、飞行的路线和经过以及最后的失事现场情况都进行了描述。

例如1988年中国西南航空重庆空难,1月21日《重庆空难现场清理完毕》:"据现场观察,飞机散落物集中在长300米、宽200米左右的水田内。飞机解体后,并将高压红碰断。机头、机尾、机舱分散3处。"

1988年中国民航三叉戟香港空难,9月1日《民航一客机在港着落时冲入海中　6名机组人员和1名乘客遇难其余人均获救》:"据目击者说,飞机在跑道上横冲后,机头首先插下海,由于撞力巨大,致机头部分部位折断、曲折插入水里,机舱部分半露于近跑道旁的3米多水深处……一位知情人士告诉我们,飞机坠海后,海水涌进机舱,机门未开。幸亏有一位机械员和一位服务员,从前舱爬出,立即打开机舱顶给危难中的几十位乘客打开一条生路。"

1990年厦门航空劫机空难,10月3日《一架从厦门飞往广州班机　途中被歹徒劫持伤亡重大　李鹏飞抵广州对善后处理作了重要指示》:"上午6时57分,厦门航空公司一架8301航班波音737飞机,从厦门起飞,途中被歹徒劫持。民航当局得知飞机被劫持后,为保证飞机和旅客的安全,立即通知机组人员,允许飞机飞往境内或境外的任何机场降落。9时许,飞机在广州白云机场着陆滑行时出现不正常情况,偏出主跑道,撞上了停机坪上的两架飞机。厦门航空公司的8301航班飞机起火烧毁,另两架被撞的飞机,一架有乘客的被撞毁,一架无乘客的严重受损。到发稿时止,共死亡120人,生还100人,生还者中伤53人。伤亡者中,有外国人和港、澳、台同胞。"

对空难发生的经过进行报道,本应该是新闻的五要素之一,是最基本的写作要求。但是因为灾难性事件本身的特殊性,灾难新闻的具体情况无法公开。对于《人民日报》来说,灾难性新闻报道也是逐步放开的。1988年以前的空难新闻是没有对这些具体细节进行刻画和描写的,只报道事件的结果,却不告知事件是如何发生的。

诚然,《人民日报》空难新闻报道在内容的具体刻画上还显得不够全面,无法充分满足人们的知情权,但是,毋庸置疑,这些内容的出现本身就是一大进步,一方面体现了当时政治环境的逐步开化,另一方面则在于灾难新闻自身的重大性无法被遮蔽。《人民日报》的记者、编辑以及从事新闻业的人员都无法规避、掩盖灾难新闻的新闻价值,空难更是如此。

3. 注重舆论引导的作用

空难报道的重大性和破坏性,让它与生俱来地具有高关注度。空难一旦发生,后果极其惨烈。所以,空难发生后,人们的恐慌、忧虑和担心是正常的心理表现,譬如说会产生对飞行员的不信任、出现拒绝乘坐飞机和退票等行为,这可能会影响到社会秩序的安定和经济的发展。《人民日报》开始在灾难新闻中加入正面的舆论引导。

1992年通用航空南京空难后,《人民日报》的相关报道中首次出现"舆论引导"的痕迹,如在《南京机场运行正常　买机票仍排长队　乘客保险意识增强》(8月3日):"八月二日下午四点多钟,一架银白色的波音737客机在南京机场跑道上滑行,随后腾空而起,驶向蓝天。这是七月三十一日飞行事故发生后,在这里安全起降的第三十架飞机……一位正欲登机去上海的旅客说:'飞行事故有时是很难避免的,我并不害怕,因为毕竟极少发生。'在候机室内,人们表情轻松,相互交谈着,偶尔也能听到关于前日飞机失事的议论。七月三十一日飞行事故发生后,南京机场当晚取消的六个航班,在第二天全部补飞。这两天航班运行一切照旧,人们依然排着长队前来购买机票,所不同的是,几乎每个乘客都买了保险,航空大楼未发现一例退票。"

同年11月桂林空难及1999年西南航空公司瑞安空难发生后也出现了类似的报道。阅读原文可以发现,这几篇报道的相似性在于都报道了"机场的正常运行""乘客稳定乐观的心态""保险意识的增强""机场客流量稳中有升"等内容。空难不断发生,使人们对乘坐飞机原本抱有的怀疑、恐惧态度和不安情绪因为空难的发生而逐渐滋长。《人民日报》的舆论引导的目的非常明显,这些报道又都有着"负面新闻正面报道"的意味。它们从侧面起到了安定民心、维护社会稳定的作用。良好的舆论引导,使得人们对乘坐飞机的恐惧感降到最低,并且在一定程度上增加了人们自身的安全意识。

4. 解释性报道出现

1992年南方航空公司B737阳朔空难被称为中国航空史上最为惨烈和诡异的一次空难。机上141人全部遇难,飞机撞山后粉碎性解体,一具完整的遗体也未找到,黑匣子也被严重破损。

在本次南航空难中,《人民日报》的报道再次让人眼前一亮,出现了两个"第一"。

(1)出现有关"黑匣子"的报道。1992年11月26日《千余军警在空难现场搜寻　"黑匣子"找到但严重破损　李鹏打电话了解善后情》:"由于飞机粉碎性解体,至今未发现完整的死难者遗体。飞机失事原因正在紧张调查之中。今天上午,一直为人们所关注的飞机上'黑匣子'终于在山谷中寻到,但已严重破损,为下一步分析事故原因增加了难度。"

在当时,对不了解飞机的老百姓来说,"黑匣子"还是个新鲜事物,《人民日报》在之前的空难报道中也从未涉及。对它的提及和报道,使得空难新闻进一步深化,因为"黑匣子"是找寻空难失事原因的最重要的"记录者"。

(2)出现解释性报道。这与"黑匣子"的出现息息相关。如果不对"黑匣子"作解释性报道,那么必然会造成传播障碍。所以《人民日报》在本次空难中,以解释性报道的方式,将有关"黑匣子"的信息呈现给受众,真正起到了解惑释疑的作用。11月28日的报道《黑匣子》中详细解释了什么是"黑匣子"、"黑匣子"的重要性在哪里等知识,文中介绍"黑匣子,是习惯的叫法,不一定是黑色的匣子。通常黑匣子都是橘红色的。形状大多是长方形的,也有的是椭圆形的。黑匣子是一种密封的容器,大小如一般抽屉的1/4至1/3,里面安装着自动记录装置……在正常飞行的情况下,机务人员也要定期对黑匣子进行译码处理,以评判飞行人员的技术及操作情况、飞机的工作状态等"。这样的报道不仅传播了科普知识,也丰富了空难报道的议题。

总之,解释性报道在空难事件中的首次出现是《人民日报》空难报道的一大进步。它在丰富报道形式的同时,也让"黑匣子"从此进入了人们的视野。随着空难事件的发生,有关"黑匣子"的报道也逐渐见诸各报。

5.连续报道意识产生

灾难事件的发生是瞬间的,但是有关灾难的报道应该是持续性的。1993年中国西北航空银川—北京发生空难,首次出现连续报道的苗头。

1993年7月24日《西北航空公司一客机坠毁 已死亡59人 邹家华等当晚赶赴银川处理善后》:"西北航空公司银川至北京2119航班一架客机于今天下午14时41分从银川市起飞时冲出跑道坠毁,截至记者发稿时已死亡59人。"

1993年7月25日《邹家华看望银川空难伤员 要求千方百计做好抢救治疗工作 受伤人员大部分脱离危险》:"又讯 经过24小时的救治,截至记者发稿时,安置在银川市5所医院的'7·23'空难伤员已有40人脱离危险,其余尚在抢救之中。"

"截至记者发稿时"的字样,一方面体现了记者对空难伤亡者人数严谨求实的态度,另一方面也正因为伤亡人数的不确定,使得后续或者连续报道成为可能。伤亡人数随着空难救援以及医院救治的进程而改变,遇难者人数很可能在时间的推移中发生变化。因此,对伤亡人员的更新报道是必需的。

总之,连续报道意识的出现是《人民日报》空难报道的进步。

三、报道的发展期:1999～2010 年

1999 年以后,特别是进入 21 世纪,随着社会大环境的变化,加上各种突发灾难性事件的不断发生,灾难报道逐渐成为媒体报道的重点。这段时期,《人民日报》自身增版,由 8 版增加到 16 版,版面的增加使得它对空难新闻报道有了更多发挥的空间。在 1999 年到 2010 年之间,中国发生了几起重大空难,而《人民日报》的空难报道也进入发展期。它的特色和亮点表现在以下几个方面:

1."保险理赔"报道出现

在 1999 年 2 月西南航空深圳空难中,《人民日报》的报道首次出现了"保险理赔"的报道议题。1999 年以后《人民日报》的空难报道中,关于"保险理赔"的报道成了重要组成部分。

1999 年 2 月 27 日《中保人寿公司紧急处理赔付工作》:"本报北京 2 月 26 日讯 2 月 24 日 SZ4509 航班失事后,中国人寿保险公司总公司与当地公司立即成立理赔工作组,赶赴失事现场进行查勘,抓紧确定购买航意险的旅客名单,对已购买航意险保单并确定的受益人办理核赔事宜,同时向遇难者亲属表示深切的慰问。中国人寿保险公司表示,他们将依照保险合同兑现所承担的保险责任,积极配合当地政府及民航部门做好空难处理工作,在最短的时间内把赔款送到保户手中。"

2002 年中国国际航空釜山空难,4 月 16 日报道《平安保险紧急启动海外急难援助》:"4 月 17 日《人保对坠毁国航班机快速理赔》。"2002 年中国北方航空公司空难,《人民日报》5 月 9 日报道《保险公司迅速展开空难理赔》。这些关于理赔的议题成为空难报道的重要组成部分。

经济环境的变化使报道议题日益丰富,这与保险业在我国的兴起不无关系,而且经济赔偿也确实是处理善后事宜的关键所在。经济赔偿问题解决得好,空难的善后处理工作才算完成得好。

2.报道的服务性增加

2002 年中国北方航空公司空难,《人民日报》5 月 10 日的报道《北方航空公司公布空难咨询电话》:"北方航空公司失事航班乘客名单(见本报 5 月 9 日 4

版)播发后,许多家属询问、核实有关情况。为此,记者专门采访了正在此间负责处理善后事宜的北方航空公司副总经理刘国军。他希望对外公布以下两个24小时咨询电话:0411—3882321、0411—3882331。"

2002年5月12日《空难处理小组举行第四次新闻发布会》:"空难乘客在北京地区购买航意险者共44人,他们的亲属可与北京航意险共保'5·7'核赔工作组联系。工作组的办公地点和电话分别是:北京市朝外市场街20号北京中保大厦801房间,电话:(010)65035085,(010)65922299转3801;北京航意险共保'5·7'核赔工作组大连办事处(临时):中国人寿大厦(大连),电话:(0411)2650999转905。"

2004年东方航空包头空难,11月22日《东航停飞所有CRJ客机山东航空和上海航空亦有此型号飞机》:"……与此同时,上海市有关方面启动了相关的紧急事故预警机制。目前,东航正在积极与旅客家属进行多渠道联系。旅客亲属如有询问事宜,可与应急办公室联系,电话:021—52906688 转 2526、2527、2528。"

"咨询电话""办事地点"等服务信息的提供是这段时期首次出现的。它为空难受害者家庭提供了了解问题、解决问题的途径和平台。媒体在这里起到了一个中介桥梁的作用,它通过自身的传播力和权威性,让遇难者家属通过咨询电话掌握最新的空难者信息,也为进一步处理空难善后事宜提供了方便。

服务性信息的报道体现了《人民日报》对空难事件的重视,使党报的服务性和人文色彩得到增强,报纸的功能作用进一步得到体现。

3. 灾难报道意识提升

这一点在2002年以后的空难报道中体现得尤为明显,主要表现在以下几点:

(1)报道数量大增

2002年中国国际航空釜山空难,《人民日报》报道篇数为12篇;2002年中国北方航空空难,报道篇数为11篇;2004年中国东方航空空难,报道篇数为12篇;2010年伊春空难,报道篇数为6篇。相比2000年之前的报道篇数,21世纪以来的空难报道数量大增。

(2)报道形式多样

最为明显的是出现了"后续报道"和"热点解读",且是以专题的形式出现的。

①形式上组合，内容上后续。2004年包头空难，《人民日报》在4天内以"包头空难后续报道"为大标题，将一系列有关空难的后续内容囊括在内。其中包括《乘坐支线飞机安全吗？》这样的解释性报道和《黑匣子还在打捞》《黑匣子已经找到》《黑匣子还没有破坏》这样的连续报道。《人民日报》以连续报道的形式，将救援行动的艰辛、成效展现在读者面前。

2002年5月12日，《失事飞机打捞后工作继续进行》这一大标题下，包含了若干小标题，且内容各异。它们分别是"'黑匣子'基本锁定30米范围内""26具遇难者遗体被家属认领""打捞出失事飞机最大残骸""失事飞机入水瞬间解体可能性较大"。还譬如5月14日《空难处理小组举行第四次新闻发布会》中包括以下标题内容"每位遇难者的家属将领取18.2万元至19.4万元赔偿""失事飞机'黑匣子'被锁定直径100米圆形范围内""空难首批航空旅客人身意外伤害保险获赔付"。

这种专题化的报道形式将各篇报道进行组合，不仅丰富了报道的信息量，也使空难报道的重要性得以彰显。

②纪实性报道出现。2002年5月12日刊发《搜寻"黑匣子"目击记》报道；2002年5月14日刊发《空难无情人有情——社会各界关爱"5·7"空难遇难者家属纪实》报道等。

③新闻图片和配图增加。2004年11月22日《包头空难现场直击》专题报道就使用了两幅图片，一幅是关于失事飞机的残骸图，一幅是关于遇难者家属的图片。2010年《伊春失事客机50余人获救》报道同样配了两幅图片，一张是失事飞机机型资料图，另一张绘制了失事飞机从起飞到失事整个过程的模拟图，包括"航班号""冲出跑道""起火经纬度""失事时间"等相关信息。

这些图片的使用，一方面活跃了报纸版面，丰富了报道形式，另一方面起到了形式为内容服务的作用。在读图时代，图片的使用不仅可以使人们直观地看到空难失事的现场景象，对人们的视觉产生冲击力，同时一些模拟效果图的配置，简单明了地交代事件的全过程，最终有效地传播了信息，达到了满足受众知情权的目的。《人民日报》的这些改变和努力，也体现了"受者中心"的思想和理念。

这些多元化的报道形式，使空难报道更加符合新闻要求，极大地增加了新闻信息量，满足了人们对于重大灾难事件的知情权。

(3)报道内容的准确性

其一是时间上的精确。例如，2002年北方航空大连空难，5月15日《空难搜救调查工作取得重大进展打捞起失事飞机的一个"黑匣子"》:"今天15时05分,经历了几天焦急等待的人们终于长吐了一口气:'5·7'空难搜救调查工作取得重大进展,失事飞机的一个'黑匣子'被打捞出水……5时55分,交通部海事局天津海测大队使用精确的无线电信标差分GPS定位系统确定了第二个'黑匣子'的位置,航测舰艇抛下了定位浮标。17时05分,第二个'黑匣子'的信标器被打捞出水。"

2004年包头空难,11月25日《黑匣子已找到遇难人数增至55名(包头空难后续报道)》:"11时40分,第一个'黑匣子'的驾驶舱语音记录部分由包钢潜水队员打捞出水;12时50分,'黑匣子'的飞行数据记录器部分被烟台打捞局潜水员邢思浩打捞出水……24日14时10分左右,打捞人员又在南海公园打捞出一具男性遗体。"

2010年伊春空难,8月26日《飞机坠毁,42人遇难,幸存者被浓烟包围伊春空难,24小时生死营救(热点解读)》:"据目击者称,24日21时35分左右,这架客机在伊春林都机场附近跑道外提前降落时断裂,随即发生燃烧和小型爆炸。21时38分左右,伊春市公安消防支队接到报警后,紧急调动7个大队160名官兵参加抢险救援和灭火战斗……23时34分,飞机明火被全部扑灭。25日19时20分,一架南航客机降落在伊春机场。"

其二是消息来源的可靠性。例如,2004年包头空难,11月25日《遇难人数增至55人(包头空难后续报道)》:"在新闻发布会上,来自公安部专家组的特邀刑侦专家乌国庆明确表示,由来自公安部、北京市公安局等单位人员组成的专家小组经检查后认为,飞机有燃烧的痕迹是飞机坠落时发生爆炸留下的,遇难者遗体上的损伤多为机械撞击、油箱燃烧造成的,飞机没有人为爆炸和枪击的痕迹,空难初步排除人为破坏的可能。"

11月29日《飞机残骸完成初步拼接 黑匣子数据没有被破坏(包头空难后续报道)》:"今天下午3时,国务院'11·21'空难事故调查组公布了空难的调查进展情况。事故调查专家组副组长刘汉辉介绍说,90%以上的飞机残骸已被打捞上岸。专家对残骸进行了初步的拼接。从残骸的现状看,飞机的机头、左翼、左发动机、左起落架损伤严重,机身后段包括APU舱、货舱和尾翼部分相对完整,驾驶舱里的大部分仪表严重损毁。"

报道精确到了每分每秒,消息来源的权威性也使事故原因得以明晓,一些谣言得以遏制。对灾难的态度从遮遮掩掩到公开,是《人民日报》灾难报道意识提升的表现。

（4）用报道彰显人文关怀

当下，每当灾难事件发生的时候，"谣言""假新闻""新闻侵权""二次伤害""媒介审判"等失范行为便层出不穷，对遇难者及其家属的冷漠使报道缺乏人文关怀，也让新闻媒体一度成为广大受众质疑的对象。

《人民日报》对待灾难报道的态度，经历了由漠视、冷淡到逐渐回归人性的过程。诚然，人文关怀的缺失是中国媒体行业的整体现状，但是《人民日报》在2000年以后的空难报道，相比之前的确有了"温情""人性"的因素。

2002年北方航空大连空难，5月9日《北方航空公司公布CJ6136航班旅客名单》："中国北方航空公司今天13时30分向新华社记者提供了5月7日失事的CJ6136航班上最新的初步旅客名单……据北方航空公司有关人士介绍，在103位机上旅客中，有儿童3人，妇女约30人，外籍旅客8人。"

这份名单将遇难的103名旅客全部公布出来，包括儿童、妇女和外籍旅客数。这些遇难者信息的公开是首次的。《人民日报》作为党报，拥有绝对的权威性和严肃性，它是最适合公布这些官方消息的渠道。公布遇难乘客名单体现了《人民日报》对待灾难事件的态度，那就是不遮遮掩掩、不拖泥带水，保持对死难者的哀悼悲悯之情、对遇难者家属的人文关怀。

《人民日报》的这篇报道算不上是严格意义上的新闻报道，媒体在其中起到的作用是信息发布与传播的平台，但这在21世纪之前特别是80年代的《人民日报》报道中是无法想象的。

2002年5月14日刊发的《空难无情人有情——社会各界关爱"五·七"空难遇难者家属纪实》报道虽然难逃《人民日报》"负面新闻正面报道"的窠臼与模式，但是本篇文章采用了通讯体裁，从"国家领导人""疗养院的工作人员""医院内分泌科医生"视角出发，报道了他们对遇难者家属的关心和照顾，对家属的采访也从侧面表达了家属对他们的感谢之情。无论如何，对人情味的表达和突出是21世纪《人民日报》空难报道的特色。

在重大灾难事件的报道中，"人文关怀"是新闻媒体必须秉持的原则，也是记者具备的基本职业素养。只突出国家领导人而无视遇难者及其家属的新闻，早已随着时代的变迁变得不合时宜了。当然，人文关怀意识的提升和培养不是一蹴而就的，我们在肯定《人民日报》进步的同时，也希冀它可以做得更好。

美国五大主流报纸网站对昆明"3·1"暴恐事件报道的研究

2014年3月1日,云南昆明火车站发生了一起严重暴力恐怖事件。恐怖分子残忍地砍杀无辜群众,造成29人遇难、143人受伤。事后,中国媒体和国际社会对这一恐怖主义行径予以强烈谴责。然而,一些西方媒体的报道却态度暧昧。

本文选择《华尔街日报》《纽约时报》《华盛顿邮报》《洛杉矶时报》《今日美国》这五家美国报纸的新闻网站,以"Kunming""terror""attack"等为关键词进行检索,获取五家网站关于昆明"3·1"事件的所有新闻报道共计33篇,并采用框架理论对其进行分析。

一、美国主流报纸网站"3·1"事件报道的框架建构

(一)标题

《纽约时报》网站4篇报道的标题具有一定的倾向性,如将暴力恐怖事件发生的原因归结于民族关系问题,臆测昆明暴力恐怖事件会导致中国的民族关系进一步紧张;《华盛顿邮报》网站的5篇报道倾向性和主观性都相对不明显;《华尔街日报》网站的9篇报道中有6篇在交代事实,也有2篇有一定敌意;《今日美国》网站7篇报道的新闻标题较为客观、中立,甚至表现出正面、积极的情绪;与《纽约时报》和《洛杉矶时报》相比,《华盛顿邮报》的5个标题主要陈述昆明火车站暴恐事件的概况,在倾向性和主观性上都相对不明显。

总体而言,这五家媒体网站的33篇新闻报道中有22篇报道的标题使用了对事件定性的词语,8篇报道使用了对作案人员定性的词语。事件定性词语包括"Rampage"(暴乱)、"Knife/Knifing attack"(持刀袭击)、"stabbing attack"(刺杀袭击)、"terror attack"(恐怖袭击)、"China's 9·11"(中国的"9·11")等。除了《今日美国》的2篇报道使用了"terror attack"(恐怖袭击)一词以外,其他媒体的报道在标题中都倾向于把这起事件定性为暴乱或者袭击。作案人员定性词语包括"attackers"(袭击者)、"knife-wielding attackers"(挥刀袭击者)、"Xinjiang separatists"(新疆分裂分子)等,其中"Xinjiang separatists"(新疆分裂分子)的认定转述自中国政府。

(二) 主题

五家美国主流报纸网站对昆明暴恐事件报道的主题大致可归为三类：事件回顾（包括事件的经过、后果）、事件后续处理（包括对恐怖分子的审判等）、事件原因与评论（包括专家、学者对事件原因的分析、各方对事件的评论等）。

其中，《今日美国》的报道注重还原恐怖袭击事件的现场情况，对事件发生的过程、后果、后续处理等方面投入了更多的报道力度；《华盛顿邮报》和《纽约时报》倾向于解释这起恐怖事件发生的原因，对事件过程的报道较少；《洛杉矶时报》和《华尔街日报》对不同主题报道都有所涉及，报道力度比较均衡。

表6-5 五家媒体网站主题分布

	《今日美国》	《华尔街日报》	《华盛顿邮报》	《纽约时报》	《洛杉矶时报》
事件回顾	3	3	1	1	2
后续处理	3	3	1	0	2
原因与评论	1	3	3	3	3

(三) 消息来源

本文将消息来源分为两类，第一类是中国消息源，包括中国媒体、中国政府与官员、中国专家学者；第二类是外国消息源，包括外国专家学者、分裂分子和组织（分裂分子是热比娅，分裂组织是世界维吾尔代表大会）。

统计发现，五家美国媒体在报道中引用的中国消息源数量远高于外国消息源，其中《今日美国》对中国消息源的引用比例最高，占所有消息源的88%；《洛杉矶时报》对中国消息源的引用率最低，占比为74.4%；《华尔街日报》《纽约时报》《华盛顿邮报》分别为81.1%、80.5%和78.8%。

值得注意的是，尽管美国主流媒体对昆明暴恐事件报道的事件描述部分主要引用了中国主流媒体的内容，但仅将中国主流媒体的报道作为参考，并没有援引中国官方媒体对这起事件的态度和评论，而是进行了自己的主观评断，如《纽约时报》网站将昆明暴力恐怖事件发生的原因主观臆测为中国的民族问题。另外，这五家媒体还采用了"Analysts outside China"（中国境外的分析者说）、"Many Uighurs（许多维吾尔族人）、"Critics"（批评者）等没有说明具体身份、姓名、国籍的消息来源，并借这些消息源之口来表达对中国政府的批评和不满。

(四)关键词

美国主流媒体在关于昆明暴恐事件的报道中,出现频率较高的关键词是"assailants"(攻击者)、"Chinese government"(中国政府)、"Uighur"(维吾尔族人)、"rampage"(骚乱)和"attack"(攻击),而"terrorism"(恐怖主义)和"terrorist"(恐怖分子)这样的关键词几乎没有出现。这几家媒体的报道着重强调了中国境内维吾尔族与汉族间的关系,极力淡化这起事件的恐怖主义性质。他们在报道中没有将昆明"3·1"暴恐事件的犯罪嫌疑人称为"恐怖分子",也没有将他们的行为定义为恐怖主义行径。对此,我国主流媒体表达了强烈抗议和不满。需要指出的是,美国媒体如《纽约时报》,在对发生在其他地方的恐怖事件,如2013年的波士顿爆炸案和2014年伊拉克的爆炸事件的报道中,几乎避免使用"恐怖主义"一词,背后的原因尚不清楚。

二、美国主流报纸网站"3·1"事件报道的主导性框架

按照传播文本中体现的框架内容的不同,弗瑞斯(De Vreese)等学者把框架分为两类:一类为一般性(generic)框架,指可应用于不同议题甚至社会文化情境的框架;另一类为特殊议题(issue-specific)框架,指针对一个个别新闻议题所辨识出的框架,分类一般比较细致。①

瑟门特科和沃肯伯格对1997年欧洲首脑会议期间的新闻报道框架进行了研究,提出五个一般性框架:矛盾冲突(conflict)框架、人情味(human interest)框架、经济后果(economic consequences)框架、道德(morality)框架和责任归因(responsibility attribution)框架。本文借鉴瑟门特科和沃肯伯格的框架分类,将美国主流媒体昆明"3·1"暴恐事件报道中的主导性框架归纳为矛盾冲突框架、人情味框架和责任归因框架。

(一)矛盾冲突框架

矛盾冲突框架的一种类型表现为新闻报道中出现不同人物之间观点的交

---

① De Vreese, C. H., Peter, J. & Semetko, H. A., "Framing Politics at the launch of the Euro: A Cross-national Comparative Study of Frames in the News", *Political Communication*, 2001, Vol. 18, No. 2, pp. 107-102.

锋和碰撞。例如,《洛杉矶时报》网站 2014 年 3 月 5 日的报道"Attackers in China had sought to leave country, says party chief"(《中共领导人称袭击者曾试图离开中国》)中提到,一名来自北京的律师(同时也是一名遇难者的亲戚)对政府控制昆明"3·1"暴恐事件的消息发布表示质疑,认为马航 MH370 事件中的中国乘客家属得到了媒体充分的报道和官方的关注,而昆明火车站暴恐事件受害者的家属却没有得到同等的对待。

下文随即出现了反对的声音。兰州大学中亚研究所的杨恕说:"恐怖分子的袭击行为是想让人们感到害怕,过度的报道会帮助恐怖分子实现他们的目的。"位于华盛顿的詹姆斯顿基金会欧亚事务分析师 Jocob Zenn 说:"中国人不想处于像美国一样的境遇:恐怖分子登上了 CNN,媒体给武装组织提供论坛。我敢肯定,如果袭击者的故事被传播出去,一些人特别是女人会感到同情,尽管犯罪的确发生了。"还有一些人认为,中国政府不想给极端分子讨论他们的目的的机会。

矛盾冲突框架的另外一种类型是表现汉族与维吾尔族的矛盾。《纽约时报》3 月 3 日的报道"Train Station Rampage Further Strains Ethic Relations in China"(《火车站暴乱使中国的民族关系进一步紧张》)中"制造"了汉族人与维吾尔族人的相互敌视的关系。在新闻开头,作者向读者呈现了一名汉族房东对维吾尔族租户的看法:"白天他们看起来像普通人,但是到了晚上他们是小偷和恶棍","即使警察也害怕他们。我们都憎恨他们,但是拿他们没办法。"后文中又出现了一名新疆餐厅的维吾尔族经理 Anniwar Wuper,他是从新疆北部的伊犁迁到昆明的,他抱怨汉族房东把他从租住了 5 年的公寓里驱逐了出来,他说:"房东甚至没有说明任何理由。"

(二)人情味框架

人情味框架主要呈现事件中人物的命运、心理活动等与感情相关的因素,以求读者产生共鸣。五家媒体对人情味框架的使用并不多,人情味框架主要出现在《今日美国》和《洛杉矶时报》的相关报道中。

《今日美国》网站 3 月 30 日的报道"No guns, just knives: Chilling details of China's '9/11'"(《没有枪,只有刀:中国"9·11"令人胆寒的细节》)中,作者将"7:30 a.m.""9:30 p.m."这样的时间节点作为小标题,通过时间轴的形式来展现不同受害者的背景以及他们在事件发生当天的不同状况和遭遇。来自不同地区、怀着不同目的人在同一时刻汇聚在昆明火车站大厅,遭遇了一场血腥的恐怖袭击,这样的写作手法让读者置身其中、感同身受,使新闻报道更具有震撼力和感染力。

《洛杉矶时报》网站的文章"Attackers in China had sought to leave country, says party chief"(《中共领导人称袭击者曾试图离开中国》)援引了中国网民对暴恐事件嫌疑人的评论:"她的脸充满了无辜,但是可以从她的眼睛里看出绝望和恐惧","她的表情是如此的无辜和可怜,她一定是被洗脑了。我认为她甚至没有到 18 岁,请不要判处她死刑,给她好的教育,如果我们能改变她的思想那将会有多么宝贵。"《洛杉矶时报》巧妙地引用了中国网民的评论,使读者产生怜悯之情,而忽略了这名女性恐怖分子的凶残和冷酷。

(三)责任归因框架

昆明"3·1"暴力恐怖事件应该由谁负责?该事件发生的深层原因是什么?如何看待这两个问题体现了美国主流媒体关于昆明火车站暴恐事件的报道框架。通过分析新闻文本发现,五家美国主流网站的相关报道都倾向于将这起事件的责任推给中国政府,认为该事件发生的根源在于中国政府在新疆实行的高压政策。

2014 年 3 月 24 日,《今日美国》网站的报道"China executes 3 for train station terror attack"(《中国处决 3 名火车站恐怖袭击人员》)引述匿名批评者的观点,认为"冷酷的中国统治和经济剥夺已经推动了新疆的一些穆斯林少数民族维吾尔人走向极端主义"。该网站 9 月 12 日的报道"Chinese court convicts 4 in train station terror attack"(《中国判决 4 名火车站恐怖袭击嫌疑人》)再次引用模糊消息源——维吾尔族国外流亡者和人权组织的话"高压的中国政策导致了新疆的一连串的暴力,维吾尔族人不可能在中国法庭上获得公正的审判"。

《纽约时报》网站 3 月 1 日的报道"Attackers With Knives Kill 29 at Chinese Rail Station"(《攻击者持刀在中国火车站杀死 29 人》)中写道,"许多维吾尔族人愤恨政府对他们宗教生活的控制,他们说越来越多的汉族人来到新疆,抢了他们的工作、土地和机会","维吾尔自主的拥护者们说,中国政府自身的压迫政策为暴力埋下了种子"。

3 月 2 日,《华盛顿邮报》网站在"3 more arrested in train station attack, Chinese officials say"(《中国官员称 3 人在火车站袭击中被捕》)一文中写道:"许多在新疆的维吾尔组织反感中国政府,这是对官方压迫政策、宗教限制和大范围歧视的回应。"另外一篇报道"China sentences three to death, one to life in

jail, for knife attack that left 31 dead"(《中国判处 3 人死刑,一人无期徒刑,他们参与的持刀袭击案造成 31 人死亡》)写道:"人权组织说,镇压广泛遍布于新疆,那里的司法系统主要针对维吾尔族嫌疑犯,同时,流亡组织说,镇压是导致昆明袭击者变得暴力的真实原因。"

三、美国主流报纸网站"3·1"事件报道的话语分析

(一)暴恐事件报道的话语描述

通过分析美国媒体关于昆明"3·1"暴力恐怖事件的报道发现,间接话语和转述的数量远远多于直接话语及其亚类。匿名消息源经常与间接话语结合起来,话语中往往包含对中国政府的质疑和不满。例如,"Many Uighur leaders have condemned the violence but also continued to report oppression by the official policies of China's authoritarian government and by widespread discrimination within Chinese society."(许多维吾尔族领袖谴责暴力,但同时也继续报告中国权威政府官方政策的高压,以及在中国社会中广泛存在的歧视)。这句话中,"许多维吾尔族领袖"这一指称非常不明确,用"report"一词引出对中国政府和社会不满的间接话语,而没有用直接话语,话语的可信度低。

(二)巧妙地预设

预设是美国媒体在报道中经常使用的手法,如在讨论维吾尔族与汉族的关系时写道:"How serious is the Uighur—Chinese conflict?"(维吾尔族人和汉族人之间的冲突有多严重?)首先,在指称上进行预设,利用"Uighur"(维吾尔族人)与"Chinese"(汉族人)在英文单词拼写上的差异,把维吾尔族人和汉族人看作是对等的双方,预设维吾尔族人和汉族人是两个不同国家的人。其实,准确的说法应该是 Han Chinese(汉族人)。其次,这是一种导源于句法结构的预设,直接提问冲突的严重程度,预设了维吾尔族人与汉族人之间确实存在冲突,并且暗示了:(1)所有维吾尔族人与汉族人都有冲突;(2)维吾尔族人与汉族人之间的冲突很严重。

(三)话语包的使用

美国学者甘姆森认为,框架、显意手法和处理对策构成了公共话语的物化

形态,并将其称为"话语包"(discursive package),即论说某一议题的一个意义体系。以上五家美国主流媒体关于昆明火车站暴力恐怖事件的报道,没有采用中国媒体的"分裂祖国""惨无人道的反社会行为"等话语包,而是建构了"民族矛盾冲突""政府压迫维吾尔族"等另类的话语包。

美国主流报纸网站在关于昆明火车站暴恐事件的报道中,为中国政府塑造了维稳的、心虚的、不负责任的形象,如《华盛顿邮报》的报道称,"穆斯林维吾尔族人必须使用政府许可的《可兰经》,清真寺是由政府管理的。想要在政府工作的维吾尔族男人被迫刮掉他们的胡子,妇女被禁止戴头巾"。《今日美国》网站则通过对受害者家属的报道凸显政府的不负责任和出尔反尔的形象,"尽管云南省政府很快保证在袭击后的几天中给受害者提供医疗和赔偿金,李女士说许多受害者家属只收到很小的一笔赔偿金,很难付得起账单。李女士的家人面对的医疗费用超过16000美金,但迄今为止只收到来自中国红十字会的800美金"。而同期出现在报道中的"世维会"则被塑造为"温和的旁观者",通过谴责昆明火车站暴恐事件来塑造自身的正义、富有同情心的形象。值得注意的还有一点,就是这些媒体的报道在抹黑中国政府的同时,将暴恐分子美化为受害者。

研究发现,五家美国主流媒体网站对昆明火车站暴恐事件的报道具有一定的一致性:基本都是新闻开头部分援引中国主流媒体的报道(一般是新华社的消息),对暴恐事件的经过作简要描述,然后请不同专家、学者对事件进行评论,中间时不时插入模糊消息源中抗议中国政府的言论;同时,将暴恐事件发生的原因归纳为汉族与维吾尔族的矛盾、中国政府严酷的民族政策和宗教政策等。

可以说,这些看似客观平衡的报道,实际上并未摆脱对中国的偏见。这些媒体在报道中国暴恐事件的同时,将暴恐事件与中国的民族关系、宗教政策等话题联系起来,设置话题,引导受众去思考中国暴恐事件。媒体将对这起事件的价值判断隐藏在众多貌似客观、公正的话语中,具有相当的迷惑性。

参考文献

中文著作

鲍勇剑、陈百助:《危机管理——当最坏的情况发生时》,复旦大学出版社 2003 年版。
蔡志强:《社会危机治理:价值变迁与治理成长》,上海人民出版社 2006 年版。
陈燕、刘东平:《危机事件报道案例分析》,外文出版社 2007 年版。
陈月生:《群体性突发事件与舆情》,天津社会科学院出版社 2005 年版。
丁俊杰、张树庭、李未柠:《网络舆情及突发公共事件:危机管理经典案例》,中央党校出版社 2010 年版。
杜骏飞编:《政府网络危机》,中国发展出版社 2011 年版。
范以:《论突发事件传媒视角选择》,军事科学出版社 2005 年版。
高世屹:《政府危机管理的传播学研究》,山东人民出版社 2005 年版。
何舟、陈先红:《危机管理与整合策略传播》,武汉大学出版社 2010 年版。
胡百精:《危机传播管理(第三版)》,中国人民大学出版社 2014 年版。
于运全、姜佳林:《"5·12"汶川大地震新闻报道研究》,外文出版社 2008 年版。
李希光:《全球传媒报告 2:公共形象与危机管理》,复旦大学出版社 2005 年版。
潘斌:《社会风险论》,中国社会科学出版社 2011 年版。
史安斌:《危机传播与新闻发布》,南方日报出版社 2004 年版。
唐钧:《应急管理与危机公关——突发事件处置、媒体舆情应对和信任危机管理》,中国人民大学出版社 2012 年版。
田中初:《新闻实践与新闻控制》,山东人民出版社 2005 年版。
王子平:《灾害社会学》,湖南人民出版社 1998 年版。
吴宜蓁:《危机传播:公共关系与语艺观点的理论与实证》,苏州大学出版社 2005 年版。
谢耘耕:《中国社会舆情与危机管理报告》,社会科学文献出版社 2012 年版。
薛澜、张强、钟开斌:《危机管理:转型期中国政府面临的挑战》,清华大学出版社 2003 年版。

杨魁、刘晓程:《政府媒体公众:突发事件信息传播应急机制研究》,中国社会科学出版社2010年版。

张成福、唐钧、谢一凡:《公共危机管理理论与实务》,中国人民大学出版社2009年版。

赵士林:《突发事件与媒体报道》,复旦大学出版社2006年版。

赵志立:《危机传播概论》,清华大学出版社2009年版。

钟新:《危机传播:信息流及噪音分析》,中国传媒大学出版社2007年版。

周莉:《重大突发公共事件的舆论传播与管理》,华中师范大学出版社2014年版。

周榕:《公共危机传播中的媒介角色研究——以2000－2013年重大公共事件为例》,华中科技大学出版社2004年版。

邹建华:《突发事件的舆论引导策略》,中共中央党校出版社2009年版。

〔澳〕罗伯特·希斯:《危机管理》,王成、宋炳辉、金瑛译,中信出版社2004年版。

〔德〕乌尔里希·贝克:《风险社会》,何博闻译,译林出版社2004年版。

〔德〕乌尔里希·贝克:《世界风险社会》,吴英姿、孙淑敏译,南京大学出版2004年版。

〔美〕E·阿伦森著:《社会性动物》,邢占军译,华东师范大学出版社2007年版。

〔英〕彼得·泰勒－顾柏、〔德〕詹斯·O·金:《社会科学中的风险研究》,黄觉译,中国劳动社会保障出版社2010年版。

中文期刊及论文

蔡尚伟、唐丕跃:《论网络新媒体环境下政府舆论引导力的提升——以成都"65"公交车燃烧事故为例》,《东南传播》2009年第7期。

长平:《砍杀幼儿案报道的媒体伦理反思》,《南方都市报》2010年4月30日。

陈晨:《自媒体崛起背景下的传统媒体新闻生产方式嬗变研究》,暨南大学硕士学位论文,2011年。

陈华明:《灾难报道的视角错位》,《新闻记者》2005年第2期。

陈先红、刘晓程:《理论、框架与议题:中西危机传播研究差异分析》,《国际新闻界》2013年第5期。

陈翔:《悲情传播中的媒体伦理危机——以"5·12"汶川地震报道为例》,《新闻与传播研究》2008年第4期。

方雪琴:《信息公开与媒体理性——试论危机传播中的舆论引导策略》,《中州学刊》2004年第6期。

古开法、徐斐:《自然灾害的电视报道》,《浙江社会科学》1994年第6期。

何健:《地方电视台重大自然灾害事件新闻报道机制建设探析——以四川电视台新闻资讯频道的两次地震报道为例》,《新闻界》2014年第6期。

何舟、陈先红:《双重话语空间:公共危机传播中的中国官方与非官方话语互动模式研究》,《国际新闻界》2010年第8期。

胡百精:《"非典"以来我国危机管理研究的总体回顾与评价——兼论危机的核心概念、研究路径和学术范式》,《国际新闻界》2008年第6期。

甲鲁平:《战争、疫病等危机与传播业的关系》,《华东经济管理》2003年第17期。

蒋京兰:《日本媒体的灾难报道及对我国的启示》,兰州大学硕士学位论文,2012年。

廖为建、李莉:《美国现代危机传播研究及其借鉴意义》,《广州大学学报(社会科学版)》2014年第3期。

刘春娟:《上海主流报纸突发公共卫生事件报道的描述性分析》,《新闻爱好者》2011年第13期。

马迪:《〈南方都市报〉突发事件报道的现状及挑战》,山东大学硕士学位论文,2010年。

马涛:《暴力犯罪的媒体诱因与对策反思——规避模仿示范效应的新路径》,《河南司法警官职业学院学报》2013年第3期。

来向武、王朋进:《缘起、概念、对象:危机传播几个基本问题的辨析》,《国际新闻界》2013年第3期。

李立言:《中国矿难事故报道的新气象和冷思考》,《新闻与写作》2005年第7期。

李明:《明确稳妥勿忘责任——对美国校园枪击惨案报道的思考》,《新闻战线》2007年第6期。

李向阳:《反映社会主义时代精神应成为主旋律——论抗洪救灾报道中的正面宣传》,《视听界》1991年第6期。

梁赛玉:《中日灾害报道比较研究——以两国媒体关于地震的报道为例》,复旦大学硕士学位论文,2011年。

栾轶玫:《关于灾难新闻报道的角度选择》,《中国广播电视学刊》1997年第12期。

彭逸林、李浩然:《现代传媒应对突发性群体事件的策略研究》,《重庆大学学报·社科版》2005年第11期。

沈岳:《矿难报道:从封锁走向透明》,《青年记者》2007年第14期。

沈正赋:《灾难新闻报道方法及对受众知情权的影响》,《新闻大学》2002年第2期。

孙发友:《从"人本位"到"事本位"——我国灾害报道观念变化分析》,《现代传播》2001年第2期。

孙玮:《风险社会中新闻媒介的社会角色——以福建南平校园暴力犯罪案的媒介表现为例》,《当代传播》2011年第1期。

唐孝青:《提升我国政府危机公关能力的对策研究》,湖南师范大学硕士学位论文,2010年。

汤雁如:《突发公共卫生事件的报道研究》,暨南大学硕士学位论文,2006年。

滕朋:《台风灾害报道的理性分析——以海峡都市报"海棠"台风报道为例》,《新闻知识》2006年第9期。

田复:《透视西方灾祸报道》,《中国记者》2004年第5期。

田晓敏:《论灾害事故应急处置中的新闻管理》,《江西公安专科学校学报》2004年第7期。

王凯锋:《新闻宣传与灾难报道》,《新闻爱好者》2005第3期。

王蕾:《论我国灾难新闻报道理念的转变》,《新闻大学》2008年第4期。

王再承:《灾难新闻的阻碍因素及开放性》,《当代传播》2003年第5期。

吴建、张甄:《各类报纸如何报道汶川地震——国内不同级别、地域和性质的4家报纸汶川地震报道的内容分析》,《西南民族大学学报(人文社科版)》2010年第31期。

吴锦才:《重大突发事件应急报道系统的主要取向和基本支撑》,《采写编》2008年第5期。

杨黎:《日本自然灾害的信息传播及对我国的启示》,华中师范大学硕士学位论文,2009年。

聂靓:《禽流感媒体报道内容分析:以健康传播学的视角》,西北大学硕士学位论文,2006年。

余琴:《〈中国青年报〉近十年来矿难报道研究》,《写作》2006年第9期。

禹红、肖金娣:《数字化时代:灾害事件报道面临的挑战与机遇》,《理论观察》1999年第3期。

岳璐:《突发公共事件中的媒介角色研究——以矿难报道为例》,《湖南师范大学学报》2007年第2期。

张任明:《迅速开放传播通道——公共危机事件报道中的政府传播对策》,《公关世界》2003年第10期。

张昱辰:《灾难、传媒与上海城市共同体建构——以11·15火灾为个案》,《新闻大学》2014年第1期。

张自力:《突发公共卫生事件报道中的媒体策略》,《中国记者》2005年第10期。

郑保章、周文杰:《网络时代的全球化传播与我国应对突发公共卫生事件的策略》,《社会科学家》2003年第6期。

周烨:《中日媒体地震新闻报道之比较——以日本地震与汶川地震的报道为例》,《新闻爱好者》2011年第22期。

英文著作及期刊

Anne Gregory(2001), "Communication Dimensions of the UK Foot and mouth Crisis", *Journal of Public Affairs*, Vol. 5, issue3—4. pp. 312—328.

Coombs W. T. & Holladay S. J(2002), "Helping crisis managers protect reputational assets", *Management Communication Quarterly*. McQ, Vol. 16. pp. 165—86.

Dake,K(1992), "Myths of nature: culture and the social construction of risk", *Journal of Social Issue*, Vol. 48. pp. 21—37.

Doreen. G. Fernandez & violet. B. Valdes(1998), *Risky ventures readings on communication health and environmental news and issue*, Quezon city: ADMU.

Gow, H. B. F. & Otway, H. (1990), *Communicating with the Public About Major Accident*

Hazards, London: Elsevier Science Publishers.

Granatt M. (1999), "Civil emergency and the media: A Central Government perspective", *In Disasters and the Media*, Harrison S(ed). MacMillan: Basingstoke.

Kathleen fearn—books (2002), *Crisis communications a casebook approach*, Mahwah. NJ Lawrenc Erlbaum associates Publishers.

Marc Raboy & Bernard Dagenais (1992), *Media, crisis and democracy: mass communication and the Disruption of social order*, London: Sage Publications Inc.

Oda, S. (1996), "The role of broadcasting media in providing disaster—related news and information", *Studies of Broadcasting*, Vol. 32. pp. 33—57.

Pan, Zhongdang & Kosicki, Gerald M. (1993), "Framing analysis: An approach to news discourse", *Political Communication*, Vol. 19. pp. 55—76.

Scanlon, T. J, Luukko, R. & Morton, G. (1978), "Media coverage of crisis: Better than reported, worse than necessary", *Journalism Quarterly*, Vol. 55, pp. 68—72.

Singer, E. & Endreny, P. M. (1993), *Reporting on risk: How the mass media portray accidents, diseases, disasters, and other hazards*, New York: Russell Sage Foundation.

Sood, R., Stockdale, G., & Rogers, E. M. (1987), "How the news media operate in natural disasters", *Journal of Communication*, Vol. 37. pp. 27—41.

Spencer, J. W., Seydlitz, R., Laska, S., & Triche, E. (1992), "The different influences of newspaper and television news reports of a natural hazard on response behavior", *Communication Research*, Vol. 19. pp. 299—325.

Turner, R. H. (1980), "The mass media and preparation for natural disaster", *In Disasters and the Media*, proceedings of the Committee on disasters and the mass media workshop. pp. 281—292, Washington DC: National Academy of Sciences.

Willis & Albert Adelowo Okunade (1997), *Reporting on risking: the practice and ethics of health and safety communication*, Westport, Connecticut London: Praeger.

后 记

终于算是告一段落了,这本书的写作从酝酿到基本完成经过了许多年。

12年前,我经历了"非典",也目睹了"非典"报道过程中媒体报道从失语到妄语再到逐渐理性的过程,所以,开始关注媒体的突发事件报道。后来由于工作的种种变动,始终未能真正坐下来写点什么。

7年前,我目睹了汶川地震报道中媒体的突破与不足,对媒体报道实务的研究开始聚焦于自然灾害报道,尤其是作为"自然灾害第一媒体"的广播在公共突发事件报道中的独特功能及应急体系的建立。

其后,随着各种公共突发事件的频繁发生,媒体在针对各种危机事件的报道中有了许多进步,积累了诸多经验,但也暴露出不少问题,有的问题至今仍然存在。而且随着各种新兴复合型灾难的出现,对媒体报道的挑战也越来越多,而我对这个话题的研究兴趣也越来越浓厚。这种对报道的关注,已经不仅局限于对危机爆发期的报道,还包括预警和反思中出现的问题。

3年前,我面向硕士研究生开设了"危机新闻报道"课程,将我这些年积累的理论与案例与他们分享,并希望他们不仅关注突发事件报道,还能够关注危机各个发展阶段中媒体可以做什么,哪些方面做得有进步,哪些方面还有优化的空间。我们所探讨的已经不只是如何报道突发事件,甚至是如何报道危机乃至风险。本书的案例分析部分中,中外媒体关于三鹿奶粉事件的框架分析、《人民日报》的空难报道和美国五大媒体网站对昆明"3·1"事件的报道就来自于学生刘伟、吴迪和盛毅韬作品的节选。

一年前,当我动手写作这本书的时候,才发现落笔仍然不易,呈现在纸面上的仍然只能是一部分相对成熟的章节,在每一种类型的危机事件下面还有更细致的内容值得梳理、分析和探讨。但由于目前的积累还不够成熟,只能忍痛割爱。于是,许多已经完成的章节又被删除了,有些章节因为难以深入下去也被删除了。删了写,写了删,交稿的时间一延再延。

　　终究,想到限于我的精力和阅历,难以有完美的作品呈现;危机报道这样的话题也必须要时时关注,不断出新的内容,所以还是本着"先有后好"的原则做个阶段性成果。

　　感谢那些在新闻传播一线工作的人们,为本书提供了可资借鉴和分析的素材;感谢3年来修过我课程的学生,是你们的教学相长使我对这一领域有了更多的思考;感谢中国传媒大学出版社的编辑,谢谢你们对一个拖延症作者的包容;感谢所有在创作过程中给予我帮助和支持的人们!

　　这本书只是一个阶段性的思考,对于危机报道的研究和关注还会持续。

　　此时,已是第16个记者节的黎明。谨以此书,献给我们曾矢志奉献的新闻事业!

2015年11月8日于东京文京区

编者的话

2014年是我的母校60周年校庆的重要日子,在那一年,由我所在的文科科研处牵头组织评审并选定了一批青年学者的学术专著加以支持出版。之后的一年多时间里,我们反复与作者和出版社沟通、提供修改意见,工作忙碌、琐碎而辛苦,甚至具体到选定封面设计这样的细微之处。想来,当我们看到这一系列专著整齐地摆放在案头时,会感到超乎寻常的价值吧。

"先寻桃源作太古,欲栽大木柱长天。"这是民国时期杨昌济教授所撰联语,一直使我受教颇深。自留校任教15年来,如果说在科研领域还小有所成,能够增益母校于万一的话,那要非常感念母校的栽培和前后两任科研处长车晴教授和胡智锋教授的提携。两位先生一为名门忠烈之后,行事如光风霁月,威望素著;一为闻一多先生再传弟子、学富五车的长江学者,后学晚辈受益者众。在他们先后主持下的科研处,为我们这一批当年的青年人的成长提供了宽广而坚实的平台。"榜样的力量是无穷的",在杰出前任的重大压力之下,我也希望通过领导的支持和自己与同事们的共同努力,为学校的青年学者提供一片"柱天大木"得以成长的平台。今天,这已经成为我们工作的重要愿景。

优秀青年学者们要走的路还很长,我校文科科研工作要走的路同样很长。"撑一支长篙,向青草更青处漫溯",我们愿意做这支长篙,使青年教师们得以助力,通往宽阔丰美的彼岸。

段鹏

于中国传媒大学梧桐书屋东侧办公室内

2015年12月9日

图书在版编目(CIP)数据

风险视域下的公共危机事件报道研究/王宇著.—北京:中国传媒大学出版社,2016.11

(中国传媒大学青年学者文丛·第一辑)
ISBN 978-7-5657-1709-3

Ⅰ.①风… Ⅱ.①王… Ⅲ.①突发事件—传播媒介—研究—中国 Ⅳ.①G206.2

中国版本图书馆 CIP 数据核字（2016）第 105494 号

风险视域下的公共危机事件报道研究
FENGXIAN SHIYUXIA DE GONGGONG WEIJI SHIJIAN BAODAO YANJIU

著　　者	王　宇
策划编辑	蒋　倩
责任编辑	李　明
责任印制	阳金洲
装帧设计	郭　琳

出版发行	中国传媒大学出版社	
社　　址	北京市朝阳区定福庄东街1号　邮编:100024	
电　　话	86-10-65450528　65450532　传真:65779405	
网　　址	http://www.cucp.com.cn	
经　　销	全国新华书店	
印　　刷	北京玺诚印务有限公司	
开　　本	710mm×1000mm　1/16	
印　　张	16	
版　　次	2016年11月第1版　2016年11月第1次印刷	
书　　号	ISBN 978-7-5657-1709-3/G·1709　定价 65.00元

版权所有　翻印必究　印装错误　负责调换